8° J 5352

Paris
1868

Chaignet, Anthelme-Edouard

Vie de Socrate

VIE DE SOCRATE

PARIS

VIE DE SOCRATE

(C.)

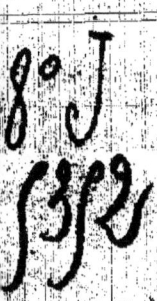

OUVRAGES DU MÊME AUTEUR :

Les Principes de la science du Beau. Ouvrage qui a obtenu une Mention honorable de l'Académie des sciences morales et politiques. — Paris, 1860 ; 1 fort volume in-8°. 7 50

De la Psychologie de Platon, ouvrage qui a obtenu un premier prix de l'Académie française. — Paris, 1862, 1 volume in-8°. . . . . 5 »

VIE
DE
SOCRATE

PAR

A. Ed. CHAIGNET

Professeur de Littérature ancienne à la Faculté des Lettres
de Poitiers.

PARIS
LIBRAIRIE ACADÉMIQUE
DIDIER ET Cⁱᵉ, LIBRAIRES-ÉDITEURS
35, — QUAI DES AUGUSTINS, — 35
1868
—
Tous droits réservés

PRÉFACE

L'œuvre accomplie par Socrate est un des plus grands faits de l'histoire des idées et même de l'histoire générale ; car il ne s'est pas borné à apporter un principe qui a transformé la science, et si fécond que le riche et brillant mouvement philosophique qui l'a suivi n'en est que le développement : sa réforme a porté sur la vie même, et fait époque aussi bien dans l'histoire de la civilisation que dans l'histoire de la pensée. C'est le père de la philosophie (1), comme l'appelle Cicéron, qui entend par ce mot, non pas seulement la philosophie

---

(1) Cic., *De Fin.*, 2, 1. « Socrates qui parens philosophiæ jure dic ipotest. »

spéculative, mais surtout la philosophie pratique, la sagesse, c'est-à-dire à la fois la science et l'art de vivre. C'est à lui qu'est due cette profonde beauté morale, cette inspiration pure et forte, sublime et sensée, qui fait de la sagesse antique la préparation, la promesse, le commencement même du grand renouvellement du christianisme. Socrate, lui aussi, est un précurseur.

Et cependant, quand on essaye de se rendre compte de cette prodigieuse influence, si l'on se borne à se représenter, même en les enflant un peu, ses théories et sa doctrine, on se l'explique mal.

Quelle est en effet, en peu de mots, la philosophie de Socrate? Comme tous les réformateurs, comme Descartes, il commence par une œuvre de destruction, par une critique négative, ou du moins limitative; il part du doute, en se demandant : qu'est-ce que l'homme peut savoir? Il nie la possibilité comme l'utilité de ce savoir intempérant qui, dans son ambitieuse curiosité, embrasse le monde entier, et semble même s'attacher de préférence à des questions étrangères et à des phénomènes extérieurs à l'homme ; il affirme que l'homme ne peut savoir qu'une seule chose, mais la seule aussi qu'il ait intérêt à connaître, c'est-à-dire lui-même : or, pour mesurer l'étendue et fixer les limites de notre puissance de connaître, évidemment il a fallu instituer une sorte de critique de la raison. C'est ainsi que, pour la première fois, l'homme se prend lui-même et avec conscience pour objet de son examen, pour but de son étude, pour matière de la science ; alors il est obligé de se séparer pour ainsi dire de lui-même, de s'analyser comme un objet extérieur, de s'objectiver, et de cette observation curieuse du sujet qui pense par lui-même, naît la psychologie, fondement de toutes les sciences morales et de toute saine philosophie.

Pour s'étudier ainsi lui-même, pour vérifier l'état de son esprit et de son âme, détruire en soi l'illusion du faux savoir, dégager la notion pure du véritable, l'homme n'a qu'à consulter sa conscience. L'autorité, la tradition, ne peuvent rien fonder de certain : la raison est le seul arbitre, le seul juge. Il ne faut croire qu'à la raison quand il s'agit de décider ce qui est vrai comme ce qui est bien (1). A côté du doute méthodique, voilà donc Socrate qui proclame l'infaillibilité de la raison, quand elle consent à n'étudier qu'elle-même, et cette foi dans la conscience, on peut dire avec Hegel qu'elle est comme l'avénement d'un Dieu nouveau. Obéir à la raison, et n'obéir qu'à la raison, voilà la règle de la vie intellectuelle et de la vie morale, la dignité comme la grandeur de l'homme ; mais s'il faut tout ramener, tout rapporter à la raison, c'est qu'il y a en elle des vérités certaines et universelles. En effet, enseigner, c'est accoucher ; apprendre, n'est que se souvenir. L'esprit est plein, la raison est grosse d'idées ; pour tirer ces idées des profondeurs obscures où elles se cachent, pour les contrôler, les vérifier, il y a un art, et cet

---

(1) Plat., *Crit.*, 46., b. μηδενὶ ἄλλῳ ἢ λόγῳ πείθεσθαι.

art, c'est la méthode épagogique, ou l'induction socratique.

Cette méthode consiste essentiellement à ramener toutes nos opinions à des propositions claires et, sinon incontestables, du moins à peu près incontestées, διὰ μάλιστα ὁμολογουμένων, et à les comparer à des faits si clairs et si simples que personne ne les puisse nier. C'est ainsi que nous pourrons découvrir ou démontrer la définition des choses, laquelle nous en fait connaître la véritable essence, le τί ἕκαστον. Cette essence des choses, c'est une idée, un universel, convenant à tous les objets individuels qui portent le même nom, mais qui n'en est ni séparé ni séparable. Malgré cette réserve dont Aristote est, il est vrai, le seul garant, il est évident que nous tenons ici le germe de l'idéalisme platonicien.

Socrate ne s'est pas borné à faire une critique de l'esprit, à fonder une méthode à la fois déductive, puisqu'elle suppose les idées innées, et inductive, puisqu'elle admet le raisonnement par le semblable, qui repose au fond sur une induction ; il a appliqué cette méthode et en a tiré de ces principes la doctrine suivante : On ne peut pas savoir ce qu'on n'a pas appris ; on ne peut pas pratiquer des vertus dont on n'a pas idée ; au contraire, ce qu'on sait être beau et bien, on ne peut s'empêcher de le faire. La fin de la science est l'action, et même on peut aller jusqu'à dire que la science se confond avec l'action, et par conséquent la philosophie avec la sagesse et la vertu. Il y a plus, le bien, déjà identique au vrai, ne se distingue pas de l'utile ; car tout bien est relatif, c'est-à-dire a une fin. L'ordre qui éclate dans les phénomènes de la nature, et particulièrement dans l'organisme de l'homme, a évidemment un but, qui n'est autre que le bonheur de l'homme ; mais cette harmonie si juste des moyens avec la fin ne peut provenir que d'une intelligence, d'un être aussi sage que puissant. C'est une raison, un esprit qui gouverne le monde ; car de même que nous ne pouvons nous expliquer les mouvements de notre corps et les actes de notre pensée que par la présence d'une âme, principe du mouvement, dont la substance et la force invisibles ne se manifestent que par leurs effets, de même nous ne pouvons pas nier l'existence des dieux, parce qu'ils se dérobent à nos sens. Leurs œuvres proclament leur puissance, leur sagesse, leur bonté. Non-seulement ils veillent sur nous en cette vie ; mais ils nous assurent auprès d'eux, dans une vie future et immortelle, la récompense de nos efforts, puissant encouragement à bien penser et à bien agir ici-bas.

Je suis très-éloigné de vouloir contester la grandeur et, dans certains points, l'originalité de cette doctrine. L'immense service rendu par Socrate est surtout d'avoir proclamé le principe de la souveraineté de la raison individuelle dans la science et dans la vie; il renvoie chaque homme à sa propre pensée, et inaugure, en la pratiquant avec conscience et réflexion, cette méthode féconde de la recherche personnelle et du libre examen, qui restitue à l'homme la dignité de son intelligence et la valeur morale de ses actes. Obéir à une loi que notre intelligence ou repousse ou ignore, professer des maximes que notre raison ne comprend pas, certes, comme il le dit par la bouche éloquente de Platon, pour l'homme, ce n'est plus vivre (1).

Mais néanmoins on ne peut nier ni les lacunes ni les faiblesses de cette philosophie.

Il est évident d'abord que Socrate n'a pas formulé un système, et c'est avec quelque peine et beaucoup de complaisance qu'on lui découvre une métaphysique. On ne peut le regarder comme l'auteur d'une doctrine déterminée, arrêtée, du moins dans toutes ses parties et formant un ensemble riche et bien lié. Je sais bien que ce qu'il y a d'ondoyant et de libre dans son enseignement a contribué à le rendre fécond ; mais néanmoins il faut bien reconnaître qu'au point de vue scientifique, c'est une lacune. La puissance de systématisation n'est autre chose que la puissance de sen-

---

(1) Plat. *Apol.*, 38 a : Ὁ δὲ ἀνεξέταστος βίος οὐ βιωτὸς ἀνθρώπῳ.

tir et de faire sentir l'unité de la variété infinie des choses : c'est là le génie même de la philosophie (1). On ne peut comprendre une partie sans comprendre son rapport aux autres parties, et au tout lui-même, dans son principe nécessairement un. Ainsi, pour Socrate, Dieu n'est que l'ordonnateur, l'architecte de l'univers. L'origine des choses n'est ni résolue ni même cherchée, et quelque sage que paraisse cette réserve, il faut avouer qu'elle laisse sans explication ce que la philosophie a précisément pour objet d'expliquer : le monde et l'homme qui en fait partie. De même encore, Socrate ne donne pas à la loi morale sa véritable nature. La confusion de l'idée du bien avec celle de l'utile l'empêche de reconnaître à la première une valeur absolue et universelle. Au lieu de la placer dans l'obligation qui s'at-

(1) C'est l'idée qu'en donne Platon, *Rep.*, VI, 485 a : « L'âme du vrai philosophe est celle qui aspire sans cesse à comprendre l'ensemble, le tout, et veut étendre sa vue sur l'universalité des temps comme sur l'universalité des êtres : ψυχῇ μελλούσῃ τοῦ ὅλου καὶ παντὸς ἀεὶ ἐπορέγεσθαι..... θεωρία παντὸς μὲν χρόνου, πάσης δὲ οὐσίας. »

tache invinciblement à tout ce qui est bien en soi, Socrate ne la voit que dans le bien de l'homme. Toute chose bonne est bonne à quelque chose, dit-il. On est donc autorisé à se demander s'il a reconnu au bien une valeur absolue. S'il l'a fait, il est certainement regrettable que sa pensée ait été si obscure qu'on puisse s'y tromper; s'il ne l'a pas fait, il est difficile de nier que sa morale, quelque belle qu'elle soit dans ses conclusions, ne repose sur des principes dangereux et équivoques, et ne tourne dans un cercle, le bien étant ce qui est utile à l'homme, et ce qui est utile à l'homme étant le bien. Si l'on compare les doctrines de Platon, d'Aristote, de Zénon, avec celles de Socrate, on reconnaît que ces esprits ont certainement produit un système plus élaboré, plus développé, plus complet, plus profond, et l'on se demande comment alors Socrate a pu obtenir le privilége d'une gloire si incontestée, et exercer sur ses contemporains comme sur la postérité une si merveilleuse et si prodigieuse influence.

C'est qu'en effet il y a une autre cause qui, plus que la beauté et la vérité des doctrines, a produit ce grand ébranlement.

La vérité philosophique et abstraite, les idées pures, ne suffisent pas pour exalter les âmes et former ces grands courants qui entraînent avec une force irrésistible dans des voies nouvelles et la science et la vie. L'homme ne donne son cœur qu'à l'homme. Pour le transporter et le ravir, pour exciter son admiration, son enthousiasme, son amour, il faut qu'il ait sous les yeux la beauté réelle, concrète, la vérité vivante, l'idée, la pensée faite homme. Et ce n'est pas sans raison : la beauté de l'idée pure, la vérité dans sa nudité abstraite est souvent trompeuse; la limite qui la sépare de l'erreur, de la pure illusion subjective, est souvent délicate ; mais quand on voit les maximes et les théories réalisées dans un homme ; quand on les voit parler, agir et vivre, alors l'âme est prise tout entière; l'idée devient un idéal concret et vivant, le doute n'est plus possible : on croit, on sait, on voit. La raison, le cœur, l'orgueil, tout nous porte à admirer, à aimer, à imiter ce noble exemplaire de l'humanité, où nous reconnaissons notre propre nature, mais agrandie, ce type idéal, ce modèle parfait, dont les perfections ne peuvent plus nous paraître une fiction irréalisable, puisqu'elles sont une vivante réalité : or, tel fut Socrate, et en cela même il se conformait à sa propre doctrine.

La philosophie n'est plus pour lui un pur jeu d'esprit, une distraction élégante et noble d'hommes dans le loisir. La philosophie devient chose sérieuse et sévère : elle s'identifie avec la vie. Pour être un vrai philosophe, il faut deux choses : aimer les hommes, obéir à Dieu (1), et c'est précisément obéir à Dieu que d'aimer et de servir les hommes. Celui qui a entendu comme lui l'ordre divin ne doit pas, ne peut pas, dût-il lui en coûter toutes les joies de la vie, et la vie même, se dérober à cette mission sainte. La science n'est que le moyen de servir les hommes, c'est-à-dire de leur faire

---

(1) Plat., *Apol.*, 29 d : ἀσπάζομαι ὑμᾶς,.... πείθειν τῷ θεῷ·

connaître leur vrai bonheur qui est la vertu.
Il n'y a qu'une vraie vie, la vie de la science;
il n'y a qu'une vraie science, la science de la
vie. La tentative de réformer la philosophie
n'est que la conséquence de la mission de réformer les mœurs; et comment opérer cette
réforme dangereuse et difficile, renouveler à la
fois le cœur et l'esprit, les mœurs et les idées?
Ce n'est pas avec de beaux discours, ni avec
de beaux livres qu'on convertit les âmes, qu'on
éveille en elles la honte de l'ignorance, le remords de la faute, l'amour du beau, du vrai,
du bien : c'est par des actes et des exemples (1).
Socrate devait donc présenter, comme il présenta en effet dans son caractère, ses mœurs et
sa vie entière, le modèle, l'idéal vivant du vrai
sage.

Son enseignement, disons mieux, sa prédication voulait atteindre et pénétrer partout; voilà
pourquoi il lui donna une forme humble, familière, populaire, basse. Il s'agissait de convaincre

(1) Xén., *Mem.*, IV., c. IV, n. 10. Οὐ λόγῳ ἀποδείκνυμαι... ἀλλ' ἔργῳ.

les hommes qu'ils avaient jusqu'ici fait fausse route ; il fallait les prendre pour ainsi dire un par un, et, dans un entretien direct et personnel, les forcer à rentrer en eux-mêmes, à regarder, non sans une sorte d'épouvante, le véritable état de leur esprit et de leur âme, et les amener à faire comme une confession publique et sincère de leur ignorance et de leur corruption. Le dialogue n'est pas ici, comme dans Platon, une forme inspirée par un sentiment d'artiste : c'est la forme nécessaire de l'examen de conscience de soi-même et des autres, que le Dieu a ordonné à Socrate de pratiquer et de recommander. On voit donc comment le fond et la forme même de la philosophie de Socrate sont étroitement liés à sa personnalité : jamais on ne vit un rapport aussi intime, une harmonie aussi parfaite entre la vie positive et la vie intellectuelle. Socrate s'est mis tout entier, chair et sang, corps et âme, vie et mort, dans son œuvre ; il n'est pas seulement le missionnaire de la vérité : il en est le confesseur, le martyr. Cette unité de la pensée et de l'action, de la dialectique et de la vertu, de la science et de la vie, principe de la doctrine socratique, si parfaitement conforme d'ailleurs à toutes les tendances de l'esprit grec (1), cette unité se montre éclatante dans la personnalité de Socrate : « Sa vie et sa philosophie, dit Hegel, forment un seul et même tout (2). » C'est aller trop loin sans doute, mais, en restant dans les limites de la vérité, on peut dire qu'on ne comprendra jamais parfaitement la révolution intellectuelle dont Socrate est l'auteur, si l'on ne connaît pas sa personnalité, son caractère, sa vie. La mort même qu'il souffrit avec un héroïsme si simple et si touchant, donna à son génie et à sa vertu ce je ne sais quoi d'achevé et de sacré, qui en fit la plus belle leçon et la plus persuasive qu'il pût donner aux hommes. On ne résiste pas à une telle éloquence (3).

(1) On connaît cette maxime qui leur est si chère : λέγοντα καὶ πράττειν.
(2) Hegel, Œuv., t. XIV, p. 71.
(3) Senec. Ep. 6 : « Plato et Aristoteles, et omnis in diversum itura sapientum turba, plus ex moribus quam ex verbis Socratis traxit. »

Ses disciples immédiats l'avaient compris : ils sentaient si bien l'importance de la personnalité de leur maître, qu'ils s'attachèrent à la faire revivre, au moins autant qu'à reproduire son enseignement. Aucun d'eux ne négligea, même en exposant des opinions que Socrate n'avait pas émises et qu'il aurait peut-être repoussées (1), de les placer dans sa bouche vénérée, comme si cela seul leur donnait l'autorité de la vérité, tant il est vrai que son œuvre philosophique était intimement liée à son individualité.

S'il en est ainsi, on comprendra que je me sois proposé d'écrire la biographie de Socrate, à laquelle s'attachent non-seulement la légitime curiosité et la noble sympathie qu'excitent les grandes figures de l'histoire, mais un puissant intérêt moral et philosophique.

On doit même s'étonner que ce sujet si intéressant à tous les points de vue, n'ait jusqu'à présent séduit personne, ni en France ni même,

---

(1) Cic., *de Fin.*, v. 29 : « Ea quæ Socrates repudiabat. » Diog. L., II, 45 : ὁ Σωκράτης ἀρνεῖται περὶ τούτων.

à ce que je sache, en Allemagne (1). Le chapitre que, dans sa savante et originale *Histoire de la Grèce*, M. Grote lui a consacré, remplit, il est vrai, la lacune que je signale; mais, outre qu'il n'est pas impossible d'être plus complet, les opinions philosophiques particulières à M. Grote ont influé sur sa manière de présenter les faits, et modifié, peut-être altéré, le jugement qu'on doit porter sur le personnage lui-même.

J'ai donc cru utile de raconter, dans ses détails, cette noble vie, qui est à elle seule une si grande et si pathétique leçon de sagesse, de modération, d'héroïsme et de justice, et qui est le plus beau commentaire, comme le plus solide témoignage, de ses doctrines philosophiques.

(1) Les études abondent en Allemagne sur des points particuliers de cette biographie ; mais je ne connais aucun travail d'ensemble qui les résume ou les réunisse. En France, au dix-septième siècle, le premier des directeurs de l'Académie des inscriptions, Charpentier, a publié à Amsterdam une vie de Socrate, et c'est, je crois, la seule biographie étudiée et complète qui ait paru dans notre langue.

VIE DE SOCRATE

VIE DE SOCRATE

CHAPITRE PREMIER.

LES SOURCES.

Tous les anciens sont unanimes (1) à nous confirmer que Socrate n'avait rien écrit : s'il ne s'est pas donné la peine de nous rien transmettre sur sa doctrine, on ne sera pas étonné qu'il ait gardé le même silence sur sa personne. On trouve cependant, dans le recueil des Épîtres socratiques, sept lettres qui lui sont attribuées, et dont Léo Allazzi (2), par les raisons les plus bizarres et les plus faibles, a vainement défendu l'authenticité contre Pearson, Olearius et Richard Bentley (3). L'affectation du style et

---

(1) Cicér., *De orat.*, III, 16 : « Quum ipse litteram Socrates nullam reliquisset. » Cf. Plut., *De Alex. Virt.*, I, 4 ; Dion Chrys., *De Soc. Orat.*, p. 557 ; Aristid., *Orat. Plat.*, I et II ; Diog. L., I, 16, fait une réserve cependant : οἱ δ'ὅλως οὐ συνέγραψαν, ὡς κατά τινας Σωκράτης.

(2) *De scriptis Socratis dialogus*, 1637.

(3) Orelli. *Socratis et Socraticorum epistolæ*, 1815, p. 381.

le tour sophistique des idées, les anachronismes qu'elles renferment, les rendraient déjà suspectes, quand bien même le silence absolu que gardent les anciens (1) sur le document ne le condamnerait pas. D'ailleurs, elles ne contiennent aucun fait que nous ne connaissions d'ailleurs, et semblent des exercices d'école, des compositions oratoires, dont les faits connus de la vie ou du caractère de Socrate fournissent le thème.

Mais si le maître, par un instinct de prudence commun aux grands réformateurs, ou par un goût de liberté que gênerait un texte écrit, ou par un mépris réfléchi pour cette mémoire sourde et muette de l'écriture, n'a laissé rien d'écrit sur sa personne, sa vie et sa doctrine, il n'en a pas été ainsi de ses disciples. Tous ceux qui avaient assisté à ses charmants entretiens, paraissent avoir gardé par écrit une note exacte de leurs souvenirs (2), et quand bien même nous ne le

---

(1) Il est vrai que Libanius (*Apol. Socr.*, t. III, p. 59, Reiske) les mentionne; mais il est loin d'être prouvé, par la phrase obscure de ce discours, qu'il eût sous les yeux le texte de ces lettres. Cependant cela prouve que le recueil existait au temps de Libanius, c'est-à-dire au IV⁰ siècle après Jésus-Christ.

(2) Diog. L., II, 122: ὃν ἐμνημονεύοντο ὑποσημειῶσαι, ἐποιεῖτο... Xénoph., *Mem.*, IV, 3, 2: ἄλλα μὲν οὖν αὐτῷ πρὸς ἄλλους οὕτως ὁμιλοῦντι παραγενόμενοι διηγοῦντο, et dans l'*Apo-*

verrions pas par l'exemple de Platon et de Xénophon, le bon sens nous assurerait qu'en reproduisant ses enseignements, ils n'avaient pas négligé de transmettre tout ce qu'ils savaient de sa personnalité si curieuse, si originale, si bizarre, et à laquelle ils attachaient, avec raison, une importance si considérable.

Quels ont été ces biographes grecs de Socrate ? Les plus autorisés sont évidemment Platon et Xénophon, ses contemporains, ses disciples, ses amis, sur lesquels je n'ai pas besoin de m'étendre. Malheureusement les détails sont disséminés çà et là dans leurs œuvres, mêlés à l'exposition des doctrines, et sont loin, même en étant réunis et rapprochés, de constituer une biographie complète : il est assurément regrettable que ni l'un ni l'autre n'ait eu l'idée d'écrire la vie entière d'un homme qu'ils connaissaient si bien et qu'ils aimaient tendrement. Il ne paraît pas qu'Euclide, Antisthène, Phédon, Criton, Simmias, Simon, Eschine aient, non plus qu'eux, pris ce soin pieux, qui nous aurait épargné tant de recherches et tant d'incertitudes. Il est vrai que leurs ouvrages, si nombreux cependant, sont tous perdus et que

---

logie, I, il dit : γεγράφασι μὲν περὶ τούτου ; ce dernier mot ne se peut, dans la phrase, rapporter qu'à Socrate lui-même ou à τοῦ βίου, c'est-à-dire à sa vie.

nous n'en connaissons guère que le sujet et quelquefois le titre. La première biographie de Socrate fut due à Aristoxène de Tarente. Ce savant, à la fois mathématicien, musicien et philosophe (1), avait eu pour maître et pour père un musicien, célèbre lui-même, nommé Spinthare, qui, s'il faut en croire son fils, avait vécu dans l'intimité de Socrate (2) comme dans celle d'Épaminondas (3). Les nombreux ouvrages de ce polygraphe se rapportaient à la musique, aux mathématiques, à la philosophie et à l'histoire, outre des mélanges sur des sujets divers. Ses travaux historiques comprenaient une série de biographies (4), parmi lesquelles se trouvaient celles de Socrate et de Platon. De la première il nous reste quelques fragments épars; mais l'accent marqué de dénigrement et de calomnie qui y perce, rend son témoignage suspect autant que les faits dont il dépose sont invraisemblables. Cette disposition d'esprit et

---

(1) Suid. v. Cicér., *Tuscul.*, I, 10. Cf. *Diatribe de Aristoxeno*. G. L. Mahne, Amsterdam, 1793, 8.

(2) Aristox. fragm., 28 ; *Historic. Græcor. Fragm.*, t. II, p. 280, éd. Didot: ἀκηκοέναι Σπινθάρου τὰ περὶ αὐτοῦ, ὡς ἐν εἷς τῶν τούτῳ ἐντυχόντων.

(3) Plut., *De Gen. Socrat.*, c. XXIII, p. 592, f.

(4) Βίοι ἀνδρῶν. Nous avons conservé trois livres de ses *Éléments d'harmonie*, et des fragments étendus de son *Mémoire* sur le rhythme.

de caractère est signalée par les anciens et prouvée par les faits qu'on lui reproche. Longtemps disciple d'Aristote, dont il avait espéré être le successeur, frustré de son attente ambitieuse, et voyant l'école du Lycée laissée à Xénocrate, il insulta le maître qu'il venait de perdre (1). Si Aristoclès soutient qu'il n'a jamais parlé qu'en termes honorables d'Aristote, il est cependant le premier à reconnaître qu'il n'y a pas moyen d'ajouter foi à ce qu'il nous raconte de Platon (2). Le philosophe Adraste d'Aphrodise, cité par Proclus, nous dit en effet que le caractère de l'homme ne participait pas des qualités de son art, qui repose sur la douceur, l'harmonie et la mesure, et qu'il sacrifiait tout au plaisir de dire quelque chose de nouveau (3). Ce qu'il nous dit de Socrate peut en effet passer pour tel, et a paru, à bon droit, suspect à M. H. Ritter ; je ne vois pas pourquoi M. Grote

---

(1) Suid. v. εἰς ὃν ἀποθανόντα ὕβρισε.

(2) Aristocl., lib. VII, *De philos. Platon.*, dans Eusèb., *Præp. Ev.*, XV, c. 2 : τίς δ' ἂν πεισθείη τοῖς ὑπ' Ἀριστοξένου ἐν τῷ βίῳ τοῦ Πλάτωνος. Cet Aristoclès de Messénie, péripatéticien, avait laissé dix livres où il faisait l'histoire de tous les philosophes et de leurs opinions.

(3) Procl., *in Tim.*, éd. Cous., t. III, p. 192 : ὅτι οὐ πάνυ τὸ εἶδος ἀνὴρ ἐκεῖνος μουσικός, ἀλλ' ὅπως ἂν δόξῃ τι καινὸν λέγειν πεφροντικώς. On peut approuver la leçon de Meibom, qui lit dans ce passage ἦθος, quoique le texte des mss. puisse être défendu.

a voulu réhabiliter un témoin si partial et si passionné.

La biographie de Socrate fut l'objet d'autres travaux nombreux qui malheureusement sont entièrement perdus ou dont il ne nous reste que quelques fragments mutilés, le titre et le nom des auteurs. Il n'est cependant pas inutile d'en dire quelques mots, car c'est de l'autorité de ces historiens que dépend la valeur du seul ouvrage complet qui nous soit resté sur notre philosophe : je veux parler de la vie de Socrate par Diogène de Laërte, auteur de la seule histoire de la philosophie que nous possédions de l'antiquité.

Diogène est un écrivain sans critique et souvent crédule, mais cependant d'une bonne foi et d'une conscience parfaites ; il est rare, surtout quand il s'agit de faits, qu'il ne cite pas et l'auteur et le livre qui en témoignent, et nous allons voir par une revue rapide de ceux qu'il allègue dans sa vie de Socrate, que nous avons quelque droit d'avoir confiance dans son récit.

C'est d'abord Alexandre, auteur d'un de ces livres intitulé Διαδοχαὶ φιλοσόφων, c'est-à-dire d'une sorte de généalogie des philosophes. Si Jonsius (1) et Brandis (2) ont raison d'attribuer

---

(1) *Hist. script. philos.*, p. 238.
(2) *Gesch. der Philos.*, I, p. 31. Vossius est dans le

cet ouvrage à Alexandre de Milet, il aura pour auteur ce fameux Polyhistor, connu et célèbre pour sa profonde connaissance de l'antiquité (1) ; il vivait du temps de Sylla, qui en fit un citoyen romain et lui donna son nom (2), Cornélius.

Douris de Samos, né vers 352 avant J.-C., cité par Pline, Plutarque, Athénée, et auquel Cicéron décerne ce court mais bel éloge : *homo in historia diligens* (3), avait écrit une histoire des peintres et des sculpteurs.

Idoménée de Lampsaque, disciple d'Épicure, dans la familiarité duquel il vécut de 310 à 370 av. J.-C., auteur d'un ouvrage spécial sur les Socratiques, est mentionné par Plutarque et Athénée.

Favorin d'Arles, né sous Trajan, outre une histoire universelle, Παντοδαπὴ ἱστορία, avait écrit une biographie spéciale de Socrate ; Suidas caractérise son talent en ces termes : πολυμαθὴς κατὰ πᾶσαν παιδείαν, φιλοσοφίας μεστός, ῥητορικῇ

doute, et Reines l'attribue à un Alexandre d'Æges, précepteur de Néron.

(1) Suét., *De illust. Gramm.*, c. 20 : «Cornelium Alexandrum, grammaticum Græcum, quem propter antiquitatis notitiam Polyhistorem multi, quidam Historicum vocant.»
(2) *Servius ad Æn.*, X, 388.
(3) *Ep. ad Att.*, l. VI, ep. 1.

δὲ μᾶλλον ἐπιθέμενος; quoiqu'il fût profondément versé dans toute espèce de science, et particulièrement dans la philosophie, il s'était surtout consacré à la rhétorique.

Démétrius de Bysance, le péripatéticien, dont l'ouvrage sur la poésie et les poètes est sans doute la source où puise Diogène.

Aristippe de Cyrène, disciple immédiat de Socrate, sur lequel il donnait quelques renseignements suspects dans son ouvrage : *Sur le luxe des anciens*.

Ion de Chio, poète, philosophe et historien, qu'on voit à Athènes vers 470 avant Jésus-Christ; on cite parmi ses œuvres des Mémoires historiques qui renfermaient, sans doute, ce qu'on cite de lui sur Cimon, Périclès et Socrate, dont il était contemporain. Il ne faut pas, avec le scholiaste d'Aristophane (1), le confondre avec le rhapsode Ion, interlocuteur du dialogue de Platon, qui était d'Éphèse.

Pamphilé, fille ou femme de Sotéridas, d'Épidaure, suivant Suidas, ou d'Égypte, d'après Photius, avait écrit des mémoires ou mélanges historiques sur toutes sortes de matières, qui formaient un grand ouvrage en trente-trois

---

(1) *Pax.*, v., 835.

livres, très-utiles et très-savants, dit Photius qui les avait lus en partie (1).

Satyrus, le péripatéticien, spécialement un biographe, est cité par Athénée, et saint Jérôme, dans la préface de son ouvrage sur les écrivains ecclésiastiques, l'appelle un homme de talent.

Jérôme de Rhodes, disciple d'Aristote, et contemporain d'Arcésilas, nommé par Athénée et Plutarque, avait, outre son livre sur l'*Ivresse*, laissé des travaux historiques ou mélanges (2).

Hermippe de Smyrne, biographe, cité par Athénée, et dont Flavius Josèphe atteste la science et l'exactitude (3). Il est certain qu'il avait écrit la vie de Théophraste, et comme saint Jérôme nous dit que son ouvrage s'étendait à tous les personnages illustres par leur savoir (4), ce n'est pas une témérité de conclure qu'il n'avait pas négligé d'écrire la vie de Socrate.

Antisthène, de Rhodes, auteur d'une généalogie des philosophes, semblable à celle d'Alexandre (5).

---

(1) Phot., *Bib.*, cod. 175, p. 119.
(2) Ἱστορικὰ ou σποράδην ὑπομνήματα.
(3) Fl. Joseph., c. *Apion*, l. I.
(4) *De Script. eccl. Præf.*
(5) Et à celle de Sotion d'Alexandrie, que Diogène cite

Héraclide, qui avait fait un abrégé des biographies de Satyrus.

Philochore, Athénien, nommé par Plutarque, Aulu-Gelle, Harpocration, Tertullien, saint Clément, avait écrit une histoire complète de l'Attique jusqu'au temps d'Antiochus le Dieu.

Apollodore d'Athènes, grammairien, disciple d'Aristarque et de Panétius; outre sa *Bibliothèque* en trois livres, ou *Histoire de la mythologie grecque*, que nous avons conservée, Lucien, Aulu-Gelle, saint Clément citent une *Chronologie* que nous avons perdue.

Dionysodore de Béotie, auteur d'une histoire de la Grèce jusqu'au temps de Philippe, que mentionne Diodore de Sicile à la fin de son quinzième livre. On ne sait rien sur l'époque de sa vie.

Justus de Tibériade, contemporain de Josèphe, eut avec lui de graves démêlés; Photius l'accuse d'être peu véridique, jugement qui s'accorde avec celui de Josèphe, et le confirme, s'il ne lui est pas emprunté. L'ouvrage que cite Diogène était une *Histoire de la couronne*, c'est-à-dire des princes qui avaient, en Judée, porté la couronne royale.

dans une autre partie de son ouvrage, mais qu'il a certainement consultée dans toutes.

Le célèbre Démétrius de Phalère, disciple de Théophraste, et qui avait, pendant dix ans, gouverné Athènes, outre ses traités de rhétorique, de poésie, de politique, avait aussi écrit des ouvrages d'histoire qu'allègue Plutarque aussi bien que Diogène.

Enfin, à ces autorités qui donnent une importance considérable au récit de notre biographe, il convient d'ajouter Porphyre, le célèbre disciple de Plotin : il était l'auteur d'une histoire de la philosophie, en quatre livres (1), fréquemment citée, et dont faisait partie le fragment étendu que nous avons conservé sur la vie de Pythagore. Le quatrième livre était consacré à Platon (2), où s'arrêtait l'ouvrage, et le troisième contenait la vie de Socrate (3).

A l'aide de ces documents, ainsi autorisés, et en profitant des renseignements dispersés dans Aristote, Plutarque, Athénée, Élien, Cicéron, Aulu-Gelle, Apulée, Maxime de Tyr, nous espérons pouvoir présenter un tableau à peu près complet, et suffisamment justifié, de la vie de Socrate.

(1) Suid. φιλόσοφος ἱστορία. Cf. Eunap., Prœm., p. 2; Eusèb., Chronic., p. 139.
(2) Cyrill., c. Julian., l. VIII.
(3) Théodor., Therap., l. I. Cyrill. c. Jul., VI, p. 208. Dans ce passage, Porphyre cite lui-même le témoignage d'Aristoxène.

CHAPITRE II

SA NAISSANCE. — SA FAMILLE.
SON ÉDUCATION. — SON TEMPS. — SES MAITRES
DANS LA PHILOSOPHIE.

Socrate naquit à Athènes, dans le dême d'Alopèce, qui faisait partie de la tribu Antiochide. On s'accorde généralement à placer la date à la troisième année de la 77ᵉ olympiade, qui correspond à l'an 469 avant Jésus-Christ, et quelques renseignements, plus nombreux que certains, ont la prétention de fixer le jour au 6 du mois thargélion, le 11ᵉ de l'année attique, et qui répond en partie à notre mois de mai. Si cette chronologie est exacte, il serait né sous l'archontat de Démotion, et dans l'année où Cimon délivrait les villes grecques de l'Asie mineure, et assurait leur indépendance par sa grande victoire sur les Perses, remportée à l'embouchure de l'Eurymédon (1).

(1) Apollodore, dans sa *Chronologie*, et Démétrius de

Socrate naît donc à la fin des guerres médiques, et la première partie de sa vie tombe à l'époque la plus brillante et la plus prospère de sa patrie ; s'il est contemporain de toutes les gloires qui illustrent Athènes, sa vieillesse est attris-

Phalère, cités par Diogène de Laërte, II, 44, font descendre l'année de la naissance à la 4ᵉ de la 77ᵉ Ol., et cette date, acceptée par Diogène, est reproduite par Plutarque (*Symp.*, VIII, I, I) et Ælien (*Hist. Var.*, II, 25). Elle est certainement inexacte, car si Socrate était né en 468, il n'aurait pas eu, en 399 (Olymp., 95, 1), date à peu près certaine de sa mort (Diog., II, 44 ; Diod. Sic., XIV, 37), les soixante-dix ans écoulés que lui donne Platon (*Apol.*, 17, 6). On est donc obligé de remonter d'un an, à la 3ᵉ année, et si l'on admet que le jour de sa naissance n'était pas écoulé au moment de son procès, qui eut lieu en avril, dans le mois de munychion, il faudrait aller jusqu'à la 2ᵉ année, c'est-à-dire le placer en 470.

Diogène de L., II, 44, nomme, d'après les historiens cités plus haut, Aphepsion, comme l'archonte éponyme de la 4ᵉ année de la 77ᵉ Ol. C'est une erreur relevée par J. Meursius (*De Archont. Athen.*, II, c. 7). Cet archonte est celui qui donna son nom à la 4ᵉ année de la 74ᵉ Ol., de là l'erreur de l'anonyme (*In descript. Olymp.*) : Ὀλυμπιὰς ἑβδομηκοστὴ τετάρτη, ἔτος τέταρτον, Ἀφεψίων ἄρχων· Σωκράτης ἐγενήθη. Il y a donc, entre l'archontat d'Aphepsion et la 4ᵉ année de la 77ᵉ Olympiade, un intervalle de douze ans, d'où Meursius conclut que le passage de Diogène est mutilé. L'archonte éponyme de cette année était Phédon, sous lequel le docte critique croit que Socrate est né ; j'ai rétabli, d'après Meursius, le nom de l'archonte de la 3ᵉ année, où je place la naissance de notre philosophe. La coïncidence de l'anniversaire de cette

tée par la guerre du Péloponèse, et les conséquences fatales qu'elle eut pour le bonheur et l'honneur du peuple athénien.

Sa mère, appelée Phénarète, grave et respectable femme, était accoucheuse (1). Sophro-

---

naissance, avec celui de la naissance de Diane et d'Alexandre, a donné ouverture à quelques scrupules, qui paraîtront plus autorisés encore, si l'on se rappelle que les légendes de la philosophie alexandrine aimaient à exprimer sous cette forme symbolique le caractère des grands personnages de l'histoire, et faisaient également naître Platon le jour de la naissance d'Apollon, ὡς Ἀπολλωνιακός (Olymp., *Vit. Plat.*, c. 1).

M. K. Fried. Hermann, dans sa dissertation *de Theoria Deliaca*, observant que Synésius (*Calv. Encom.*, c. 17) donne vingt-cinq ans à Socrate lors de son entretien avec Parménide, aux grandes Panathénées, conclut qu'il ne peut être né ni dans la 3e, ni dans la 4e année d'une Olympiade, puisque ces fêtes avaient toujours lieu dans la 3e année de chaque Olympiade. Le calcul est exact, mais c'est supposer la réalité très-contestable de cette entrevue, et, en outre, attacher à l'âge de vingt-cinq ans, donné par Synésius, témoin éloigné et si mal instruit de ces choses, une importance excessive. Les expressions de Platon, *Theet.*, 183 e, *Parm.* 127 e: πάνυ νέος, σφόδρα νέος, sans contredire ce nombre, ne l'autorisent cependant pas (Cf. Zeller, *Die Phil. der Griechen*, t. II, p. 39).

(1) *Theet.* 149, a: γενναίας τε καὶ βλοσυρᾶς. Casaubon, *ad Athen.*, V, 19, p. 390 : « Proprie βλοσυρότης est torvitas ; sed alio sensu pius filius Socrates matrem suam appellat generosam et βλοσυράν, ut si dicas : C'est une maistresse femme. »

nisque, son père, était statuaire (1); c'est ce qui lui donna l'occasion de faire remonter, en plaisantant, l'origine de sa famille à Dédale, héros de tous les sculpteurs (2), l'artiste mythique, et le protecteur divin de tous les artistes. Il avait un frère utérin, nommé Patroclès (3), fils d'un premier mari de sa mère, Chérédème : on ne sait rien de ce personnage, si ce n'est qu'il avait peu de goût pour les travaux d'esprit et pour la discussion philosophique. Il est probable que Socrate exerça d'abord le métier de son père, car on lui attribuait le groupe des Grâces vêtues, qu'on voyait devant l'Acropole, et qu'on y montrait encore comme son œuvre à l'époque de Pausanias. Outre les témoignages de Pausanias et de Diogène, nous avons encore ceux de Timon, qui, à toutes les épithètes désobligeantes qu'il accole au nom de Socrate,

---

(1) Plat., *Alcib.*, 131 c, d'où Epiphane, *Expos. fid.*, 1087, a-t-il tiré le nom d'Elbaglus qu'il lui donne ? Personne n'en sait ou n'en dit rien.

(2) Plat., *Alcib.*, 121 a. C'est ainsi que les médecins se disaient descendants d'Esculape. Il y avait à Athènes un dème des Dédalides (Steph. Bysant.).

(3) Plat., *Euth.*, 297 : Πατροκλῆ... ὁ ἐμὸς ἀδελφός, ὁμομήτριός γε, οὐ μέντοι ὁμοπάτριος. C'est le seul passage de Platon où il soit fait mention de ce personnage, qu'Hemsterhuys (Luc., *Somn.*, 12) soupçonne sens beaucoup de raison être le statuaire Patroclès cité par Pline, *Hist. nat.*, XXXVII, 8.

ajoute celle de tailleur de pierres, λιθόξοος (1). L'historien Douris, cité par Diogène de Laërte, confirme ce fait, et veut même qu'il fût tombé en esclavage, ce qui n'est pas possible d'après le droit attique. Il est probable que ce récit est né d'une confusion du maître avec Phédon d'Élis, que la fortune de la guerre avait, en

(1) Paus., I, 22, 8, et IX, 35, 2; Diog. L., II, 19. Les témoignages sont unanimes : Dion Chrysost., *Orat.*, LV, p. 558 c; Luc., *Somn.*, c. 12; Schol. Aristoph., *Nub.*, v. 771; Porphyr. ap. Theodor., I, 701; Cyrill. adv. Jul., VII, 226. Suidas.

Il faut cependant remarquer que ni Platon, ni Xénophon, ni Aristophane, ne font aucune mention de ce fait ; mais cela prouverait seulement qu'il y avait, à l'époque où ils ont connu Socrate, de longues années qu'il avait renoncé à la profession paternelle, et qu'on avait oublié son œuvre. Meiners doute encore (t. II, p. 349), parce qu'il y a désaccord entre la description du groupe faite par le scholiaste d'Aristophane et celle que nous en donne Pausanias. Mais alors le doute devrait porter sur les statues et non sur leur auteur. Pline, (*H. nat.*, XXXVI, 5, 4, p. 32) citant les Grâces du Propylée d'Athènes, dit : « Non postferuntur (à l'Hercule de Menestratæ) et Charites in Propylæo Atheniensium quas Socrates fecit, alius ille quam pictor, idem ut aliqui putant. » Pline ne parle pas de notre Socrate : un Romain ne comprenait guère qu'un philosophe pût être un artiste. Stobée nous rapporte un joli mot qu'il prête à Socrate, et qui fait allusion à ces déesses. Voyant un jour un riche qui prodiguait sans choix ses largesses et jetait au hasard ses libéralités : Maudit sois-tu, lui dit-il, toi qui, des Grâces qui sont vierges, fais de vraies courtisanes,

effet, réduit en servitude, et peut-être à quelque chose de pis. Ce fut Criton, suivant Démétrius de Bysance, qui le tira de son atelier et lui permit, par ses générosités, aussi continues qu'abondantes, de vivre dans ce loisir nécessaire à la mission qu'il s'était imposée, ou plutôt qu'il croyait lui avoir été imposée par la volonté divine. Aristoxène, fils de Spinthare (1), d'après les termes employés par Diogène, rapporte que Socrate aurait été banquier usurier, et que ce fut à ce commerce que l'arracha Criton, pour en faire le plus grand sage de l'antiquité. Démétrius de Phalère, qui ne voulait pas non plus qu'Aristide fût pauvre, va jusqu'à nous donner, outre la fortune immobilière de Socrate, le capital de sa maison de banque, s'élevant à la somme de 70 mines, qui lui auraient été avancées par Criton (2).

(1) Ce Spinthare avait été en communication personnelle avec Socrate, s'il faut ajouter foi aux assertions de son fils (V. Frag. Aristox., p. 280, éd. Didot). Plutarque mentionne Aristoxène (*De Genio S.*, c. 23) et l'appelle ὁ Ταραντῖνος.
Nous en avons parlé plus haut.
(2) Plut., *Vit. Aristid.*, c. 1; Diog. L., II, 20. Libanius, dans son apologie de Socrate (éd. Reisk., t. III, 1. 7), morceau de composition oratoire, et peut-être un pur exercice sophistique, auquel il ne faut pas attacher de valeur historique, raconte que Socrate avait hérité de son père de 80 mines, qu'il prêta à l'un de ses amis pour

Toutes ces assertions bizarres sont contredites par l'autorité de Platon, qui fait dire à Socrate qu'il a vécu dans une extrême pauvreté, ἐν πενίᾳ μυρίᾳ (1), témoignage confirmé par Xénophon, suivant lequel la maison et tous les biens meubles de son maître étaient évalués à cinq mines, c'est-à-dire à moins de 500 francs (2). On tournait même en dérision son indigence. Les comiques l'appelaient à l'envi le pauvre, le gueux, le mendiant, un va-nu-pieds (3). Eupolis l'accusait d'avoir volé dans

les faire valoir, et que cet ami perdit dans de mauvaises spéculations. « Socrate, ajoute-t-il, supporta avec fermeté cette perte et n'en parla jamais. Diogène, II, 20, est plus complet : « Socrate, en commençant, dit-il, gagna beaucoup d'argent dans le commerce de la banque à intérêts; puis il le perdit; sans se laisser décourager, il en hasarda, et le perdit encore dans cette industrie lucrative mais périlleuse. » Comment le perdit-il ? Fréret (*Acad. des Inscr.*), t. XLVII, p. 243) prétend que ce fut dans une banqueroute. Je n'ai pas vu un mot de cette banqueroute dans le texte de Plutarque, auquel renvoie l'illustre académicien.

(1) Plat., *Apol.*, XXIII, c. 31 c.
(2) Xén., *Mem.*, I, 2, 1 : πάνυ μικρὰ κεκτημένος. *Œcon.*, 11, n. 3; Senec., *De Benef.*, VII, 25 : « Socrates, amicis audientibus, emissem, inquit, pallium, si nummos haberem. » Aristophane, *Nub.*, v. 93, parlant de la maison de Socrate, emploie les diminutifs : ὁρᾷς τὸ θύριον τοῦτο καὶ τῳκίδιον.
(3) Eupol. in Olympiod. *ad Phædon*, p. 44 :
Μισῶ δ'ἔγωγε Σωκράτην τὸν πτωχὸν ἀδολέσχην

un festin, quand était venu son tour de chanter, le vase d'argent où l'on versait le vin (1). L'amende à laquelle sa fortune personnelle lui permet de consentir n'est que d'une mine. Enfin le silence significatif d'Aristophane est une preuve négative assurément très-forte; car, montrer un sage, et le plus sage des hommes, commençant par être un riche usurier et un banqueroutier, c'est un trait que sa verve maligne n'eût point laissé échapper.

Malgré la situation modeste de sa famille,

ὃς τἆλλα μὲν πεφρόντικεν
ὁπόθεν δὲ καταφαγεῖν ἔχοι τούτου κατημέληκεν,

« Je hais ce bavard imbécile, ce vieux gueux qui n'a ni de quoi manger ni de quoi se vêtir. » Ameipsias, dans la pièce du *Vieux manteau*, où il l'introduisait (Diog. L., II, 28), dit de lui : « Socrate, homme rare parmi les hommes rares, mais aussi le plus fou des hommes, te voilà donc avec nous. Tu es sans doute un héros de vertu, mais tu n'as pas de quoi avoir une tunique, ni même une paire de souliers, » s'il fallait prendre dans la rigueur du mot le terme ἀνυπόδητος, dont se servent Platon, *Phéd.*, p. 229 a, et Aristophane, *Nub.*, 1, 3, 363. Mais nous reviendrons plus loin sur cette circonstance à laquelle fait aussi allusion Cicéron.

(1) Meinek., *Fragm. Com.* II, p. 552 :

Δεξάμενος καὶ Σωκράτης τὴν ἐπίδειξιν,
Στησιχόρου πρὸς τὴν λύραν, οἰνοχόην ἔλεψεν.

Socrate reçut la libérale éducation que tout citoyen d'Athènes était obligé par la loi de donner à son fils (1). C'étaient la gymnastique et la musique, c'est-à-dire tous les exercices qui développent et fortifient le corps et l'esprit; il faut évidemment y joindre la grammaire, ἡ γραμματική, qui était un prélude et une condition préalable, et qui, réunie aux deux autres, formait l'éducation complète et parfaite d'un jeune Athénien (2), ἐγκύκλιος παιδεία, ἐγκύκλια μαθήματα.

La grammaire, qui devait son nom à la connaissance purement mécanique de l'alphabet, pour l'usage de la lecture et de l'écriture, avait pris bientôt une plus haute importance et une

(1) Plat., *Crit.*, 50 d.
(2) Xénoph., *Rep. Lac.*, II, 1; Schol. Aristoph., *Equ.*, 188; *Ran.*, 741; Plat., *Protag.*, 312 b; Terent., *Eun.*, III, 2, 23.

Fac periculum in litteris,
Fac in palæstra, in musicis : quæ liberum
Scire æquum est adolescentem, solertem dabo.

Comment se fait-il que Porphyre (Théod., *Græcor. affect. Curat.*, l. I, p. 8) ait pu dire non-seulement que Socrate avait été si mal doué par la nature, mais encore si mal élevé, ἀπαιδεύτως περὶ πάντα, qu'il ne savait ni lire, ni écrire, ni parler même nettement et bredouillait comme un enfant? C'est sans doute sur l'autorité d'Aristoxène qu'il rapporte ce détail, et il n'est pas fait pour relever la véracité de ce témoin, quoi qu'en dise M. Grote.

plus grande étendue. Les livres, dans lesquels les enfants apprenaient à lire, étaient les plus grands poètes de la Grèce, Homère avant tout, source de toute sagesse, politique et religieuse; puis les poètes moralistes, Hésiode, Théognis, Phocylide. On ne se bornait pas à les leur faire lire et apprendre par cœur : à la fois, pour en bien pénétrer ces jeunes âmes, qui devaient y trouver la règle de la vie morale (1), et par suite du défaut d'exemplaires, on les dictait aux écoliers, et de là on arriva facilement, non-seulement à un commentaire plus sérieux, mais à une explication de plus en plus critique et grammaticale des textes. Puis venait la musique, qui était l'art de chanter, de danser et de jouer de la lyre. La flûte était méprisée à Athènes, au moins comme forme de l'éducation de la jeunesse, et dédaigneusement renvoyée aux Béotiens (2). Les poètes lyriques devenaient alors l'objet des études, et achevaient, et par leurs leçons directes, et par l'effet tout puissant

(1) Plat., *Protag.*, 325 c; Isocr., *Nicod.*, 12; Xénoph., *Symp.*, IV, 6; Dion. Halic., *ep. ad Pomp.*, p. 756; Drac. Strat., *De metr.*, p. 33 : ἐξ ἀρχῆς καθ' Ὅμηρον ἐπὶ μεμαθήκασι πάντες. Voir dans le *Protagoras*, p. 339, la discussion du passage de Simonide, et dans le *Ménon*, p. 95 d, la critique de Théognis.

(2) Plut., *Alcib.*, c. 2 : αὐλείτωσαν οἱ Θηβαίων παῖδες, ὡ γὰρ ἴσασι διαλέγεσθαι

de l'harmonie et des rhythmes, d'imprimer dans les jeunes âmes le sentiment de l'harmonie morale, et de les habituer, pour ainsi dire, au rhythme mesuré de la vie. C'était, sous un nom charmant et avec des formes agréables, un apprentissage de l'art de penser, de l'art de dire et de l'art de vivre (1).

Quand à cette discipline de l'esprit et de l'âme on avait joint les exercices du gymnase, on était un homme bien élevé (2).

Cette éducation ne manqua pas à Socrate.

Mais il y a une autre éducation que celle de la famille et que celle des écoles, c'est l'éducation qu'on reçoit et, pour ainsi dire, qu'on respire, sans le savoir et le vouloir, dans l'atmosphère intellectuelle et morale où la jeunesse se développe, et où, molle et tendre encore, elle se laisse pénétrer de mille impressions invisibles, mais puissantes. Je suis bien éloigné de croire que l'homme de génie ne soit qu'un produit des circonstances extérieures et du milieu qui l'enveloppe ; sans apporter ici

---

1) Plat., *Protagor.*, 326 a : πᾶς γὰρ ὁ βίος τοῦ ἀνθρώπου εὐρυθμίας τε καὶ εὐαρμοστίας δεῖται. Conf. sur l'influence morale de la musique, Arist., *Polit.*, VIII, 4 et 5; Plut., *Quæst. Symp.*, VII, 5; Athén., XIV, 18; Plat., *Rep.*, IV, 424.

(2) Aristoph., *Ran.*, 740; Plat., *Theag.*, 122 c; *Clitoph.*, 407 c : παιδείαν ἀρετῆς τελέαν.

d'autres preuves, comment expliquerait-on que ces circonstances, qui ont été les mêmes pour tant d'individus, n'ont produit leurs effets que sur un si petit nombre d'entre eux? Mais quoique je considère l'homme, et surtout l'homme de génie, comme une force spontanée, une cause libre, il serait puéril de nier que cette liberté est limitée, et que cette force intime est soumise à des influences extérieures, qui, sans doute, ne l'ont pas créée, mais l'ont certainement modifiée, et que, par conséquent, il n'est pas indifférent de connaître.

Socrate a eu le bonheur de naître dans le plus beau siècle de l'histoire, et dans le pays où se sont donné, pour ainsi dire, rendez-vous toutes les grandeurs que puissent réaliser et même rêver les hommes : la richesse, la puissance, la gloire, la liberté, couronnées par des œuvres dans l'architecture, la sculpture, l'éloquence, la poésie, d'une beauté telle qu'on n'a plus rien à en dire, si ce n'est que rien de si beau ne s'est jamais vu, et que rien de si beau ne se verra jamais. La poésie, l'art, les événements politiques contribuent à former l'esprit des individus, à leur donner leur caractère et à déterminer leur physionomie; car ce ne sont que les formes de la vie, et la vie est la grande maîtresse, la grande école de l'homme. Certes, jamais un plus noble esprit ne se trouva à une plus noble école.

Je trouve en général les historiens sévères jusqu'à l'injustice pour ce siècle, enfant gâté de toutes les gloires. Thucydide, assistant à l'effrayante et rapide corruption qui en signala les dernières années, a fait des mœurs et des mobiles moraux de son temps une admirable et énergique peinture, mais exagérée et qu'on applique sans raison au siècle entier. Avec la gravité pénétrante de son expression concise et forte, il nous montre tous les degrés de perversité envahissant le monde grec, τῷ ἑλληνικῷ : la sincérité, cet attribut distinctif de la noblesse morale, méprisée et raillée ; tout sentiment d'honneur détruit, toute foi ruinée, les facultés les plus heureuses employées aux buts les plus ignobles, les passions les plus sauvages recourant pour se satisfaire aux plus détestables pratiques. Que ce grand moraliste attristé, que ce bon citoyen, écrivant dans l'exil, sous le coup des désastres de la patrie, n'ait pas chargé son tableau, qui oserait l'affirmer ? Mais sans avoir recours à cet argument, qui diminuerait, sans l'effacer, l'importance de son témoignage, pourquoi n'ajoute-t-on pas que, suivant lui, la cause de cette décadence morale ce fut la guerre, une guerre atroce, implacable, plus que civile, qui fit couler par tous les pores, non-seulement le plus pur sang de la Grèce, mais son honneur et sa vertu (1)? Il est donc inutile, il est faux de montrer les germes de cette corruption au sein même des splendeurs de cette époque, et de n'y voir que le développement régulier et fatal des principes qui la dirigeaient. Non, le siècle, qui couronna sa jeunesse des palmes de Marathon et de Salamine, n'était pas fatalement condamné aux guerres civiles qui, pendant près de trente ans, couvrirent la Grèce de dévastations, et faillit aboutir à la ruine de la liberté et de la civilisation.

Le progrès des institutions libres à Athènes, le magnifique développement de l'art et de la poésie; les résultats imparfaits, incomplets, contredits, des diverses écoles philosophiques; les modifications qui, par la critique des philosophes et l'interprétation des poètes, s'introduisaient dans les croyances populaires et tendaient à élever le paganisme polythéiste dans une sphère religieuse plus élevée et plus pure, rien de tout cela ne contenait en soi, nécessairement, fatalement, la déplorable corruption morale qu'on signale, et qui fut le résultat d'une guerre coupable et funeste.

---

(1) Thucyd., III, 83 : οὕτω πᾶσα ἰδέα κατέστη τῆς κακοτροπίας διὰ τὰς στάσεις τῷ Ἑλληνικῷ.

Je suis étonné d'entendre répéter encore tant de banalités sur l'esprit léger, changeant, révolutionnaire des Athéniens : nul peuple dans l'histoire n'a montré une plus grande unité, un respect plus constant de son passé, et n'est resté plus fidèle à lui-même. Dans les grandes comme dans les petites choses, il renouvelle et rajeunit tout sans rien détruire ; c'est l'union la plus parfaite du génie de l'ordre et de la liberté, de la conservation et du mouvement. Je n'en veux citer que quelques exemples. En politique, Athènes pose le problème en des termes qui ne laissent rien à désirer pour la précision, et on peut dire qu'elle l'a résolu dans une mesure que tous les peuples n'ont pas atteinte ; elle repousse avec une égale horreur l'anarchie et le despotisme (1), et par une vue aussi profonde que juste, et qui lui appartient en propre, elle flétrit le despotisme du nom qui l'exprime le mieux en l'appelant l'anarchie même (2). Tant qu'il y a eu une tragédie grecque, elle a été un

---

(1) Æschyl., *Eumen.*, v. 527.

Μήτε ἄναρχον βίον
μήτε δεσποτούμενον
αἰνέσῃς.
παντὶ μέσῳ τὸ κράτος θεὸς ὤπασεν.

(2) C'est le nom légal et officiel du régime de terreur organisé par les Lacédémoniens après la prise d'Athènes.

chœur à Bacchus, et a conservé le caractère que lui avaient imposé ses premiers fondateurs. Six siècles après le Christ, la Grèce adorait toujours les dieux qu'avaient adorés ses pères, et les Turcs, en entrant à Byzance, trouvèrent encore les Grecs penchés avec une respectueuse admiration sur les pages de ce livre immortel, bible de leur religion et de leur art. Pour passer à un trait moins important et qui n'en est que plus caractéristique, telle était la fidélité tenace de ce peuple à ses vieilles coutumes, que, quoique l'alphabet ionien fût d'un usage courant depuis deux générations, les lois, à Athènes, avaient continué d'être écrites dans l'ancien alphabet attique de seize ou dix-huit lettres, et ce fut seulement sous l'archontat d'Euclide, à la fin de ce siècle diffamé, qu'on cessa l'usage de cet alphabet incomplet et incommode.

Peut-on dire que tous les sentiments généreux et désintéressés avaient disparu, quand nous voyons Thrasybule, qui fait encore la figure d'un honnête homme, après avoir rendu la liberté et la paix à sa patrie, recevoir pour récompense une somme de 400 francs, destinée à un sacrifice commun qu'il avait seulement l'honneur d'offrir en son nom? Cette ville si corrompue crut l'honorer personnellement beaucoup en lui décernant une offrande votive avec des rameaux d'olivier (1) ?

La liberté politique, l'égalité de tous les citoyens, la puissance de la démocratie dans le gouvernement, tout cela ne fut pas l'effet rapide d'une révolution imprévue, hâtive ou violente (2). Périclès n'avait fait que développer les principes politiques de Solon, et Solon développer ceux que lui donnait la tradition du passé. La Grèce a été toujours républicaine ; la monarchie lui a toujours paru une institution barbare et bonne pour les nations orientales, parce que, suivant la remarque à la fois dédaigneuse et profonde d'Aristote, elles ont l'âme servile. La royauté héroïque dont Homère nous fait la peinture est fondée sur le consentement libre : les rois ne sont que des magistrats dont les fonctions sont déterminées et très-limitées ; leur autorité dépend de leur courage, de leur esprit et de leur éloquence. Toutes les fois qu'il s'agit de prendre une résolution grave, on rassemble soit l'armée, soit les chefs ; on dis-

---

(1) Æsch., c. *Ctesiph.*, c, 62 ; Corn. Nep., *Thrasyb.*, c. IV. Cf. Grote.

(2) Déjà, dans Homère, à côté d'une noblesse guerrière, ἄνακτες, ἄριστοι, βασιλῆες, on trouve le peuple δῆμος, et les artisans, δημιοεργοί, les devins, les médecins, les armuriers, les poètes, sont appelés des hommes illustres : οὗτοι γὰρ κλητοί γε βροτῶν ἐπ' ἀπείρονα γαῖαν.

cute, on délibère, et c'est au peuple assemblé qu'appartient la souveraineté. Le cinquième siècle n'a donc rien vu d'inouï ; point de révolution, point de coup d'état démocratique ; mais un mouvement normal, et qu'on pourrait trouver lent, des germes contenus dans la première organisation politique et sociale de la Grèce.

Ce n'est donc pas l'orgueil de la victoire poussé jusqu'à l'ivresse, qui fit de chaque citoyen d'Athènes un homme habitué à raisonner avant d'agir, δεινὸς λέγειν τε καὶ πράττειν, à reconnaître sa raison pour juge et souverain arbitre, et lui inspira la pensée d'étendre cette liberté d'examen sur tous les objets où l'esprit peut atteindre (1). Mais on va plus loin : on veut que la vie publique ait perdu sa valeur morale et que l'unité de l'Etat ait été détruite par l'indépendance d'opinion donnée à l'individu ; les faits ne s'accordent guère avec ce jugement. Sans doute les Athéniens ont commis des fautes et des crimes ; mais quel peuple soumis à la tyrannie a mieux servi son maître que ce peuple athénien n'a obéi à Périclès ; quelle cité dorienne ou asiatique a mieux défendu ses murs, ses femmes, ses enfants, son honneur, sa

---

(1) C'est le trait du génie grec : Plat., *Prot.*, p. 326 a ; Xénoph., *Mem.*, IV, 2, 1.

gloire que la démocratique Athènes; quelle autre a mieux mérité de retrouver la liberté et l'a enfin reconquise ? Depuis quand le nom de Thrasybule ne fait-il plus partie des grands noms de l'histoire ? Athènes a essayé de fonder l'unité par la force. Les nécessités de la lutte contre un ennemi étranger, en rapprochant davantage les diverses tribus, autrefois isolées, de la race grecque, leur avaient donné le vif et profond sentiment des liens de parenté, de la fraternité originaire qui les unissaient entre elles. Athènes, au lieu de fonder une union loyale, une libre confédération, sembla profiter de cette situation pour absorber en elle la vie et l'individualité politiques de ses alliés. Était-ce une nécessité ou ne fut-ce qu'une faute de l'orgueil et de l'ambition ? Je ne veux pas ici le rechercher. Quelle que fût la cause qui en fit, pendant le cinquième siècle, le centre et le foyer de la vie politique de la Grèce, on est obligé de reconnaître qu'elle méritait à quelques égards de la représenter, et qu'elle la représente dignement. Athènes fut alors le rendez-vous de tous les artistes et de tous les philosophes, et elle a reçu de l'admiration de ses rivaux eux-mêmes des titres éternels à la reconnaissance de la Grèce et de l'humanité. Le dieu de Delphes l'avait appelée le foyer et le

Prytanée des Grecs; Thucydide la nommait l'école de la Grèce, la Grèce de la Grèce; Athénée, le Musée; Pindare, le boulevard de la Grèce; Hippias, le Prytanée de la sagesse. C'est les yeux fixés sur toutes les splendeurs de ce cinquième siècle que Cicéron s'écrie : *Athenienses, unde humanitas, doctrina, jura, leges ortæ, atque in omnes terras distribulæ putantur* (1).

L'œuvre commune de la philosophie, de l'art et de la poésie avait été non pas une destruction, mais un perfectionnement de la vie morale. La philosophie des physiciens avait commencé à purger l'esprit, hanté par les visions païennes, des terreurs et des lâchetés de la superstition. La doctrine de Parménide montrait un monde réel au delà et au-dessus du monde que les pieds foulent, que les mains tâtent, que

---

(1) Cic., *In Flacc.*, 26. Platon, qui ne les a pas flattés, dit des Athéniens, *De legg.*, I, 642 : ὅσον ἀνάγκης αὐτοφυῶς θείᾳ μοίρᾳ, ἀληθῶς καὶ οὔτι πλαστῶς εἰσιν ἀγαθοί. Et s'il est vrai, comme je le crois et comme le dit Platon, que le trait distinctif du caractère grec ait été l'amour de la vérité pour elle-même, le goût du savoir, τὸ φιλομαθές, laissant aux nations du nord, Thraces et Scythes, l'amour de la lutte sanglante et la passion des combats, comme aux nations de l'Orient, Égyptiens et Phéniciens, l'amour de la richesse et du luxe (*Rep.* IV, 436 a), où ce trait national de noblesse et de supériorité se manifeste-t-il avec plus d'éclat que chez les Athéniens?

les yeux voient, et donnait comme un avant-goût de l'invisible. Xénophane en attaquant comme Héraclite les absurdités de la légende religieuse ; Empédocle, les Pythagoriciens s'étaient fait et répandaient du divin une notion plus pure, une idée plus vraie, et à moins qu'on ne prétende que fonder les mœurs, la religion et l'État sur des notions plus exactes, plus claires, plus vraies, ne soit les détruire ; à moins qu'on ne prétende qu'en demandant à l'homme de descendre dans sa conscience pour y trouver la règle de ses devoirs envers les autres, envers lui-même, la patrie et Dieu ; donner à la raison la direction de la vie, et demander aux hommes non-seulement de bien agir, mais d'agir conformément à une maxime morale, ce soit corrompre la civilisation et relâcher les liens de la vertu, on sera obligé de reconnaître que ces vérités pressenties par les philosophes, et qui percent dans les vers des poètes tragiques et comiques, ne sont pour rien dans la décadence qui signale la fin de ce cinquième siècle.

Les tragiques ont été appelés, et ont mérité d'être appelés, dans ce siècle, les instituteurs de la Grèce (1), et comme s'il ne suffisait pas à

---

1) Olymp., *Vit. Plat.*, c. 3. παρὰ ταῖς τραγικαῖς ἐπαιδεύθη

ces poètes de montrer la leçon morale dans le cours des événements qu'ils mettent en scène, dans le développement des caractères, dans l'expression des sentiments et des idées des personnages qu'ils font agir, il y a dans le drame grec, par une exception unique dans l'histoire de l'art, un personnage spécial dont le rôle est presque celui d'un prédicateur : tout le monde voit que je parle du chœur. Or, qu'enseignent donc ces poètes ? Je ne veux pas relever ici en détail les maximes, mais on peut résumer en quelques traits les idées morales qui leur sont communes. Ils nous prescrivent tous la modération et la douceur, la piété et la justice ; ils nous rappellent la faiblesse et le néant de l'homme, dont les pensées sont plus mobiles que l'ombre d'une fumée, la fragilité de la vie semblable à une peinture fraîche qu'une éponge efface. Ils enseignent l'existence d'une vie future, d'une Providence, d'un Dieu suprême dont la justice infaillible nous attend pour nous récompenser ou nous punir. C'est ui qui a gravé dans notre conscience des règles absolues, des lois non écrites auxquelles vaut mieux obéir qu'aux lois changeantes

παιδευταῖς ὀνομαζόμενοις εἶναι τῆς Ἑλλάδος. C'est du reste la tradition grecque : La poésie est l'école de la vie morale.

et arbitraires des hommes. Nulle puissance ne l'emporte sur la puissance de Jupiter; nul trône n'est plus élevé que le sien, il parle et l'effet suit; ce que sa volonté décide s'accomplit infailliblement. Contre cette force divine, l'homme ne peut manquer de reconnaître sa faiblesse et sa dépendance. Qu'il sache donc connaître sa condition propre, sa vraie essence; qu'il n'estime pas trop haut ce qui est humain; que même dans le malheur, il ne s'irrite pas contre les dieux, et se rappelle que l'épi de la faute, semé par l'orgueil, fait naître une riche moisson de larmes. Ces pensées, qui éclatent en traits de flamme dans les pièces d'Eschyle, nous les retrouvons avec d'autres accents, moins sublimes et peut-être plus tendres, dans les tragédies de Sophocle et d'Euripide.

L'art dramatique, en lui-même, est une excitation à la spéculation morale; car l'intérêt de l'action dramatique résulte toujours d'une situation des personnages placés entre deux règles morales, deux mobiles moraux, dont la lutte, dans la conscience du héros dramatique, a son écho dans la conscience du spectateur; mais par la manière dont ils l'ont traitée, on peut dire que le théâtre d'Eschyle, de Sophocle, et même, quoiqu'à un moindre degré, d'Euripide, présentant à l'homme l'homme même, l'homme intérieur, est comme une philosophie morale en action.

Socrate ne paraît pas s'être contenté de cette éducation commune et générale, dont l'art était la forme puissante et enchantée.

Dans un passage célèbre et fort diversement commenté, Maxime de Tyr nomme tous les maîtres auxquels s'adressa Socrate et dans sa jeunesse et dans le cours de sa vie, qu'il passa tout entière, comme le recommandait Solon, à apprendre.

« Que tu adores par-dessus tout la science, dit-il à Socrate, je te l'ai souvent entendu dire, et je t'ai vu adressant les jeunes gens tantôt à un maître, tantôt à un autre, conseillant à Callias d'envoyer son fils à Aspasie de Milet; un homme à l'école d'une femme! Toi-même, à ton âge, tu ne rougis pas de la fréquenter, et, non content de t'être fait le disciple d'Aspasie, tu as été chercher auprès de Diotime la science de l'amour, auprès de Connus celle de la musique, auprès d'Evénus l'art de la poésie, auprès d'Ischomachus celui de l'agriculture, auprès de Théodore la géométrie (1). » Il est évident que Maxime de Tyr a emprunté ces noms et ces

---

(1) *Dissert.*, 37, 4, t. II, p. 225, Reisk. Il ajoute: καὶ ταῦτα μὲν οὖν τὰ εἴτε εἰρωνεύματα εἴτε καὶ ἀνδρίσματα ἐπαινῶ, ὅπως ἂν τις αὐτῶν ἀποδέχηται.

faits aux livres de Platon et de Xénophon, et n'est pas éloigné de n'y voir lui-même que des traits d'ironie. Examinons cependant avec un peu de soin ce que l'histoire nous apprend des rapports de chacun de ces personnages avec notre philosophe.

Xénophon nous parle d'Ischomachus, dans son *Économique*, comme d'un ami de Socrate, et c'est ainsi que nous le présente également Plutarque (1); mais ni l'un ni l'autre n'autorisent la supposition qu'il ait été son maître, et dans le dialogue de Xénophon il ne fait guère que fournir un prétexte à Socrate pour exposer ses propres idées sur la manière de gouverner une maison.

Evénus de Paros est plusieurs fois mentionné par Platon : dans le *Phèdre*, comme un rhéteur qui avait distingué quelques formes d'argumentation dont Platon se moque (2); dans l'*Apologie*, comme un sophiste enseignant au rabais les vertus humaines et politiques (3);

---

(1) *De curios.*, 2.

(2) *Phædr.*, 267, a : τὸν κάλλιστον Εὔηνον... σοφὸς γὰρ ὁ ἀνήρ.

(3) *Apol.*, 20 b: 5 mines, c'est-à-dire 100 drachmes, moins de 500 fr., étaient son prix, quand Protagoras, Gorgias et d'autres prenaient 100 mines, c'est-à-dire près de 10,000 fr. en nombres ronds.

dans le *Phédon*, comme un poète (1); mais ce dernier dialogue nous prouve qu'il était à peine connu de Socrate.

Pour la géométrie, à laquelle Socrate n'était pas, il est vrai, étranger (2), on n'a aucune raison de croire qu'il l'ait apprise de Théodore de Cyrène, qui fut, comme on le sait (3), le maître de Platon, et figure, à ce titre, dans trois de ses plus grands dialogues.

Socrate, dans le *Ménexène*, dit à son interlocuteur qu'il n'est pas étonnant qu'il soit si habile dans l'art de parler, puisqu'il a eu pour maître de rhétorique cette femme, célèbre autant par son esprit que par sa beauté, dont les leçons avaient formé tant de grands orateurs, et jusque là le plus grand de tous, Périclès : je veux parler d'Aspasie (4); et, dans le *Banquet*, il avoue que c'est à Diotime, la savante prêtresse de Mantinée, qu'il doit la seule science qu'il se vante de posséder, la science de l'amour (5); mais il est difficile de voir dans ces

---

(1) *Phæd.*, 60.
(2) Xén., *Mem.*, IV, 7, 3 : καί τοι οὐκ ἄπειρός γε αὐτῶν ἦν.
(3) Diog. L., III, 6; Apul., *De habit. doct. Plat.*, p. 159, éd. Bip.
(4) Plat., *Menex.*, 235 e.
(5) Thém., *Orat.*, XIII., p. 198; Xén., *Mem.*, II, 6,

deux passages, d'où Maxime évidemment emprunte ses assertions, autre chose qu'une aimable ironie. Cela est certain du dernier surtout, où Platon expose des idées qui lui appartiennent en propre, et donne à la théorie de l'amour une portée religieuse et philosophique qu'elle était bien loin d'avoir dans l'esprit de Socrate, tel que nous le représente Xénophon (1). On a même soutenu que Diotime était un personnage fictif; si elle est très-fréquemment citée comme un personnage historique, ce n'est, dit-on, que par des écrivains postérieurs à Platon et qui ne s'appuient que sur son témoignage (2). Cependant les exemples d'interlocuteurs fictifs sont rares dans les dialogues de Platon; on ne connaît guère que Her, l'Arménien, dans *la République*; l'hôte d'Élée, dans *le Sophiste et le Politique*; les trois personnages des *Lois*, Clinias de Crète, Mégille de Lacédémone, et l'étranger d'Athè-

---

28; Plat., *Symp.*, 177 c; *Theag.*, 128 b: οὐδὲν ἐπιστάμενος, πλὴν σμικροῦ γέ τινος μαθήματος, τῶν ἐρωτικῶν.

(1) *Mem.*, IV, 1, 2; Van Heusde, *Initia philos. Plat.*: « Hi autem (sermones) ita prorsus sunt Platonis. » J'adopte ici pleinement l'opinion de K. Fried. Hermann, contraire à celle de Wiggers, p. 24.

(2) Luc., *Imag.*, c. 18; Clém. Alex., *Strom.*, VI, p. 631 b; Thém., *Orat.*, XIII, p. 199; Himér., *Orat.*, I, 18.

nes, qui semblent bien être les types des trois grandes constitutions politiques des Grecs. En accordant que Diotime soit un personnage historique (1), il n'est pas démontré par là que Socrate lui ait dû quelques-unes de ses idées philosophiques. Pour Aspasie, il est certain que c'était une femme d'un grand esprit, et que Socrate a vécu dans son intimité (2); mais le ton ironique de Socrate, quand il se déclare son disciple dans l'art de la parole, est manifeste, et a été déjà remarqué par Plutarque (3). On peut seulement admettre que Socrate et beaucoup d'autres hommes distingués de ce temps allaient, à l'exemple de Périclès, chercher auprès d'elle cet art de plaisanterie délicate et fine, ces grâces de langage, cette conversation enjouée et vive que le commerce des femmes sait donner, et qu'elles enseignent facilement parce qu'elles le pratiquent par une

---

(1) Le scholiaste d'Aristide (t. III, p. 468, Dind.) en fait une prêtresse de Jupiter Lycéen, en Arcadie, et rapporte que par ses prières elle avait retardé de dix années la terrible maladie qui frappa Athènes, la deuxième année de la guerre du Péloponèse.

(2) Xén., Mem., XI, 6, 36 ; Œcon., III, 14 ; Plat., Menex., 135 c : διδάσκαλος οὖσα οὐ πάνυ φαύλη περὶ ῥητορικῆς.

(3) Vit. Pericl., c. 24 : μετὰ παιδιᾶς γέγραπται.

science instinctive, qui n'est pour elles qu'une des formes de l'art de plaire.

Dans le *Ménexène* (1) et encore dans l'*Euthydème* (2), Socrate nomme comme son maître de musique Connus (3), fils de Métrobius. Le tour ironique est ici d'autant plus évident que c'est dans sa vieillesse, dit-il, qu'il s'est mis à son école pour apprendre à jouer de la lyre, ce qui prêtait à rire aux enfants, élèves comme lui de Connus, qui appelaient pour cette raison leur maître le Gérontodidascale. L'éducation qu'il avait reçue dans sa jeunesse lui rendait au moins superflus ces tardifs exercices de musique instrumentale, pris au sérieux par trop d'écrivains postérieurs (4). Damon, cité au lieu de Connus, comme le maître de musique de Socrate, par Diogène de Laërte, sur le témoignage d'Alexandre Polyhistor, dans ses Διαδοχαί, n'est présenté dans le

---

(1) *Menex.*, 235 c.
(2) *Euthyd.*, 272 c.
(3) C'est le personnage qui a donné le nom à la comédie d'Ameipsias qui concourut avec les *Nuées* d'Aristophane et lui enleva le prix. Stallbaum (*ad Euthyd.*, 79) suppose que si Socrate fréquentait l'école de Connus, c'était pour y avoir l'occasion de rencontrer la jeunesse avec laquelle il aimait tant à s'entretenir.
(4) Cic., *De Senect.*, c. VIII; *ad Famil.*, IX, 22, 2; Val. Max., VIII, 7, 8; Brucker, t. I, p. 525, n° 4. « Distin-

Lachès (1) et la *République* (2) que comme un de ses amis. Ce célèbre musicien devait à l'intimité de ses rapports avec Périclès une importance politique considérable (3). Plutarque le nomme un sophiste, qui, par prudence, déguisait la vraie nature de son enseignement et la portée de ses leçons (4). Platon en fait le plus grand éloge, et accepte sa théorie sur l'influence profonde que la musique exerce sur les âmes et les mœurs (5).

Enfin Lucien veut que Socrate ait appris tardivement à danser (6), et il est certain que Xénophon nous le montre dans sa vieillesse, dansant tout seul dans sa maison, mais pour se donner un mouvement et un exercice salutaires.

Dans son avidité de vrai savoir, Socrate a même été, dit-on, demander la science à ceux

guendum inter adolescentiam, qua canendi, et senectutem, qua lyra cantandi peritiam Socrates acquisivit. »

(1) *Lach.*, 180 d, 197 d.
(2) *Rep.*, III, 400 b, et IV, 424 c.
(3) Plut., *Vit. Alcib.*, 1 ; *Pericl.*, 4.
(4) Sextus Empiricus, *ad Math.*, VI, 13, nomme Lampon ; c'est probablement une erreur de nom au lieu de Connus. Cf. Stob., *Floril.*, 29, 68. Il y a dans le *Ménexène* un Lampros dont les copistes auront fait Lampon.
(5) *Rep.*, IV, 424 c.
(6) Luc., *De Saltat.*, 25 ; Xénoph., *Symp.*, 11, 17 ; Diog. L., 11, 32 ; Plut., *Præcept. Sanit.*, p. 124 e.

qui prétendaient posséder la plus belle de toutes, la science de la vertu, aux sophistes : il se dit plusieurs fois, dans Platon, le disciple de Prodicus (1), et l'appelle même son ami (2), et, dans Xénophon, il récite par cœur son bel apologue d'Hercule (3), comme, dans l'*Axiochus* de Platon, quelques extraits vraiment magnifiques de son discours sur la mort. D'après Xénophon même, il eut plusieurs entretiens avec Hippias (4) ; il y a loin de là à être son disciple. D'ailleurs il y a dans toutes ces expressions une nuance marquée de plaisanterie, et on n'est guère en droit d'en conclure autre chose, sinon que Socrate a connu et entendu Prodicus (5) et d'autres sophistes. Ne fût-ce que pour mieux les réfuter, il était tout naturel qu'il fût curieux de les voir à l'œuvre ; peut-être aussi, comme le veut M. Grote, n'avait-il

---

(1) *Men.*, 96. Passage où il ne s'agit que de l'emploi des mots dans leur signification précise et propre, questions dont s'était beaucoup occupé Prodicus. *Protag.*, 341 a ; *Charm.*, 163 d. Προδίκου μυρία τινὰ ἀκήκοα περὶ ὀνομάτων διαιροῦντος. *Axioch.*, 366 c ; *Cratyl.*, 384 b.
(2) Plat., *Hipp. maj.*, 282 c. ὁ ἡμέτερος ἑταῖρος.
(3) *Mem.*, II, 1, 21.
(4) Xén., *Mem.*, IV, 4, 5 et 6.
(5) Prodicus semble être venu à Athènes, Ol. 86 ou 87 ; à cette époque il avait de trente-cinq à quarante ans.

pas pour eux le mépris dédaigneux et le courroux indigné que leur témoignèrent Platon et Isocrate ; mais qu'il ait été réellement leur disciple ou même leur élève, c'est ce que je ne puis admettre, malgré l'autorité de M. Cousin, qui, dans son mémoire sur Socrate, dit que le futur adversaire des sophistes « avait débuté par aller à leur école (1). »

Par la date seule de leur arrivée à Athènes, où nous ne les voyons se présenter que vers les commencements de la guerre du Péloponèse, les sophistes sont certainement étrangers à l'éducation, même à l'éducation philosophique de Socrate, alors âgé de quarante ans. S'ils ont eu une influence sur son es-

---

(1) Après en avoir fait l'élève des sophistes, M. Cousin ne fait presque leur imitateur. « Il s'était fort occupé de rhétorique, » dit-il dans le mémoire déjà cité (*Comptes rendus de l'Académie des sciences morales*, mars 1867, p. 383). Diog. de L., II, 19, rapporte en effet en ces termes l'opinion d'Idoménée : « ἦν γὰρ καὶ ἐν ῥητορικοῖς δεινός; mais les Trente l'empêchèrent de s'adonner à l'enseignement de la rhétorique, que lui et son disciple Eschine furent les premiers, suivant Phavorin, à professer à Athènes, ῥητορεύειν ἐδίδαξε. » La seconde partie de cette assertion est évidemment une erreur historique, et quant à la première, elle n'est qu'une interprétation très-fausse, suivant moi, du mot de Xénophon : τέχνας λόγων διδάσκειν, qui ne fait allusion, je crois, qu'à la dialectique où Socrate, en effet, fut passé maître.

prit, c'est en excitant l'ardent désir de combattre leurs enseignements funestes, et en développant son goût naturel de polémique, qui est le côté critique et négatif de son œuvre philosophique. Le récit complet de cette lutte courageuse et à la fin victorieuse du bon sens indigné contre le sophisme audacieux, appartient à l'histoire de la doctrine de Socrate et non à l'histoire de sa vie où je veux me renfermer; qu'il me soit cependant permis de m'étonner du rôle où l'on a voulu, de notre temps, rabaisser Socrate, en faisant de lui le plus grand et le dernier des sophistes (1).

Je sais bien que l'on répète « que les sophistes tout aussi bien que Socrate, se tiennent sur le terrain de la subjectivité, et que la seule différence est que les uns posent la subjectivité finie et particulière, l'autre la subjectivité infinie et universelle (2). » Je n'ai nullement peur de ces mots techniques qui ne me paraissent pas nécessaires, mais qui ne doivent pas non plus faire illusion. Que veut-on dire ? Veut-on dire que Socrate a pris pour règle et pour mesure de la vérité la raison et la conscience de l'individu, mais en tant que cet individu

---

(1) Hegel et Grote.
(2) Henning's, *Principien der Ethik*.

porte en lui les caractères universels de la vérité, en tant que sa raison plonge par ses racines ou par son origine dans la raison universelle, en tant que les idées universelles et nécessaires constituent l'essence de son esprit? Il est certain que l'homme ne peut juger qu'avec sa raison, penser qu'avec son esprit, et que penser étant mesurer, sa pensée est la mesure des choses. Mais est-ce là ce que dit et veut dire Protagoras?

Socrate fonde une méthode pour arriver à une science, dont la nécessité, et *a fortiori* la possibilité, est démontrée par son principe, que la science est la vertu même. Par sa tentative de découvrir l'essence de la moralité, et de déterminer par des définitions générales l'idée des différentes vertus, il fonde une morale scientifique, une Éthique philosophique. Enfin, par ses recherches sur les idées des vertus, il apprend à ne voir l'essence des choses que dans leur idée, et prépare, appelle, s'il n'ébauche pas déjà, d'une part la dialectique, c'est-à-dire la méthode pour arriver à trouver l'idée, de l'autre, la métaphysique ou l'ontologie, c'est-à-dire la science de l'être véritable qui ne consiste que dans l'idée.

Les sophistes ne font de l'homme qu'une machine à sensations; ces sensations sont tout individuelles, changeantes; n'ont aucun caractère de fixité ni d'universalité, pas même pour l'individu qui les éprouve : non-seulement la science n'est pas nécessaire, mais elle est impossible; il n'y a donc pas à chercher un art, une méthode, pour arriver à trouver une vérité qui n'existe pas; il n'y a qu'un art d'illusion et de mensonge qui augmente et exploite la mobilité naturelle de l'esprit humain, et l'aide à passer d'un fantôme à un autre. L'homme est la mesure des choses, non pas en ce sens qu'il y a dans son esprit des idées qui correspondent aux principes de l'être, mais en ce que les choses n'ayant aucune réalité, et consistant uniquement dans les représentations vaines que s'en fait l'esprit, l'esprit, maître de ses représentations, les fait être ou paraître ce qu'il veut, et ne se borne pas à mesurer les choses, mais les crée.

S'il n'y a pas de règle fixe et absolue de la vérité, il en est ainsi des vérités morales, et une science morale, un art de la vie, est tout aussi impossible qu'une dialectique sérieuse. Le bien est un mot que chaque individu applique, suivant la fantaisie changeante de son imagination, à ce qui lui est utile et à ce qui lui plaît. L'égoïsme le plus matérialiste, le sensualisme réduit à n'être qu'une pratique sans caractère scientifique, ne sera jamais un principe philosophique et ne pourra jamais être confondu avec la grande maxime socratique, qui reconnaît dans la raison humaine le principe du savoir et le fondement de la certitude (1).

Un seul rapport d'analogie peut être justement affirmé entre Socrate et les sophistes : ils négligent également les études physiques qui avaient absorbé les travaux des philosophes antérieurs; mais là encore, sous l'analogie apparente et de fait, se cache une opposition profonde d'intention. Socrate veut fonder une science, et c'est la science de l'homme, et, comme le dira son grand disciple, la philosophie de l'âme. Il ramène donc l'âme en elle-même, comme à l'objet le plus facile et le plus intéressant à connaître pour elle; il ne croit pas l'homme autorisé à chercher ces grands phénomènes obscurs et mystérieux que les dieux semblent nous avoir cachés, et qui sont inutiles au bonheur et à la vertu. Mais les sophistes la rejettent parce que la physique, bien différente de ce qu'elle est aujourd'hui, ne contient pas d'applications utiles aux intérêts matériels ou aux plaisirs sensuels de l'homme.

(1) Plat., *Crit.*, p. 46 : μηδενὶ ἄλλῳ πείθεσθαι ἢ τῷ λόγῳ, ὃς ἂν μοι λογιζομένῳ βέλτιστος φαίνηται.

En résumé, aucun souffle élevé, moral, idéal, n'anime les spéculations des sophistes; ils ne travaillent que pour la vanité ou pour l'argent. Ils n'ont pas de méthode; ils ne croient pas à la science, ils ne croient pas à la vertu : il est impossible d'imaginer un contraste plus complet.

Ce n'est pas assurément l'influence que ces différents personnages ont pu avoir sur Socrate qui amoindrira le grand caractère d'originalité de ses actes et de ses doctrines. Cependant avant de conclure qu'il n'a eu d'autre maître que la nature (1), que son génie a été directement inspiré d'en haut, comme le fait Maxime de Tyr, il faut se demander quels ont été les rapports de Socrate avec les philosophes qui l'ont précédé, et dont quelques-uns ont passé pour ses maîtres directs et immédiats. Il est certainement bien étrange, comme le fait remarquer M. K. Fr. Hermann (2), que Maxime ne mentionne même pas, au nombre de ceux qui ont pu exercer quelque action sur les idées, ou du moins sur la vocation philosophique de

---

(1) Max., *Dissert.*, 38, 4, t. II, p. 225 : διδάσκαλον τὴν φύσιν, et plus loin, p. 235 : τὸν Σωκράτην αὐτὸν οἴει γίνεσθαι τέχνῃ ἀγαθόν, ἀλλ' οὐ θείᾳ μοίρᾳ.

(2) *De Socrat. magist.*, p. 30, dissertation excellente où j'ai beaucoup puisé.

Socrate, Anaxagore et Archélaüs. La question valait au moins la peine d'être examinée.

Aristide prétend que Socrate n'a pas tiré de son propre fonds une philosophie originale, et qu'il a dû sa sagesse au commerce des nombreux sages qu'il a fréquentés et dont il cite Pythoclidès et Anaxagore (1). Que ce dernier ait exercé une influence sur les idées de Socrate, c'est ce qui est attesté encore par Diogène de Laërte et par Suidas (2) et reconnu par Platon lui-même. La chronologie n'interdit pas de croire qu'il ait pu être entendu du futur réformateur de la philosophie. Né dans la 70e olympiade, vers 500 ans av. J.-C., Anaxagore était venu à Athènes dans la 81e, et était mort en exil dans la 1re année de la 88e, trois ou quatre ans après la condamnation qui l'en avait chassé. Il avait donc vécu l'espace de près de trente ans à Athènes, pendant lequel Socrate, âgé de quatorze à quinze ans à son arrivée, avait eu certainement occasion d'assister plus d'une fois à ses leçons (3).

Pour Archélaüs, les témoignages sont encore plus précis et plus affirmatifs; celui-ci était

---

(1) Aristid., *Orat.*, 45, t. III, p. 540.
(2) Diog. L., 11, 19, et 11, 45; Suid.
(3) A la mort d'Anaxagore, 428 av. J.-C., Socrate avait quarante ans.

un concitoyen de Socrate, et passe pour être à la fois le disciple d'Anaxagore et le premier Athénien qui se soit livré à la philosophie. Quoiqu'il porte souvent dans l'histoire le titre significatif de ὁ φυσικός, et même celui de ὁ φυσικώτατος (1), il n'avait pas négligé, dit-on, la morale. C'est à lui que Socrate, si l'on en croit Diogène et beaucoup d'autres, dut cette direction de la philosophie, dont on le croit le premier auteur (2), tandis qu'il n'est en cela que le disciple d'Archélaüs, dont on l'accuse même d'avoir été le mignon, τὰ παιδικά (3). On veut

(1) Sext. Emp., *adv. Math.*, VII, 90; Diog. L., II, 16.
(2) Diog. L., II, 16 : παρ' οὗ λαβὼν Σωκράτης, τῷ αὐξῆσαι αὐτὸς εὑρεῖν ὑπελήφθη.
(3) Diog. L., II, 19; X, 12; Porphyr. ap. Théodor., *Cur. Græc. aff.*, XII, 67. Suidas ne fait que reproduire ces autorités. Cf. Simplic. *in Arist. Phys.*, p. 6 b. Br. ; Cic., *Tusc.*, V, 4: « Socratem, qui Archelaum, Anaxagoræ discipulum audierat. » Sextus Empiricus, après avoir dit qu'on appela Archélaüs φυσικός, parce qu'avec lui cessa la philosophie de la nature, remplacée par la philosophie morale introduite par Socrate, se contredit un peu lui-même en ajoutant (*adv. Math.*, VII, 90) que ce même philosophe toucha aussi à la morale, s'occupa scientifiquement des lois, du beau, du bien, et que Socrate n'eut qu'à recueillir de lui ces doctrines, qu'il passa pour avoir découvertes, tandis qu'il s'est borné à les développer. D'après Sextus, cette morale était déjà celle des sophistes; le juste et l'injuste ne sont pas fondés dans la nature, mais ont leur origine dans les conventions arbitraires de la loi. M. K. Hermann en-

de plus qu'il ait fait avec Archélaüs, qui suivait son maître à Lampsaque, un voyage à Samos (1), ce qui est contraire au témoignage de Platon qui affirme que Socrate n'était jamais sorti d'Athènes, si ce n'est pour les expéditions militaires et une seule fois pour assister aux jeux Isthmiques.

A ces assertions on oppose le silence de Xénophon, de Platon et d'Aristote : ce silence n'est pas absolu ; car Platon reconnaît que Socrate avait au moins entendu lire un ouvrage d'Anaxagore, qui avait fait sur son esprit une profonde impression (2). Comment d'ailleurs supposer que cette intelligence si éveillée et si

---

tend les mots, τὸ φυσικὸν καὶ ἠθικὸν μετέρχετο, dans le sens d'une simple distinction de la partie morale et de la partie physique de la philosophie ; mais distinguer la morale de la physique, n'est-ce pas la constituer, ou au moins la reconnaître comme une partie de la science ? Thémiste est moins affirmatif (*Orat.*, X, p. 317, *Hard.*): « Socrate, dit-il, n'a-t-il fait que suivre la route tracée ? S'est-il borné à marcher sur les traces d'Archélaüs, ou plutôt n'a-t-il pas eu la noble ambition, non-seulement d'ajouter quelques découvertes qui lui fussent propres, mais encore de changer complétement la nature et le but de la philosophie ? »

(1) Diog. L., II, 23.

(2) Chose singulière ! Bayle (*Dictionn. Hist.*, t. I, p. 127) trouve là la preuve qu'il n'a pas été le disciple d'Anaxagore ; car s'il l'eût été, eût-il eu besoin d'apprendre d'un homme qui lisait les livres d'Anaxagore, que l'on y

curieuse, qui allait au-devant des sophistes, eût négligé d'entendre des hommes tels qu'Anaxagore et Archélaüs. Si l'on objecte l'opposition des doctrines, si l'on prétend qu'un élève d'Anaxagore ne serait jamais sorti de la philosophie de la nature, et n'aurait jamais reconnu à l'esprit d'autre valeur que celle d'une loi du monde physique, je réponds qu'on touche là une question de mots. Qu'entend-on par être élève d'Anaxagore? être élève de Platon? Est-ce se renfermer docilement dans le système du maître, et répéter tout au plus en la commentant, la doctrine apprise dans l'école? Alors, il faut le reconnaître, Aristote n'est pas le disciple de Platon, et Socrate n'est le disciple ni d'Archélaüs ni d'Anaxagore; mais il y a assurément une autre manière d'entendre cette expression, et de même qu'il est certain historiquement qu'Aristote a suivi les leçons de Platon, de même on peut croire que Socrate a pu profiter des enseignements de ces philosophes dont

---

établissait un entendement pour la cause de toutes les choses. Ritter (*Hist. de la Phil. ion.*, p. 301) s'appuie sur le silence de Xénophon et de Platon. M. Hermann voit dans le passage du *Phédon* la preuve que Socrate, aussitôt qu'il eut connaissance des doctrines d'Anaxagore, s'en éloigna et les répudia ; il serait d'ailleurs disposé à croire, avec Stallbaum et Schleiermacher, qu'il a rapport à Platon plutôt qu'à Socrate.

il devait un jour faire oublier les doctrines (1). L'influence même a peut-être été plus profonde : il est possible que la première direction de ses études ait été entraînée dans le mouvement qui emportait alors toute la philosophie ; car il déclare, dans Platon, qu'il a été d'abord pris d'une belle passion pour la science de la nature. On ne peut nier du moins qu'il dut à Anaxagore le principe, aussi grand que fécond, qu'une intelligence suprême a ordonné et gouverné le monde physique.

Diogène de Laërte nous rapporte qu'Euripide, son ami, qui avait entendu également Anaxagore (2), lui donna à lire les mémoires d'Héraclite ; si l'on a tort de faire de Socrate, avec les scholiastes, sur la seule indication de l'épithète ὁ Μήλιος (3), que lui donne Aristophane, un disciple de Diagoras (4), il faut au moins reconnaître qu'il ne resta pas étranger aux spéculations de l'école d'Héraclite, et la réponse qu'il fit, en rendant ces livres à son ami, prouve que

---

(1) Wiggers, *Sokrat.*, p. 19 : « Er suchte die Weisheit da, wo seine Mitbürger sie suchten, bei den vielsprechenden Sophisten, und bei den berühmtesten Philosophen seiner Zeit, in den Schriften und Gesængen der Weisen der Vorzeit. »
(2) Diog. L., II, 45.
(3) Arist., *Nub.*, 829.
(4) Disciple de Démocrite.

si leur obscurité lui inspirait la crainte de s'y perdre et de s'y noyer, il ne repoussait pas ce qui lui en paraissait clair (1). D'ailleurs Socrate déclare lui-même qu'aussitôt qu'il a été en état de comprendre, son intelligence, avide de la vérité et de la science, ne négligea rien pour les acquérir (2), ne cessant de consulter, d'écouter, d'interroger tous ceux qui avaient quelque réputation de savoir; c'est ainsi qu'il s'adressait même aux poètes; et trouvait dans leurs ouvrages, comme Aristote lui-même, non-seulement de belles maximes morales, mais encore de grandes idées philosophiques. Il est, en effet, très-probable que c'est des poètes qu'il veut parler dans le passage bien connu de Xénophon, où il dit : « Je m'en vais scrutant avec mes amis tous les trésors que les anciens sages, τῶν πάλαι σοφῶν, nous ont laissés par écrit dans leurs livres, et si j'y trouve quelque chose de bon, j'en fais mon profit (3). » Non-seulement la poésie avait, on le sait, à cette époque,

---

(1) Diog. L., II, 22 : ἃ μὲν συνῆκα, γενναῖα, οἶμαι καὶ ἃ μὴ συνῆκα· πλὴν Δηλίου γέ τινος δεῖται κολυμβητοῦ. Cf. Suid. v. Δηλ.

(2) Xén., Apol., s. 16 : ἐξ ὅτουπερ ξυνιέναι τὰ λεγόμενα ἠρξάμην, οὐ πώποτε διέλειπον καὶ ζητῶν καὶ μανθάνων ὅτι ἐδυνάμην ἀγαθόν.

(3) Mem., I, 6, 14.

un caractère philosophique, mais il y avait une poésie véritablement et proprement philosophique, dont Socrate n'a certainement pas ignoré l'existence et les résultats.

Dans trois dialogues différents (1), et en des termes qui ne laissent de place à aucun doute, Platon raconte que Socrate, dans sa très-grande jeunesse, avait été directement en rapport avec Parménide et avec Zénon. Quoique contredit par Athénée et Macrobe, ce renseignement, donné avec une telle insistance par Platon, a certainement quelque valeur, et je ne m'étonne pas qu'on veuille voir quelque chose d'historique dans le passage où Parménide félicite son jeune interlocuteur de son goût et de son aptitude pour la discussion et pour ces jeux austères de la dialectique (2); mais quand il serait vrai que cet entretien n'est qu'une fiction et un ar-

---

(1) *Theet.*, 183 e; *Soph.*, 217 e; *Parm.*, 127 b.
(2) Athén., X, 505; Macrob., *Sat.*, I, 1. Il est difficile de déterminer avec précision la date du voyage de Parménide à Athènes; car on n'a pour la fixer que les mots πάνυ νέος, σφόδρα νέος. Si on entend par là quinze ou seize ans, on porte le voyage de Parménide à la 84ᵉ Olympiade; si on entend avec S. Cyrille vingt-cinq ans, on est obligé de le faire descendre à la première année de la 84ᵉ Olympiade. Il est vrai que cela oblige de placer la naissance de Parménide à l'Olympiade 67, 4, chronologie contraire au témoignage de Diog. de L., mais conforme aux calculs d'Eusèbe. *Præp. ev.* XIV, 3.

tifice de composition dramatique, encore cette fiction doit-elle avoir un sens, et signifie sans doute que la subtile dialectique de l'école d'Élée n'a pas été sans influence sur la dialectique de Socrate, et a contribué à former, par ses sévères exercices, le rude jouteur (1). Enfin, sans prétendre, avec les Néoplatoniciens, que c'est à Pythagore que Socrate a emprunté toute sa doctrine, je ne vois rien d'impossible à admettre que la curiosité de son esprit ait été également portée de ce côté, et qu'il ait cherché à connaître autant qu'il le pouvait une philosophie (2), dont l'inspiration profondément religieuse et morale était faite pour lui plaire. Maintenant jusqu'à quel point a-t-il connu et étudié ces doctrines, c'est ce qu'on ignore. Nous ne sommes pas arrivés au temps de la philosophie d'érudition ; les livres sont rares et chers,

---

(1) Dans Xénophon même, *Mem.*, I, 1, 14, il fait des allusions très-claires aux théories de l'école d'Élée, qui ne voulait reconnaître l'existence que dans l'unité absolue, ἓν μόνον τὸ ὂν εἶναι ; à celles de Leucippe, qui prend pour principes des choses des éléments, dont le nombre est infini, ἄπειρα τὸ πλῆθος ; à celles d'Héraclite, qui pose le mouvement et le changement incessants ; à celles de Zénon, qui affirme l'éternelle immuabilité des choses : ce qui atteste une connaissance très-exacte des philosophies antérieures.

(2) Plut., *De Curios.*, 2. Σωκράτης καὶ περιῄει διαπορῶν τί Πυθαγόρας λέγων ἔπειθε.

et l'enseignement n'a guère d'autre procédé que l'entretien et la conversation : la communication des idées est encore presque entièrement orale. A en juger par ses propres théories, qui n'ont avec celles de ses prédécesseurs que peu d'analogie, et des analogies purement extérieures, il semble que Socrate se soit attaché à les réfuter ou à les éviter plutôt qu'à les suivre : c'est l'opposition, la polémique qui développe sa pensée philosophique et peut-être la fait naître. Ce qu'il y a de plus marqué en lui, c'est l'indépendance de la recherche, le mouvement spontané et libre ; affranchir l'esprit humain des idées apprises ou transmises par la routine, la tradition, l'habitude ou l'aveugle admiration de l'école, et y substituer le libre examen et la recherche personnelle, voilà le caractère et aussi le but de sa réforme. Une science d'école n'aurait jamais suffi à ce renouvellement profond et complet de la vie morale et intellectuelle, et la seule explication de l'œuvre de Socrate est dans l'originalité de son génie e l'originalité de son caractère : les hautes vertus de son âme et les grandes facultés de son esprit, jointes à une réflexion constante, à une méditation ardente, purent seules produire une révolution sans pareille dans l'histoire de la philosophie, lui permirent de la concevoir, de la tenter et de la réaliser. Quant à ses rapports avec les hommes et les doctrines de son temps et du temps antérieur, ce qu'il semble en avoir rapporté de plus certain, c'est la conviction de la vanité de la science, telle qu'ils l'avaient comprise.

Non-seulement je ne trouve aucune analogie entre Socrate et les sophistes, mais je ne lui trouve pour ainsi dire aucun rapport avec les philosophes antérieurs. Il n'y a dans ses doctrines nulle trace de la physique atomistique, mécanique ou dynamique; nulle trace d'éléatisme, nulle trace de pythagorisme, pas même sur la question de l'immortalité de l'âme. La doctrine d'Anaxagore sur le Νοῦς, a seule exercé une influence visible sur son esprit. On peut dire que c'est la physionomie la plus originale de l'histoire, et lui appliquer, dans un sens aussi élevé que possible, ce mot qu'il s'appliquait en raillant à lui-même : αὐτουργὸς τῆς φιλοσοφίας (1). C'est de son propre fonds qu'il a tiré la philosophie.

(1) Xén., *Conv.*, 1.5.

CHAPITRE III

LA PERSONNE DE SOCRATE. — SON CARACTÈRE. SON ESPRIT. — SON ÉCOLE.

Si nous n'avons, sur la première partie de la vie de Socrate, que des renseignements incomplets et incertains, il n'en est pas de même des détails qui nous ont été conservés sur sa personne, et qui sont non-seulement abondants, mais paraissent avoir, en outre, un degré suffisant de valeur historique.

On sait que, dans l'origine, les portraits, en Grèce, sont nés du désir de conserver l'image des vainqueurs des jeux sacrés : ce n'étaient que des représentations, traitées avec liberté, du caractère physique et moral de ces individus; mais l'art grec arriva bien vite à une fidélité plus exacte et à une reproduction plus vraie des personnes. Les artistes se guidèrent d'abord d'après leur caractère connu, les traditions, les portraits écrits laissés par les contemporains.

C'est ainsi que nous avons la tête sublime d'Homère ; c'est ainsi que nous avons la tête riante, spirituelle et ferme de notre Socrate, évidemment imitée de celle de Silène, et modifiée par les détails tirés de Platon (1). Il n'est pas impossible que des données plus exactes et plus sûres aient servi à ceux qui nous ont transmis cette figure. En effet, il est vraisemblable que le buste a été fait sur la statue en bronze de Lysippe, et quoique Lysippe ait vécu trop tard après Socrate pour le connaître, il a pu travailler d'après des dessins, ou des pierres gravées, ou des médailles, ou des reproductions plastiques, qui, dans un temps si glorieux pour la sculpture, ne devaient être ni rares ni inexactes (2).

Le goût des anciens d'orner leurs bibliothèques ou leurs musées des bustes des poètes et des philosophes, a contribué à multiplier ces reproductions, qu'on peut considérer comme à peu près fidèles. D'après le buste qu'on peut voir

---

(1) Diog. L., II. 43 ; Plat., *Banq.*, 215 b; E. Q. Visconti, *Iconographie grecque*, 1ʳᵉ partie, p. 77, 80, Pl. 18.

(2) Voir, sur les gemmes de Socrate, la plupart allégoriques ou capricieuses, l'ouvrage de Macarius, cité par Ott. Müller : « Abraxas, seu *apistopistus* quæ est antiquaria de gemmis basilidianis disquisitio. » Anvers, 1674, 4; il y a eu une réédition en 1657 avec un commentaire de Jean Chifflet.

dans l'*Iconographie* de Visconti (1), comme d'après la description de Platon, faite celle-là d'après nature, Socrate était loin d'être beau (2) : le visage d'un satyre, le nez camus, les yeux à fleur de tête, les lèvres épaisses, le teint pâle, la tête chauve (3), et cependant l'intelligence et la force intérieure de l'âme répandent sur cette physionomie une espèce de charme et comme un rayon de la beauté morale (4). « Alcibiades, dit Rabelais (5), on dialoge de Platon, intitulé le *Bancquet*, louant son precepteur Socrates, sans controverse prince des philosophes, entre aultres parolles, le dict estre semblable es Silenes. Silenes estoyent jadis petites boytes, telles que nous voyons de present es boutiques des apothicaires, painctes au dessus de figures joyeuses et frivoles, comme des harpyes, satyres, oisons bridez, lievres cornuz, canes bastees, boucqs volants, cerfs lymon-

---

(1) Cf. Q. Visconti, *Iconog. grecq.*, 1ʳᵉ partie, p. 77, 80, et Pl. 18.

(2) *Symp.*, IV, 19 : τῶν πάντων Σειληνῶν ἐν τοῖς σατυρικοῖς αἴσχιστος.

(3) *Théet.*, 143 e ; Aristóph., *Nub.*, 103 ; Xén., c. V, 7 ; Winckelm., *Hist. de l'Art*, t. 11, p. 15.

(4) Epict., *Dissert.*, l. IV, c. xi, p. 19-21, éd. de Schweigh., t. II, p. 658 : « At nitebat ejus corpus, ἐστίλβεν, et adeo erat gratum et suave οὐ μόνον ἀκοῦσαι ἀλλὰ καὶ ἰδεῖν ἦν. »

(5) Prol. de *Gargantua*.

niers, et aultres telles painctures contrefaictes a plaisir, pour exciter le monde a rire : quel feut Silene, maistre du bon Bacchus : mais au dedans, lon reservoit les fines drogues, comme baulme, ambre gris, amomon, muscq, pierreries et aultres choses precieuses. Tel disoit estre Socrates, parce que le voyans au dehors et l'estimans par l'exteriore apparence, n'en eussiez donné ung coupeau d'oignon, tant laid il estoit de corps et ridicule en son maintien, le nez poinctu (1), le reguard d'un taureau (2), le visage d'un fol, simple en meurs, rusticq en vestiments, paouré de fortune, infortuné en femmes, inepte à tous offices de la republicque, toujours riant, toujours beuvant d'aultant à ung chascun, toujours se guabelant, toujours dissimulant son divin sçavoir. Mais, ouvrans ceste boyte, eussiez au dedans trouvé une celeste et impreciable drogue, entendement plus que humain, vertus merveilleuses, couraige invincible, sobresse non pareille, contentement certain, asseurance parfaicte, desprisement incroyable de tout ce pourquoi les humains tant veiglent, courent, travaillent, navigent et bataillent. »

Malgré quelques traits ajoutés par la riche

---

(1) Rabelais n'est point exact ici.
(2) *Phœd.*, 117 b : ταυρηδὸν βλέψας.

imagination de Rabelais, ce portrait est éloquent, beau et vrai.

A la fois par économie et par nécessité, car il était pauvre, mais aussi par simplicité de goûts et mépris des délicatesses extérieures de la vie (1), Socrate se nourrissait avec une sobriété rare et s'habillait avec une extrême simplicité. Antiphon le lui reproche dans Xénophon : « A la manière dont tu vis, lui dit-il, un esclave ne resterait pas chez son maître; les mets les plus grossiers, la plus mauvaise boisson te suffisent. C'est peu de n'avoir qu'un méchant manteau, qui te sert l'hiver comme l'été, tu n'as ni tunique ni souliers (2). »

N'allons pas croire, sur ces expressions, que Socrate allât tout nu, ni même nu-pieds; ce sont là des équivalents métaphoriques de nos hyperboles de *va-nu-pieds* et de *sans-culottes*.

Les Grecs appelaient ἐπενδύτης, ou χίτων, par excellence, la tunique de dessus; ceux qui ne l'avaient pas et ne pouvaient se donner que celle de dessous, ὑπενδύτης, étaient nommés ἀχίτονες (3). C'était le cas de Socrate, qui n'avai

---

(1) Aristoph., *Nub.*, 363 :

Κἀνυπόδητος κακὰ πολλὰ ἀνέχει.

(2) *Mem.*, 1, 6, 12.
(3) Salmas. ad Tertull., *de Pallio*, p. 70.

4.

pas toujours de quoi s'acheter un manteau (1). De même les ὑποδήματα étaient des souliers qui couvraient tout le pied et constituaient une chaussure élégante, de luxe, et beaucoup trop chère pour la fortune, comme beaucoup trop délicate pour la simplicité des habitudes de Socrate. L'absence de cette recherche de costume n'indique ni la rusticité ni le cynisme (2). Socrate n'a aucun trait qui rappelle le moine mendiant, le jogui indien ou l'ascète. Xénophon le peint, au contraire, décent dans sa tenue modeste, et ne se permettant pas, sous prétexte de vertu, la négligence de certains

---

(1) Diog. L., II, 28.
(2) Athénée, XII, 34, cite comme une preuve des mœurs efféminées d'Alcibiade, ses souliers, ὑποδήματα. Cependant sur l'ἀνυποδησία de Socrate, consulter Stallbaum *ad Phæd.*, 64. *Phædr.*, 229 a. On voit dans ce dernier dialogue que Phèdre se trouve ce jour-là comme Socrate, ἀνυπόδητος. Il était sans inconvénient de mouiller la semelle de leurs sandales, mais ils n'auraient pas pu marcher dans le ruisseau avec des chaussures couvertes. Dans le *Banquet*, p. 220, Platon nous le montre marchant, ἀνυπόδητος, sur la glace, et il oppose à cette insensibilité la délicatesse des soldats ὑποδεδεμένοι, et il explique ce mot en disant qu'ils portaient πίλους καὶ ἀρνακίδας, des peaux et des fourrures; mais quand on serait obligé d'entendre, comme l'a fait Cicéron, (*de Orat.*, 1, 7. « durissimis pedibus ille ») ἀνυποδησία de l'absence totale de chaussures, l'exemple de Phèdre prouve que ce n'était pas une exception bizarre ou une affec-

soins de sa personne, et même la blâmant chez les autres.

Lorsqu'il se rend à une réunion d'amis, loin d'affecter un costume négligé et malpropre, il prend un bain, il se présente convenablement chaussé, et, en un mot, en toilette (1); et de même, malgré une tempérance exemplaire, « une sobresse sans pareille, » il n'apporte pas à ces fêtes de l'amitié un visage chagrin et une humeur morose : il se livre à la gaieté, il rit franchement, il cause avec esprit et grâce, et mettant de côté cette gravité de démarche, ce regard quelque peu dédaigneux et sévère, cette majesté d'expression que lui

---

tation d'austérité ou de mépris des usages : c'était la mode, non-seulement des citoyens qui vivaient modestement comme Phocion et Lycurgue, mais encore de jeunes gens élégants, délicats (*Phœdr.*, 225 a) et même maladifs comme Phèdre (*Symp.*, 176).

(1) Plat., *Symp.*, 174 a, λελουμένον. Cf. id., 223 d, ἀπονιψάμενον τὰς βλαύτας ὑποδεδεμένον..... οὕτω καλῶς, de sorte qu'il ne faut pas prendre à la lettre les mots d'Epictète, *Dissert.*, l. IV, c. xi, p. 19 : « Socrates raro lavabat... licuerat illi neque lotionibus, neque balneis uti, si voluisset; et tamen raræ etiam lotiones vim habebant. »

Je remarque que dans ce même passage Schweighaüser traduit le vers d'Aristophane, *Nub.*, 103 : τοὺς ὠχριῶντας, τοὺς ἀνυποδήτους (Cf. id., v. 363) non par « non calceatos, » mais bien par « discalceatos. »

attribue Aristophane (1), il boit sans fausse honte sa coupe pleine, et quoiqu'il conseille plus volontiers des coupes qui soient petites (2), les plus grandes ne lui font pas peur (3).

« Amis, dit-il dans le *Banquet* de Xénophon (4), je suis fort d'avis que nous buvions : semblable à la mandragore qui endort les corps, le vin, arrosant nos esprits, assoupit nos chagrins; il éveille la joie comme l'huile anime la flamme. Il en est de nos corps comme des semences qui germent dans la terre : que le ciel verse des pluies trop abondantes, elles lèvent mal ; elles ne reçoivent pas l'impression des vents ; mais modérément arrosées, elles poussent avec vigueur, leur tige s'élève, elles fleurissent, elles se couvrent de fruits. De même, si nous buvons avec excès, le corps chancelle, l'esprit s'affaiblit ; mais si, pour me servir de l'expression du rhéteur Gorgias, nos serviteurs nous servent dans de modestes coupes une douce

---

(1) Aristoph., *Nub.*, 363 :

Ὅτι βρενθύει τ'ἐν ταῖς ὁδοῖς καὶ τὼ ὀφθαλμὼ παραβάλλεις,
..... κἀφ' ἡμῖν σεμνοπροσωπεῖς.

(2) Xén., *Symp.*, 2 26 : οἱ παῖδες ἡμῖν μικραῖς κύλιξι πυκνὰ ἐπιψεκάζωσιν ; ce dernier mot exprime la pluie fine qui tombe sans discontinuer.

(3) Plat., *Symp.*, 223 c : πίνειν ἐκ μεγάλης φιάλης.

(4) *Symp.*, 2, sub fin.

et fréquente rosée, nous cédons doucement à l'attrait du plaisir. » Sa forte constitution lui permettait même, lorsque les circonstances lui en faisaient un devoir, de boire avec excès, sans éprouver aucun trouble physique ou moral, sans rien ressentir des vertiges de l'ivresse (1). A la fin de l'orgie qui termine le banquet d'Agathon, après une nuit passée tout entière à boire, et où il a vaincu, le verre en main, les plus intrépides buveurs, il sort, le corps et l'esprit également fermes, et, comme si de rien n'était, après avoir pris un bain, il se rend au Lycée pour y vaquer à ses occupations ordinaires (2).

C'était un homme vigoureux et robuste (3), exercé, par sa manière de vivre, à toutes les privations et aux souffrances physiques, qu'il supportait avec une singulière indifférence. Jusque dans sa vieillesse il avait conservé l'habitude des exercices gymnastiques. Charmide le trouve, non sans étonnement il est vrai, dansant tout seul dans sa maison, et nous voyons Alcibiade le provoquer à la lutte. En plein hiver, sous le rude climat de la Thrace, les soldats l'avaient vu, avec un étonne-

---

(1) Plat., *Symp.*, 220 a.
(2) Plat., *Symp.*, 223 d.
(3) Xén., *Mem.*, 1, 6, 10 : τῆς Σωκρατικῆς ἰσχυος.

ment mêlé de quelque irritation, faire son service, par un froid rigoureux, avec son costume ordinaire et marcher pieds nus sur la glace (1). Il résistait avec une force égale aux excès de la chaleur, à la faim comme à la soif, à la fatigue et au sommeil (2). Quelquefois même, sous l'influence d'une méditation ardente, cette force de résistance, cette insensibilité aux impressions extérieures atteignit presque un état d'anesthésie cataleptique. Dans cette même campagne de Potidée, des soldats ioniens qui l'avaient observé, rapportèrent que, plongé dans une méditation profonde, il était resté dans la même posture, debout toute une journée et toute une nuit, et n'était rentré au camp que le lendemain au point du jour, après avoir fait sa prière au soleil (3).

(1) Le dessus du pied chaussé de la sandale reste nu. Cf. Plat., *Symp.*, 220 b.

(2) Xén., *Mem.*, 1, 8, 1; et 11, 1; 1; Diog. L., 11, 27; Aristoph., *Nub.*, 414 ; Plat., *Symp.*, 220 a; c'est ce qu'on appelait la καρτέρησις de Socrate.

(3) Plat., *Symp.*, 220 d; Aul. Gell., *N. Att.*, 11, 1, n'y voit qu'un endurcissement purement physique : « inter labores voluntarios et exercitia corporis ad fortuitas patientiae vices firmandi, » et il cite de Favorinus ce passage : πολλάκις ἐξ ἡλίου εἰς ἥλιον ἑστήκει ἀστραβέστερος τῶν πρέμνων, où l'on voit ce qui n'est qu'un fait accidentel, peut-être unique, se changer en une habitude πολλάκις. Cf. Hegel., *Vorles.*, t. XI, p. 51.

Sa bravoure était aussi héroïque que modeste. Au siége de Potidée, Alcibiade, son camarade de chambrée, blessé et en danger de perdre et ses armes et la vie, dut au courage intrépide et calme de son ami de sauver l'un et l'autre, et Socrate lui abandonna le prix de la valeur que les généraux voulaient lui décerner (1).

A Délium, où il servait comme hoplite, dans la retraite désastreuse où sa fière attitude, sa présence d'esprit, supérieure à celle de Lachès même, son regard de taureau, intimidèrent les ennemis qui poursuivaient les fuyards, il sauva également la vie à Xénophon qui était tombé de cheval (2); il le releva, le prit sur ses épaules et le porta ainsi pendant plusieurs stades jusqu'à la fin de la poursuite. Il avait fait également la campagne d'Amphipolis, sans doute avec Thucydide.

L'empire qu'il exerçait sur lui-même s'étendait à tout ce qui excite les passions et les convoitises humaines; il est amoureux de la jeunesse et de la beauté (3); il se déclare l'amant d'Alci-

---

(1) Plat.; *Symp.*, 220 d; Plut., *Alcib.*, p. 195 a. Plutarque ajoute, il est le seul à nous donner ce renseignement, qu'Alcibiade rendit la pareille à Socrate dans la retraite de Délium.

(2) Plat., *Lach.*, 181 b; *Symp.*, 221 b, c; *Phæd.*, 117 b; Diog. L. II, 13; *Strab.*, IX, 618; Simpl., ad Epict., c. 31.

(3) Plat., *Symp.*, 216 e.

biade (1); avec son ironie habituelle il professe qu'il ne sait qu'une chose, et c'est l'amour (2); mais, malgré les vers que cite Athénée d'après Hérodicus, qui les attribue à Aspasie (3), malgré l'insinuation malveillante d'un mot spirituel de Cicéron (4), malgré l'accusation ouverte de Juvénal (5), trop légèrement répétée par Boileau (6), cet amour, tout en acceptant les formes de langage usitées dans les mœurs grecques pour exprimer l'odieuse confusion de l'amour et de l'amitié, cet amour ne s'adressait pas à la beauté physique, mais à la beauté intérieure, et ne se proposait d'autre volupté

---

(1) Plat., *Symp.*, 213 b.

(2) *Mem.*, 11, 6, 28 : διὰ τὸ ἐρωτικὸς εἶναι. Plat., *Symp.*, 177 e : ὃς οὐδὲν ἄλλο ἐπίστασθαι ἢ τὰ ἐρωτικά. *Prot., Init. Charm.*, 156 d.

(3) Athén., V, 219 a :

Σώκρατες, οὐκ ἔλαθές με πόθῳ δηχθεὶς φρένα τὴν σὴν
παιδὸς Δεινομάχης καὶ Κλεινίου.

(4) Cic., *de Fat.*, c. 5: « Zopyrus physiognomon addidit Socratem etiam mulierosum : in quo Alcibiades cachinnum dicitur sustulisse. »

(5) Juv., *Sat.*, 11, 10 :

« Castigas turpia, quum sis
Inter Socraticos notissima fossa cinædos ».

(6) Boil. *Sat.* XII :

Et malgré la vertu dont il faisait parade,
Très-équivoque ami du jeune Alcibiade.

que de purifier, de rendre plus belle et meilleure l'âme de celui qu'il disait aimer : cela est prouvé non-seulement par le cynique récit d'Alcibiade, non-seulement par le témoignage direct de Platon, qui nous affirme qu'il ne s'inquiétait pas, dans le choix de ses amis, de savoir s'ils étaient beaux ; par celui de Xénophon, qui confirme le premier, mais encore par le silence de tous ses contemporains, de ses accusateurs, des poètes comiques, d'Aristophane, qui certes n'auraient pas oublié ce trait, comme le fait observer Athénée (1), si le caractère de l'homme n'eût rendu comme impossible une si odieuse calomnie.

Si Platon a introduit dans cette œuvre admirable du *Banquet* le dégoûtant épisode auquel je fais allusion (2), ce n'est donc pas pour repousser une calomnie que personne n'aurait osé soutenir, mais pour montrer, comme l'inter-

---

Boileau a-t-il su que Paul Léopard (*Emend.* l., XII, c. 10) substituait très-ingénieusement, dans le vers de Juvénal, Sotadicos à Socraticos ?

(1) Athén., V, 219 : οὐ γὰρ ἂν ἐσίγησε τοῦτ' Ἀριστοφάνης, ὡς τοὺς νέους διαφθείροντος.

Il ne faut pas croire qu'Aristophane lui eût pardonné de partager ce vice si général ; il suffit de parcourir ses pièces pour s'assurer qu'il s'élève avec une verve véhémente contre tous ceux qui en étaient accusés.

(2) Plat., *Symp.*, 217, sqq.

prête Quintilien, la pureté et la chasteté de ses affections (1).

Lorsque je dis que nul des contemporains de Socrate n'aurait insinué quelques soupçons contre sa continence et sa chasteté, je me trompe; il en est un qui l'a accusé, mais un seul : c'est Aristoxène, ou du moins son père Spinthare, qui avait entendu personnellement Socrate (2). Aristoxène, musicien et mathématicien célèbre, avait écrit de nombreux traités sur les deux arts qu'il pratiquait et professait, et, outre ses trois livres sur les éléments de l'harmonie que nous avons conservés, il avait écrit des mémoires, des mélanges et des biographies, les unes des grands poètes tragiques, les autres des philosophes célèbres. C'est ainsi qu'il avait composé une vie de Socrate, dont nous possédons quelques fragments, tous empreints d'un esprit évident de dénigrement et de calomnie; cette disposition de caractère est signalée par les anciens eux-mêmes, qui l'accusent, les uns d'avoir visé à dire toujours quelque chose de nouveau, les autres d'avoir insulté, aussitôt

---

(1) Xén., *Mem.*, 1, 2, 1 : τῶν ἀφροδισίων ἐγκρατίστατον. Socrate s'élève avec indignation contre ces ignobles mœurs. Xén., *Mem.*, 1, 2, 29; Id., *Symp.*, 8, 19; Quintil., VIII, 4, 23.

(2) Cyrill., adv. Jul., l. VI, p. 208.

après sa mort, Aristote, dont il était le disciple et dont il aurait voulu être le successeur (1).

Voilà le témoin qui vient nous dire que Socrate avait été le mignon d'Archélaüs (2), qu'il était porté à tous les excès de la débauche (3), qu'il avait la passion de l'argent et n'était qu'un franc usurier (4); que son esprit était lourd et épais, son caractère si violent et si irritable que les emportements de sa colère ne s'arrêtaient devant aucun acte ni aucune parole (5), et qu'à l'intempérance il joignait l'ignorance et la bêtise (6).

Il est vrai, si l'on en croit Cicéron, que le physiognomiste Zopyre avait cru reconnaître dans Socrate les caractères extérieurs de la pesanteur et de la stupidité de l'intelligence et de l'amour des femmes, et que Socrate avouait qu'il avait employé, pour s'en corriger, toute

---

(1) Suidas. v. Ἀριστόξενος. Procl. *in Tim.* t. III, p. 192. Je ne vois pas bien pourquoi M. Grote a voulu réhabiliter un témoin si légitimement suspect.

(2) Diog. L., II, 19.

(3) Fragm. Aristox., 25, ed. Didot; Suid.

(4) Diog. L., II, 20.

(5) Fragm. Aristox., 27, tiré de Théodor., Θεραπ. XII, p. 163 : ἀκρόχολον καὶ εὐόργητον; fragm. 28 : δεινὴν εἶναι τὴν ἀσχημοσύνην· οὐδενὸς γὰρ οὔτε ὀνόματος ἀποσχέσθαι, οὔτε πράγματος.

(6) Fragm. Aristox., 27, tiré de Plut., *de Malig.*, *Herodot.*, 9 c : ἀπαίδευτον καὶ ἀμαθῆ καὶ ἀκόλαστον.

la force de sa raison et de sa volonté (1) ; mais ce ne sont là que des inductions fausses, tirées de passages mal compris de Xénophon et de Platon, et qu'a très-habilement réfutées Maxime de Tyr (2). Il faut faire encore moins d'attention aux critiques de l'école épicurienne, qui se permettait tant de licences, et même d'impertinences, dans ses jugements, comme nous le dit Cicéron : *tantum Epicuri hortus habuit licentiæ*, et allait jusqu'à appeler Socrate le bouffon d'Athènes, *scurram atticum* (3). Épicure lui-même avait été plus réservé : dans la série d'invectives qu'il adresse à tous les philosophes, et dont Diogène nous a transmis la liste, Socrate est oublié (4). Cet oubli est presque un témoignage de respect.

Indifférent à la fortune, Socrate avait refusé des présents, non-seulement des rois et des étrangers, mais souvent ceux de ses meilleurs amis (5) ; il ne voulait pas les recevoir même à titre d'honoraires ou de rémunération légitime

---

(1) Cic., *de Fat.*, c. 5; *Tuscul.*, IV, 37; Luc.; *Amor.*, 24.
(2) *Dissert.*, 25, 26, 27. Conf. id. 9, 10, 11.
(3) Cic., *de Nat.*, D., 1, 34.
(4) Diog. L., X. 8.
(5) Æl., *Hist. var.*, IX, 29; Xén., *Apol.*, 16. Il y a quelque contradiction dans les témoignages à cet égard. Conf. Senec., *de Benef.*, I, 8.

pour ses leçons et ses conseils (1). Charmide lui ayant envoyé des esclaves pour qu'il pût tirer profit de leur industrie et de leur travail, il les refusa (2). Il repoussa de même les offres d'Archélaüs de Macédoine, de Scopas de Cranonium, d'Euryloque de Larissa, qui l'invitaient à se rendre et à vivre auprès d'eux (3). Tout cela n'était ni fierté superbe, ni passion d'ascétisme ; mais il avait pour maxime de diminuer autant que possible le nombre de ses besoins, pour se rapprocher de la divinité qui n'en avait aucun (4).

C'est ce sentiment et ce goût d'indépendance qui se révèlent dans le mot qu'on lui attribue, à la vue des objets de toute nature étalés sur le marché d'Athènes : Combien de choses dont je n'ai pas besoin (5)! Le goût de la pa-

---

(1) Plat., *Apol.*, 31 c : ἢ ἐπραξάμην μισθὸν ἢ ἤτησα.
(2) Diog. L., II, 31.
(3) Diog., II, 25; Liban., *Apol. Declam.*, XXIX, t. III, p. 39.
(4) Xén., *Mem.*, 1, 6, 10.
(5) Diog. L., II, 25 et II, 74. Dans ce dernier passage, Diogène met, dans la bouche d'Aristippe, une réponse qui ferait croire que les riches amis de Socrate lui faisaient en nature une espèce de pension alimentaire. Socrate, dit-il, a pour le servir les premiers citoyens d'Athènes, et moi je n'ai que mon esclave. C'est pour cela qu'il fut le premier des Socratiques à prendre un salaire pour ses leçons.

rure et de la recherche lui est tout à fait étranger, et sous ce rapport il ne ressemble pas à ses contemporains. « Tous ces manteaux de pourpre, disait-il, ces étoffes d'argent et d'or sont convenables à des acteurs qui vont jouer un rôle de tragédie, mais parfaitement inutiles au bonheur de la vie (1). »

Sa patience envers sa femme est célèbre, mais elle s'étendait à tout le monde et à toute chose; dans les discussions qu'il aimait à provoquer, il se laissait moquer, bafouer, insulter, frapper; il se vengeait de ces grossiers outrages par quelque mot spirituel. Un contradicteur irrité lui donna un soufflet : « Qu'il est donc fâcheux, dit-il, de ne pas savoir quand il faut mettre un casque avant de sortir (2). » Un autre le frappe d'un coup de pied et quelqu'un s'étonne de sa résignation : « Eh quoi! répond-il, si j'avais reçu un coup de pied d'un âne, lui ferais-je un procès (3)? » Aristophane, dans la comédie des *Nuées*, l'accabla, comme on sait, de calomnies; un des spectateurs lui dit : — « Eh quoi! Socrate, tu ne t'indignes pas de te voir l'objet de la risée publique? — Non, par Jupiter! le théâtre où l'on me raille, n'est-il

---

(1) Diog. L., 11, 25.
(2) Sen., *de Ira*, l. III, c. XI.
(3) Diog. L., 11, 21, qui cite pour garant Démétrius.

pas comme un grand banquet (1) où chaque convive rit des autres? » Cette patience, cette constance d'âme, reposent au fond sur un sentiment de supériorité, du haut duquel il méprise la sottise humaine tout en se prêtant à ses caprices injurieux.

Un jour de grande fête aux Dyonisiaques, désigné par son nom, affublé de quelque épithète plaisante, il voyait des étrangers se retourner pour le voir et le connaître; se levant tranquillement alors, il resta debout pendant le reste de la pièce pour leur permettre de satisfaire leur curiosité (2).

On aime à croire qu'Élien n'invente rien, quand il nous le montre surpris par Alcibiade au moment où il joue avec son fils Lamproclès (3). Son humeur aimable et complaisante n'est pas moins gaie et piquante; sans doute ce n'était pas un jeune fou; mais je m'étonne qu'Aristote lui donne l'épithète de στάσιμος, et dans ce passage le rapproche de Cimon et de Périclès dont on connaît l'attitude réservée et l'humeur grave et sévère (4). Je m'étonne bien

---

(1) Plut., *de Lib. Educ.*, p. 14.
(2) Plut., *de Lib. Educ.*, c. 14; Æl., *Hist. var.*, 11 c, 13; Senec., *de Const. Sap.*, c. 18, sub finem.
(3) Æl., *H. v.*, l. XII, c. 15. Cf. Perizonius ad l. l.
(4) Aristot., *Rhet.*, 11, 15. Vittorio semble ne donner ici à στάσιμος que le sens de ferme : « familias ingenio

davantage encore que le même auteur lui attribue une humeur sombre et noire, à moins qu'il ne faille entendre par μελαγχολικὴ φύσις, ce grain de folie qui entre, au dire d'Aristote, dans l'essence même du génie, et qu'il a eu en partage, suivant lui, avec Empédocle, Platon, et en général les bons poètes (1).

Cependant on ne peut pas dire qu'il ait eu la faculté poétique : au contraire, il semble que l'élément prosaïque domine, dans les dispositions de son esprit et la tournure de sa pensée : c'est avec une répugnance visible et pour satisfaire à un scrupule bien délicat de conscience, qu'il fait son métier de poète improvisé. Craignant de n'avoir pas compris le sens des visions nocturnes qui lui recommandaient sans cesse de s'occuper de musique, Socrate se hasarde dans sa prison à mettre en vers les fables d'Ésope, car il se sentait incapable de tirer de sa propre imagination une fiction poétique. Il aborda même le genre lyrique et fit un hymne à Apollon, dont on célébrait la fête pendant sa captivité (2).

---

stabili firmoque præditas, ut in probl. XIX, 48, in quo de choris tragœdiarum disputat, ἦθος στάσιμον vocavit. »

(1) Aristot., *Probl.* XXX, 1 ; Bekk., 953 a, 1, 25.

(2) *Phœd.*, 60 d : ἐντείνας τοὺς Αἰσώπου λόγους. Diog. L.,

Ces essais tardifs de poésie ne furent pas, au goût de Diogène, fort heureux οὐ πάνυ ἐπιτετευγμένως; nous le croyons volontiers, quoique les comiques aient fait de lui un collaborateur d'Euripide, voulant plutôt marquer par là le caractère philosophique de la tragédie d'Euri-

11, 42, n'attribue à Socrate qu'une seule fable et en cite deux vers :

Αἴσωπός ποτ' ἔλεξε Κορίνθιον ἄστυ νέμουσι
μὴ κρίνειν ἀρετὴν λαοδίκῳ σοφίῃ.

Il cite également le premier vers du morceau lyrique, qu'il appelle un pœan, tandis que Thémiste (*Orat.*, II, p. 27, éd. Hard,) et Platon le nomment un prélude προοίμιον et Suidas un hymne (voc. Σωκρ.); il semble que cet hymne existât encore du temps de Thémiste, qui nous dit : καὶ ἐστὶ Σωκράτει προοίμιον πεποιημένον ἐν τόνῳ ἑξαμέτρῳ ....., et du temps de Diogène, qui en cite le vers

Δήλι' Ἀπόλλον, Χαῖρε καὶ Ἄρτεμι παῖδε κλεεινώ.

Epictète, *Dissert.* II, 6, et IV, 4, y fait allusion à peu près dans les mêmes termes qu'Apulée, *Floril.*, p. 303. « Canit Socrates in carcere hymnos. » Dionysodore, qui avait écrit l'histoire de la Grèce jusqu'au règne de Philippe de Macédoine, soutenait que ce pœan n'était pas de Socrate. On trouve dans Athénée, XIV, 628, un vers emprunté aux poëmes de Socrate: ὅθεν καὶ Σωκράτης ἐν ταῖς ποιήμασι λέγων οὕτως·

Οἱ καὶ χοροῖς κάλλιστα θεοὺς τίμωσιν ἄριστοι
ἐν πολέμῳ

Schweighauser se demande quel peut-être ce Socrate; Casaubon n'en dit rien. Ott. Müller croit que nous avons là un autre vers du *pœan* que le philosophe avait composé dans sa prison.

pide (1), que signaler une veine poétique dans l'esprit de Socrate.

Socrate a mis l'idéal dans la vie pratique et semble, pour ainsi dire à dessein, le négliger ailleurs : on ne le voit pas sensible à la grâce et à la beauté extérieure ; les discours qu'on lui prête ne révèlent pas le goût de l'art, l'amour et le sentiment des belles formes, le besoin ou le désir de plaire. Il ne recherche pas le beau langage ; il n'a dans la bouche que des comparaisons vulgaires, des expressions triviales qu'il ne se lasse pas de répéter, sans craindre, par ces redites négligentes et cette vulgarité de formes, d'apprêter à rire à tout le monde, à tous ceux du moins qui jugent sur l'apparence (2), et de choquer le goût délicat et difficile de ses conci-

---

(1) Mnésimachus (Diog. L., 11, 18) appelle Euripide σωκρατόγομφος, bourré de Socrate, et assure que Socrate avait mis des morceaux à la pièce des *Phrygiens*. Callias, dans deux vers conservés de la pièce des *Captifs*, répète l'assertion, que Socrate avait donné à la poésie d'Euripide un caractère grave et élevé. Aristophane va plus loin et dit qu'il faisait les pièces d'Euripide :

Εὐριπίδη δ' ὁ τὰς τραγῳδίας ποιῶν
Τὰς περιλαλούσας αὐτός ἐστι, τὰς σαφάς.

Ces deux vers, que Diogène cite comme appartenant aux *Nuées*, ne se trouvent pas dans notre texte, et faisaient alors partie de la première édition de cette pièce dont ils confirment l'existence.

(2) Plat., *Symp.*, 222 a.

toyens. Il n'est pas étonnant qu'à la fin Socrate, par son mépris de toutes les élégances et des grâces de la vie et de la parole, ait excité chez un peuple artiste, où le Beau jouait un rôle si grand, quelque dédain, un peu de colère et beaucoup d'étonnement. Tout en célébrant sa vertu divine, en s'écriant qu'on ne pourra jamais trop admirer sa tempérance et sa force d'âme, en disant qu'on n'a jamais rencontré un homme pareil pour la sagesse et l'empire sur soi-même (1), Platon avoue qu'il ne ressemble à personne, considère son individualité et sa vie comme des prodiges, et confesse la bizarrerie de ce caractère et de cette conduite, qui, sans doute, devait paraître à plus d'un presque de la folie (2); il l'appelle d'un mot caractéristique, mais difficile à traduire parce qu'il enveloppe une nuance d'ironie dans la plus sincère admiration θαυμαστῇ κεφαλῇ (3).

Et d'un autre côté cependant, sous cette simplicité triviale, sous ce bon sens d'une forme si peu élégante, se cachait un grand artiste, et, à sa manière, un grand poète. S'il ne s'intéresse

---

(1) Plat., *Symp.*, 219 b, c, d.
(2) Plat., *Symp.*, 281 e : τοῦτο ἄξιον παντὸς θαύματος..... τὴν ἀτοπίαν.
(3) Id., 218 e. Un drôle de corps serait trop vulgaire, mais il entre quelque chose de cela dans la locution de Platon.

qu'à la dialectique et au raisonnement, la conversation n'est pas entre ses mains un pur instrument de logique : un souffle plus puissant et plus élevé l'anime et l'embellit. Par sa finesse et sa profondeur d'observation, par l'ironie pénétrante et aimable qu'il sait donner à la critique, il arrive à produire des effets qu'on peut comparer à ceux du poète comique. Nul n'a résisté à cette analyse à qui rien n'échappe, à cette force invincible de dialectique et d'ironie. Il passe sa vie à se moquer et à rire de tout le monde (1) ; mais tout en se jouant ainsi, il accomplit une œuvre sérieuse et grave (2). Comme Voltaire, il excelle à rendre ses ennemis ridicules ; mais à la verve de malice profonde de ce grand esprit critique, il unit, et c'est là ce qui rend sa personnalité si curieuse, par un exemple unique dans l'histoire, il unit la faculté de méditation intérieure, d'enthousiasme, de ravissement extatique d'un mystique, la vie d'un saint, la mort d'un héros.

Cette grandeur morale lui communique un reflet de la beauté qu'il a dédaignée : le railleur terrible (3), qui avait le rire comme la phy-

---

(1) Plat., *Symp.*, 216 e : εἰρωνευόμενος καὶ παίζων διατελεῖ.
(2) Xén., *Mem.*, I, 3, 8 : ἔπαιζεν ἅμα σπουδάζων.
(3) Diog. L., II, 19, d'après Timon dans les *Silles* : μυκτὴρ ῥητορόμυκτος, ὑπακτικός, εἰρωνεύτης.

sionomie du satyre (1), ce lutteur aussi invincible dans les joutes dialectiques que Scirron et Anthée (2), ce chien de chasse de Laconie, à qui aucune ruse ne peut faire perdre la piste des idées (3), cet opérateur habile et hardi qui, semblable à un accoucheur, tire du plus profond de votre âme des pensées secrètes que vous auriez voulu vous cacher à vous-même, c'est un enchanteur (4) aussi : il frappe d'immobilité et d'impuissance, comme la torpille, tous ceux qui veulent lui tenir tête (5) ; il met comme un sceau sur la bouche et sur l'âme de ceux qui l'écoutent. La puissance de son art ne se borne pas à réduire l'ignorance ou la vanité à un silence humiliant ou modeste ; ses discours, tout dépouillés qu'ils sont des grâces du style et de la séduction de l'harmonie, ont un pouvoir magique qui charme, comme le feraient les plus grands poètes (6). Il ravit, il étonne et bouleverse l'âme ; il la fait rougir de ses faiblesses, éveille en elle comme un avant-goût de la

---

(1) Plat., *Symp.*, 215 b.
(2) Plat., *Theet.*, 169 a, b ; Plut., *Thes.* 3 ; Diod. Sic., IV, 17.
(3) Plat., *Parm.*, 128 c : ὥσπέρ γε αἱ λάκαιναι σκύλακες εὖ μεταθεῖς τε καὶ ἰχνεύεις τὰ λεχθέντα.
(4) Diog. L., 11, 19, d'après Timon : Ἑλλήνων ἐπαοιδός.
(5) Plat., *Men.*, 80 a : τῇ πλατείᾳ νάρκῃ τῇ θαλαττίᾳ.
(6) Plat., *Symp.*, 215 e : ἄνευ ὀργάνων ψιλοῖς λόγοις.

vertu, une indignation vertueuse contre elle-même et contre le mal dont elle s'est rendue coupable (1); c'est une sirène que ce Silène (2). Les flûtes de Marsyas n'ont jamais eu cette harmonie enchanteresse qui charme et l'homme et la femme et l'enfant, qui les accable tous et les frappe d'un muet étonnement (3). Si la beauté se reconnaît au trouble délicieux qu'elle jette dans l'âme, qui méconnaîtra dans Socrate la vraie beauté de la parole et de l'éloquence (4)?

C'est surtout dans l'ironie que son art semble avoir excellé. On sait que son principe philosophique était qu'il ne savait rien, et qu'il ne cherchait qu'à apprendre quelque chose. Quoique cette conviction fût chez lui sincère, il s'en servait à la fois pour l'attaque et la défense,

---

(1) Plat., *Symp.*, 215 c : τεθορύβητο ἡ ψυχή... ἠγάνακται.

(2) Id. Aristoxène, fragm., 28, tiré de *Cyrill. adv. Jul.*, VI, 208, rapporte que son père n'avait jamais rencontré un homme plus persuasif. Toute sa personne parlait, dit-il. Le son de sa voix, l'expression de sa bouche, le mouvement de sa physionomie, et, outre ce qu'il disait, l'originalité si forte de toute sa personne : τὴν τοῦ εἴδους ἰδιότητα. C'est le génie, le dieu de la discussion, θεὸς ὢν τις ἐλεγκτικός.

(3) Plat., *Symp.*, 215 a : ἐκπεπληγμένοι ἐσμὲν καὶ κατεχόμεθα. Aristophane a un mot plus caractéristique encore : ψυχαγωγεῖ Σωκράτης.

(4) Plat., *Symp.*, 217 c.

comme d'un bouclier et d'une lance : il n'avait pas de peine à réduire au silence ses adversaires présomptueux qui en savaient moins encore que ce prétendu ignorant, et qui ne pouvaient même pas faire longtemps illusion sur leurs grossières manœuvres.

On ne l'a pas assez remarqué, l'ironie, quand elle n'est pas amère, introduit dans la discussion, à la fois, la modestie, l'esprit, la gaieté et la politesse; cet air de bonne compagnie, cette attitude modeste d'un homme bien élevé qui se fait petit à dessein,

Urbani parcentis viribus atque
Extenuantis eas consulto (1),

écarte l'arrogance scientifique qui est odieuse, le pédantisme qui est ridicule, déconcerte l'orgueil et la suffisance, et permet de faire entendre les choses qu'il serait grossier de dire tout crûment : c'est là que Socrate fut, à ce qu'il paraît, inimitable; et avec des formes polies et courtoises, son argumentation n'en fut pas moins terrible. Ce n'était pas la griffe formidable du lion; mais, avec le miel de l'abeille attique, c'en était le perçant aiguillon.

Rien n'est cruel comme le sourire imperceptible et railleur d'un homme bien élevé ; car sous

---

(1) Hor., *Sat.*, X, l. I, v. 13.

les dehors de l'humilité, l'ironie est l'expression contenue d'un sentiment profond de supériorité : dans le demi-jour et sous le demi-mot où elle se place, elle fait éclater parfois dans une nuance indéfinissable, et que tout le monde saisit, le dédain et le mépris. Je ne pense pas faire tort à Socrate en disant que ce sont là ses sentiments véritables à l'endroit de certains de ses interlocuteurs, particulièrement des sophistes. Pour eux, son mépris est sérieux et profond. Plus faible qu'eux dans l'opinion séduite, il prend cette arme, de tout temps l'arme du faible contre l'insulte du fort, de l'esprit contre la violence matérielle, du bon sens méconnu, de la liberté opprimée, de la justice outragée, contre l'erreur, l'iniquité, l'incapacité, la sottise triomphantes. Socrate n'arrache pas durement et grossièrement les masques, il les soulève doucement, avec un respect insolent, et sous les dehors menteurs du savoir et de la gravité, nous laisse voir à nu toutes les misères de la vanité et de l'ignorance. Les sophistes ne se sont pas relevés du coup qu'il leur a porté : comme les jésuites, ces autres sophistes, ils traînent et traîneront éternellement devant l'histoire, avec leur nom même, le trait qui les a mortellement blessés.

Cependant il ne faudrait pas prendre Socrate

exclusivement comme un critique : lui aussi il a une méthode et une philosophie. Sa méthode est négative en ce qu'il croit devoir commencer par purger l'âme des erreurs qui l'encombrent, des vices qui la déshonorent ; mais elle est féconde et positive en ce que, renvoyant l'homme à sa propre pensée, en lui disant de chercher la vérité dans l'observation de sa conscience, dans l'étude de sa raison et de son cœur, il croit qu'il y a un art, et il croit qu'il possède cet art, d'aider les intelligences à mettre au jour les fruits sains et vigoureux qu'elles renferment, comme à tuer dans leurs germes les fruits impurs qui y croissent et qui les envahiraient peu à peu. C'est un accoucheur des âmes. Quoiqu'il prétende qu'il ne sait rien, que le Dieu lui a interdit de rien produire, qu'il n'est pas un maître, il sait du moins qu'il ne sait rien ; il sait donc ce que c'est que savoir ; il sait que nous pouvons savoir ce que c'est que l'homme, et il sait par quelle méthode nous pouvons arriver à le savoir. Cette méthode lui permet d'aider ceux qui veulent acquérir cette science et d'étudier avec eux ce grand sujet de la curiosité et de la sympathie de l'homme, je veux dire l'homme. Il leur apprend à détourner leurs regards encore faibles de ce ciel matériel où s'égaraient leurs yeux et leurs esprits, et les ramène à ce ciel intérieur de l'âme qu'ils avaient négligé, et où une contemplation assidue et profonde leur permettra non-seulement de se voir eux-mêmes, mais de voir Dieu, qu'ils n'avaient pas encore clairement aperçu.

Il a donc, quoi qu'il en dise, un enseignement, et par conséquent une sorte d'école ; quoiqu'il accueille tout le monde, cependant il a une prédilection particulière pour la jeunesse ; il ne se borne pas à accueillir, il attire les jeunes gens ; il fait plus, il les poursuit, et usant et même abusant du langage qu'expliquent sans le justifier les odieuses mœurs de la Grèce, dont il n'est cependant pas atteint, il se déclare l'amant de la jeunesse et de la beauté et proclame ne savoir qu'une chose, c'est l'amour (1). Il a eu en effet ce don sacré, cette puissance magique : il a été aimé et il a aimé ; il a su s'ouvrir un chemin dans les jeunes âmes, y semer les germes féconds de la vérité et de la vertu, leur inspirer l'amour de la sagesse et de la philosophie. C'est ainsi qu'il fait entendre une noble chose sous ces mots affreux de Platon, que je n'ose traduire : παιδεραστεῖν μετὰ φιλοσοφίας (2), et celui-ci, plus

---

(1) Plat., *Symp.*, 207 : δεινὸς τὰ ἐρωτικά ; *Charm.*, 155 d : σοφώτατον... τὰ ἐρωτικά.

(2) *Phædr.*, 249. J. Gessner a osé intituler un ou-

triste encore, puisqu'il ravale aux honteux artifices de la courtisane la prédication de la plus pure morale : ἐπὶ τίνι μέγα φρονεῖς, lui demande Callias, de quoi donc es-tu si orgueilleux ? ἐπὶ μαστροπείᾳ (1), répond Socrate, c'est-à-dire, de savoir séduire les jeunes gens à la sagesse, et de les rendre, par leurs vertus, pleins d'une beauté réelle et durable, qui les fasse à tout jamais aimer et dignes d'être aimés. L'amour socratique est l'amour de la vraie beauté, c'est-à-dire de la beauté morale (2).

Voilà quels sont ses disciples, ou plutôt ses auditeurs favoris : mais rien ne ressemble dans cette pratique à une école réglée ; on ne trouve aucune trace de pédantisme et de scholastique, rien de sérieux, d'austère ; tout en accomplissant son œuvre si sérieuse, il se joue et rit (3). Le cercle nombreux, mais flottant, qui se forme, se disperse, se reforme autour de lui, n'est soumis à rien de fixe. Aucune discipline, aucune règle ; ni le lieu des entre-

---

vrage paru en 1769 à Gœttingue : *Socrates, sanctus pæderasta.*

(1) Xénoph., *Conv.*, III, 10 ; Cf. id., IV, 56.
(2) *Rep.*, III, 403 c : τὰ τοῦ καλοῦ ἐρωτικά.
(3) *Mem.*, IV, 4, 10 : καταγελᾷς... Id. 1, 3, 8 : ἔπαιζεν ἅμα σπουδάζων; Plat., *Conv.*, 216 : εἰρωνευόμενος καὶ παίζων διατελεῖ.

tiens, ni l'heure, ni le sujet, ne sont fixés. Il aime à causer de la sagesse à table, et ce n'est là qu'une habitude grecque, transplantée ensuite à Rome, et dont Platon commença à faire une espèce d'institution ; ceux même qui forment autour de lui un cercle plus intime, ne semblent pas avoir une communauté plus grande d'idées soit entre eux, soit avec lui-même : ils ne sont réunis que par une plus grande force de sympathie pour sa personne et d'admiration pour son génie et sa grandeur morale. Nous ne les connaissons certainement pas tous, mais nous en connaissons cependant un assez grand nombre.

On peut les distinguer en trois classes : les uns se bornaient à écouter, à jouir du charme de ces improvisations intéressantes, piquantes, aimables ; à profiter de l'exemple de sa riche expérience et de sa forte dialectique, pour l'appliquer à l'art de la parole, de la politique ou de la poésie.

Tel était Euripide, dont Socrate passait pour le collaborateur (1), et auquel, par égard pour l'amitié dont l'avait honoré son maître, Platon décerne, peut-être un peu légèrement, le premier prix de son art (2). Socrate n'allait

---

(1) Diog. L., II, 18 ; Æl., *H. var.*, II, 13.
(2) *Rep.*, VIII, 568 a : διαφέροντα ἐν τραγῳδίᾳ.

guère au théâtre, dit-on, que pour y voir représenter les pièces de son ami ; c'est à ce titre qu'ont dû se rencontrer dans ce cercle les poètes Agathon et Aristophane, Lysias l'orateur et Phèdre, son admirateur passionné ; le noble Callias, de la grande famille des Hipponicus, qui, dans sa curiosité pour toutes les choses de l'esprit, donnait une si généreuse hospitalité à tous les sophistes ; Critias, l'un des plus cruels des Trente Tyrans ; Alcibiade, le plus beau et le plus corrompu des Grecs ; l'intrépide, mais téméraire Lachès ; le sage, mais trop prudent Nicias ; le jeune Périclès enfin, accablé par la gloire de son père et qui périt victime de la fureur du peuple, à l'occasion du combat naval des Arginuses ; Aristarque et Euthère, personnages inconnus et que Xénophon seul nous fait connaître comme de vieux amis de Socrate (1) ; Adimante, l'un des frères de Platon.

Il est remarquable que nous ne trouvons pas de femmes assistant à ces conversations ; en effet, elles pouvaient bien suivre les leçons des pythagoriciens, données secrètement dans l'intérieur des maisons et à portes fermées, même celles de Platon, qui avaient lieu dans un édifice public, mais clos ; mais elles ne pouvaient se

---

(1) *Mem.*, II, 7 et 8 : ἄλλον καὶ ποτε ἀρχαῖον ἑταῖρον.

mêler aux hommes sur la place publique, le port, les gymnases, partout où Socrate entraînait son mobile auditoire.

Les deux seules femmes avec lesquelles on nous le montre en rapport, sont les deux courtisanes Théodote et Aspasie, auxquelles il allait demander des leçons sur l'art d'aimer et de se faire aimer : l'une, célèbre par son rare esprit et l'amour qu'elle sut inspirer à Périclès; l'autre, maîtresse d'Alcibiade, auquel elle eut le courage de rendre les derniers honneurs après sa mort due à la perfidie de Pharnabase.

Dans une autre classe, on pourrait placer ceux qu'on appelle proprement *Socratici viri*, qui n'ont vu dans Socrate qu'un moraliste et ont essayé de continuer, en la développant dans des ouvrages perdus aujourd'hui (1), cette philosophie pratique et populaire.

Ce sont Criton et son fils Critobule, Chærephon et son frère Chérécrates, Apollodore et Autodore son frère, Aristodème, Théagès, Her-

---

(1) Diogène de Laërte, II, 64, nous donne le nombre des écrits, sous forme de dialogues, qu'on attribue à ces personnages; ils sont tous aujourd'hui perdus, et presque tous passaient déjà du temps de Diogène pour supposés. « De tous ces dialogues socratiques, il n'y a d'authentiques, dit Panætius, que ceux de Platon, de Xénophon, d'Antisthène et d'Eschine. » Panætius hésite sur ceux de Phédon et d'Euclide : il condamne tous les autres.

mogène, Hermocrate, Phédonide, Théodote, Epigène, Ménexène, Ctésippe, Théétète, Terpsion, Charmide, Cléombrote, Diodore, Glaucon, autre frère de Platon, Simmias et Cébès, les deux pythagoriciens, Simon le cordonnier et le charcutier Eschine. C'est ce dernier qui, se présentant à Socrate au moment où il recevait quelques cadeaux de ses amis, lui dit : « Pour moi, je suis si pauvre que je n'ai rien à t'offrir que moi-même; » à quoi le sage répondit : « *Tu mihi magnum munus dederis* (1). » N'oublions pas Xénophon, dont les *Mémorables*, le *Banquet* et l'*Apologie* nous montrent sous quel point de vue cette catégorie de disciples avait compris l'enseignement de Socrate.

Dans la troisième et la dernière, on peut mettre ceux qui, derrière les applications pratiques et les leçons morales, ont aperçu les principes scientifiques et métaphysiques qui les soutiennent et les produisent, et qui, à leur tour, ont essayé de construire avec la méthode et les principes du maître, une philosophie propre et originale.

A leur tête, il faut placer Platon ; puis, bien au dessous, Euclide, fondateur de l'école mégarique, ami fidèle et admirateur courageux, jus-

---

(1) Senec., *De Ben.*, 1, 8.

qu'à l'héroïsme, de Socrate. S'il faut en croire l'anecdote racontée par Aulu Gelle (1), c'est auprès de lui qu'après la mort du maître se réfugièrent les disciples effrayés.

Phædon d'Elis, pour lequel Socrate semble avoir eu une prédilection marquée (2), et qui, réunissant autour de lui quelques auditeurs de son maître, forma l'école d'Elis ou d'Erétrie, très-intimement liée à celle de Mégare, mais dont nous savons peu de chose.

Antisthène d'Athènes, qui avait été, avant de connaître Socrate, un professeur de rhétorique sophistique, fut l'auteur de la secte cynique et le précurseur de Zénon. Fidèle au maître qu'il avait adopté (3), il imita sa méthode d'interroger les hommes, mais en mettant dans cet examen, par lui-même douloureux, un esprit de violence et d'arrogance qui était dans son caractère.

Aristippe de Cyrène avait été attiré à Athènes par la réputation de Socrate : aux jeux olympiques, il avait entendu Ischomachus parler de sa doctrine et de sa personne, et n'eut pas de cesse qu'il ne fît sa connais-

---

(1) *Noct. Att.*, VII, 10.
(2) Plat., *Phædon.*, 58 d, 89 a.
(3) Xén., *Mem.*, III, II, 17 ; *Conv.*, 4, 44 ; Plat., *Phæd.*, 59 b ; Diog. L., VI, 2.

sance. Il a dû nécessairement entrer très-avant dans son intimité, puisque Platon a cru devoir signaler son absence dans ce cercle d'amis qui se trouvèrent auprès du maître le jour où il but la coupe fatale. Ce qu'il y a de singulier, c'est que, comme Antisthène, il se croyait le fidèle interprète des principes de Socrate en développant, dans l'école cyrénaïque, les doctrines qui aboutirent bientôt à la philosophie d'Épicure.

CHAPITRE IV

LA MISSION DE SOCRATE. — EXAMEN DES HOMMES.

Comment Socrate employa-t-il les rares facultés de son esprit? Quelle fut sa vie? Nous voudrions pouvoir le dire avec détail; mais nous ne savons rien de sa jeunesse et de son âge mûr; les témoins les plus dignes de confiance ne nous le montrent que dans les dernières années de sa carrière, et ne font que des allusions rares et souvent obscures aux événements qui en avaient rempli la première partie, et de beaucoup la plus longue.

Il paraît certain, comme nous l'avons déjà dit, qu'il exerça d'abord la profession de son père, et que s'il avait écouté les conseils et les désirs de sa famille, il n'en aurait jamais eu d'autre. C'est du moins cette opposition aux désirs des siens qu'on trouve exprimée dans les récits, d'ailleurs assez suspects, qui nous montrent dans Socrate un jeune homme indocile et rebelle ; qui, au lieu de se mettre à l'ouvrage et de prendre, comme le lui ordonnait son père, le ciseau et le marteau, s'échappait de la maison et allait vagabonder partout où le conduisait sa fantaisie (1). Sa jeunesse aurait été ainsi, suivant le document de Porphyre, probablement emprunté à Aristoxène, assez irrégulière.

Il est à croire qu'il abandonna de bonne heure le métier paternel qui lui répugnait ; c'est du moins ce qu'affirme Plutarque. Socrate était encore enfant, nous dit-il, ἔτι παιδὸς ὄντος, quand l'oracle de Delphes, consulté par le père mécontent et inquiet, lui ordonna de laisser son fils suivre les impulsions de la nature, de ne pas contraindre sa vocation, et même de ne pas s'occuper de lui du tout ; et, en effet, ajoute le biographe, il avait en lui-même, pour le conduire dans la vie, quelque chose de meil-

---

(1) Théodor., *Græc. affect. Curat.*, XII, 1030 : ὁ Πορφύριος ἔφη... ὡς ἄρα παῖς ὢν οὐκ εὖ βιώσειεν, οὐδὲ εὐτάκτως. Ce fragment n'a pas été admis par M. K. Müller dans l'éd. de Didot, au nombre des fragments d'Aristoxène, auquel il semble cependant qu'il doive appartenir ; car c'est sur Aristoxène que s'appuie constamment Porphyre dans les renseignements qu'il nous a laissés sur Socrate.

leur que tous les conseils et que tous les maîtres (1).

Malheureusement ce renseignement est en opposition avec la tradition, qui attribue à son ciseau les trois Grâces vêtues de l'Acropole : un groupe de cette importance attesterait une assez longue pratique et d'assez profondes études dans son art, tandis que le lieu honorable dont il avait été jugé digne prouverait que l'artiste avait atteint un certain degré d'habileté et de talent (2).

Si l'on veut tirer des assertions de Porphyre et de Plutarque des conclusions qui ne soient pas téméraires, il faut se borner à dire qu'il y a eu dans Socrate un développement indépendant et spontané ; qu'il a senti de bonne heure s'éveiller la vocation philosophique et la passion de se consacrer tout entier à la réforme scientifique et morale de ses concitoyens et des hommes. On peut croire que ce fut sur l'ordre du Dieu de Delphes qu'il renonça à l'industrie paternelle et

---

(1) Plut., *De dœm. Socr.*, c. xx.

(2) Brücker a attaqué l'autorité du passage de Plutarque que Tennemann, *Gesch. der Phil.*, t. II, p. 31, a défendue. Ménage, après avoir cité les deux passages de Pausanias, ajoute : « Hinc refutandus Porphyrius, qui, ut est apud Theodoretum, artis inscitiæ Socratem insimulat, et adversus patrem inobedientiæ. »

embrassa le périlleux apostolat de la vertu (1).

Mais à quelle époque de sa vie rompit-il tout à fait avec sa profession et se reconnut-il l'obligation, imposée d'en haut et à laquelle il ne pourrait se soustraire sans sacrilége, de travailler au perfectionnement moral de lui-même et des autres? Nous l'ignorons absolument.

Des prédictions, des songes, des signes (2), toutes les formes que peut prendre la volonté des dieux pour se manifester à un homme, et lui annoncer qu'il est réservé à une mission divine, θεία μοῖρα, se manifestèrent à lui. Ces communications fréquentes, habituelles (3) même

---

(1) Max. Tyr., p. 225 : κατὰ τὴν τοῦ θεοῦ χειροτονίαν τὴν μὲν τέχνην διώσατο, τὴν δὲ ἀρετὴν ἐλάμβανεν. M. K. Fr. Hermann, qui cite ce passage dans la dissertation *de Magistris Socratis*, p. 29, voit, dans l'opposition de τέχνη et de ἀρετή, l'expression du mépris que les anciens Grecs portaient non-seulement aux artisans, mais même aux artistes; pour prouver cette thèse assez nouvelle, il cite Plut., *Vit. Pericl.*, c. 1 et 2, où il voit une preuve manifeste de ce qu'il avance, *luculentum testimonium*.

En relisant ces deux chapitres, on sera convaincu, je pense, que Plutarque fait allusion, non pas aux préjugés des anciens Grecs, mais aux préjugés de ses contemporains, qui les avaient reçus, avec la servitude, des Romains, ou les simulaient pour complaire à leurs maîtres.

(2) Plat., *Apol.*, 34 c; *Euthyd.*, 272 c; *Rép.*, IV, 496 c; *Phœdr.*, 242 b.

(3) *Phœdr.*, 242 b : τὸ εἰωθὸς σημεῖον; *Apol.*, 40 d : ἡ γὰρ εἰωθυῖά μοι μαντική.

des dieux avec Socrate, ces révélations dont il ne se croyait pas l'objet unique et privilégié, mais que pouvaient espérer d'obtenir toutes les âmes pures (1), avaient commencé dès sa jeunesse (2) et avaient pris peu à peu une précision, une clarté, une intensité telles dans sa conscience, qu'il les entendait s'exprimer par une voix (3).

C'était là ce qui se produisait, ce qui se présentait à lui de divin et de démonique, θεῖόν τι καὶ δαιμόνιον.

Cette mission supérieure à laquelle il se sentait appelé par une voix d'en haut, et pour laquelle il négligeait, par un sacrifice où il trouve lui-même quelque chose de surhumain (4), tous les intérêts positifs et matériels de la vie, avait certainement déjà commencé, lorsqu'elle fut confirmée par l'oracle de Delphes, consulté par Chéréphon, son ami d'enfance. Il est évident que cet oracle, dont nous allons raconter l'histoire, n'a pas décidé seul la vocation philosophique de Socrate ; il fallait même qu'une cer-

---

(1) Xén., *Mem.*, 1, IV, 18, où il conseille à Aristodème de faire une cour assidue aux dieux, afin de voir s'ils ne lui enverront pas des avis et des conseillers spéciaux. Cf. id. id. 1, 1, 19.
(2) Plat., *Apol.*, 31 d : ἐκ παιδὸς ἀρξάμενον.
(3) Plat., *Apol.*, 31 d.
(4) Plat., *Apol.*, 31 b : οὐ γὰρ ἀνθρωπίνῳ ἔοικε.

taine notoriété entourât déjà sa personne, pour que Chéréphon ait eu la pensée de faire une telle question, et que le dieu ait pu faire une telle réponse. Nous savons par Platon que cette carrière de dévouement et de sacrifices a duré de longues années (1). Quelque vague que soit cette indication, elle exprime toujours une longue durée; on ne peut pas supposer qu'il ait osé entreprendre ce rôle de réformateur pendant sa jeunesse, car il lui fallait au moins l'autorité d'un âge presque mûr, sinon de la vieillesse; mais on peut admettre que la pensée lui en vint de bonne heure, qu'elle se développa peu à peu, et qu'il était arrivé à la pleine conscience et dans le plein accomplissement de son œuvre vers l'âge de quarante ou de cinquante ans, c'est-à-dire dans les dix premières années de la guerre du Péloponèse. C'est donc vers ce temps à peu près, entre 430 et 420 ans avant Jésus-Christ, que nous plaçons le voyage de Chéréphon à Delphes.

Chéréphon, que Socrate nomme son ami d'enfance (2), appartenait au parti démocra-

---

(1) Plat., *Apol.*, 31 b : τοσαῦτα ἤδη ἔτη.

(2) Plat., *Apol.*, 20 e. Platon lui donne dans *Charm.*, 158 b, l'épithète de μανικός; s'il faut en croire Aristophane et son scholiaste, à force de se livrer à l'étude, il en était devenu maigre, pâle ou plutôt jaune, livide et

tique; il en avait partagé les périls, les persécutions, et ne rentra de l'exil qu'avec Thrasybule. C'était un homme généreux, passionné pour la science, ardent dans ses amitiés comme dans ses antipathies, et qui, poussé par une admiration enthousiaste, osa demander un jour à la Pythie s'il y avait un homme plus sage que son ami (1).

La réponse de la Pythie est assez diversement rapportée. Dans l'*Apologie* de Platon, Socrate se borne à dire qu'elle aurait répondu qu'il n'y avait pas un homme plus sage, σοφώτερον, que Socrate; dans celle de Xénophon, qu'il n'y

---

même malade; de là les épithètes de chauve-souris, νυκτερίς, de πύξινος, d'ἡμιθνής, que lui donne Aristophane, *Nub.*, 104; Schol. v. 104, 144, 504. Suivant la seconde de ces scholies, *Nub.*, 144, il avait écrit quelques ouvrages dont il ne nous est rien resté.

(1). Tel ne fut pas, suivant Fréret., *Acad. Inscript.*, t. XLVII, p. 225, le sens de la question de Chéréphon, qui n'avait pas prétendu consulter l'oracle sur le mérite de Socrate, mais seulement sur le mérite relatif de Sophocle et d'Euripide. Je pense que ce n'est là qu'une conjecture de l'illustre critique, amenée peut-être par la réponse, mais que ne justifie aucun texte ni aucun témoignage. On ne voit pas bien pourquoi le vieil ami de Socrate serait aller consulter le Dieu sur le mérite de Sophocle et d'Euripide. Il n'est donc pas du tout certain que « Platon rapporte d'une manière peu exacte l'oracle dont parle Socrate. »

en avait pas de plus libre, de plus juste, de plus sensé (1).

Diogène de Laërte a la prétention de connaître la réponse textuelle de l'oracle (2), que nous trouvons plus complète encore dans les *Scholies* d'Aristophane, dans les deux iambes suivants :

Σοφὸς Σοφοκλῆς, σοφώτερος δ'Εὐριπίδης·
Ἀνδρῶν δὲ πάντων Σωκράτης σοφώτατος·

---

(1) *Apol.* Xen., 14.
(2) Schol. Aristoph., *Nub.*, 144; Diog. L., II, 37; Ménage, *ad. ll.* Démocharès, dans son ouvrage contre les philosophes, cité par le scholiaste d'Aristophane, doutait de l'authenticité de cette réponse, parce que les vers sont iambiques et que les oracles de Delphes se rendaient en dactyliques hexamètres. Le scholiaste répond que plusieurs oracles, et de ceux mêmes qui étaient rendus de son temps, étaient en iambes, et certains en prose. Colotès, en sa qualité d'épicurien (Plut. *ad Col.*, XVII) nie la réalité de cet oracle comme celle de tous les autres, qu'il considère comme des œuvres de fraude et d'imposture, σοφιστικὸν καὶ φορτικὸν διήγημα. Athénée, qui la conteste également (v. p. 218 c), s'appuie sur les différences entre les détails donnés par Xénophon et par Platon. Brucker (t. I, p. 534) accepte le doute assez mal fondé, selon moi, de Colotès et d'Athénée. La meilleure raison qu'on pourrait invoquer en faveur de ces conclusions sceptiques, c'est que bien des oracles de cette nature ont été inventés après coup, et par exemple pour Platon, Apollonius et Plotin. Mais ici l'accord sur le fait de deux témoins aussi autorisés que Platon et Xénophon, laisse peu de prise à un doute raisonnable.

Si cet oracle n'a pas fait naître dans Socrate l'idée de la mission qu'il avait à remplir envers lui-même et envers les autres, il la détermina sans doute avec plus de précision et la confirma plus pleinement. Pour s'expliquer le sens de la réponse du dieu, il se crut obligé envers tous ses concitoyens, comme si chacun d'eux était son père ou son frère, d'examiner leur esprit, de scruter leur conscience, d'éveiller dans leur âme le sens du vrai et du bien, et de la purger des erreurs et des vices qui, en s'opposant à la vertu, s'opposent au bonheur (1). C'est là pour lui une tâche périlleuse, il le sait, mais c'est un devoir sacré; il aimerait mieux renoncer à la vie, il aimerait mieux mourir mille fois que de refuser de la remplir (2), car il vaut mieux obéir à Dieu qu'aux hommes (3); il se promit donc de lui obéir tant qu'il lui resterait un souffle de vie (4), et nous savons qu'il a tenu parole.

Considérant donc les Athéniens comme un coursier robuste et généreux, mais que sa grandeur même appesantit, et qui a besoin d'un éperon qui l'aiguillonne, il accepta ce rôle dangereux de réveiller des âmes qui voulaient s'en-

---

(1) Plat., *Apol.*, 31 a.
(2) Plat., *Apol.*, 29 c, d.
(3) Plat., *Apol.*, 29 c, d.
(4) Plat., *Apol.*, 29 c, d : ἕωσπερ ἂν ἐμπνέω καὶ οἷςτε ὦ.

dormir, et passa toute sa vie, non pas à enseigner, car il repoussa toujours le titre de maître, et nia toujours qu'il eût jamais promis ou donné à personne, des leçons, mais s'offrant à tous, et provoquant tout le monde, étranger ou Athénien, jeune ou vieux, riche ou pauvre, à des entretiens toujours gratuits. Toute la journée sur la place publique, au moment même des marchés, ou dans les gymnases, particulièrement au Lycée (1), loin de se séparer de la multitude, comme les sophistes de profession, il causait avec les marchands dans leurs baraques, avec les ouvriers dans leur échoppe, avec les banquiers à leurs comptoirs, avec des sophistes, des politiques, des rhéteurs, des orateurs, des poètes, mais recherchant surtout les jeunes gens, et se hasardant jusque chez une courtisane (1) ; il cherchait à convaincre ses interlocuteurs de l'inanité et de la vanité de leurs connaissances, et les encourageait à substituer

(1) Plat., *Eutyphr.*, 2 a ; *Charm.* 153 a, b.
(2) Xénoph., *Mem.*, 1. I, 10 ; *Mem.*, III, 11, 1 ; Plat. *Apol. S.*, 17 et 16, 31 a. Nous l'avons vu proclamer Aspasie comme son maître d'éloquence. Quant à Théodote, célèbre entre les courtisanes de la Grèce, elle avait aimé Alcibiade et, à sa mort, elle fit ensevelir son corps dans une robe qui lui appartenait, avant qu'il fût porté au bûcher. Athén., XIII, 574 ; Libanius, t. I, p. 582 ; Æl., *Hist. Var.*, XIII, 32, citent encore Callisto comme une courtisane avec qui s'est entretenu Socrate.

à ces faux semblants de science, des principes plus certains qu'approuvassent également la conscience et la raison. Ces conversations perpétuelles, qui le faisaient appeler par les comiques un infatigable bavard, ἀδολέσχης, séduisantes, piquantes, à la fois graves et spirituelles, gaies et sensées, où, sous une apparence de critique négative et de dissolvante analyse, il semait les germes de la vie morale, éclaircissait la notion du vrai savoir et du vrai bonheur, éveillait et dirigeait les grandes facultés investigatrices de l'âme, lui attiraient de nombreux auditeurs, qu'il n'appelle jamais ses disciples, mais simplement ses amis, ses compagnons, ses habitués (1). Son art de causeur était si grand, son commerce si recherché et si attachant, que, suivant le récit d'Aulu-Gelle, Euclide, bravant le décret qui punissait de mort tout Mégarien surpris dans la ville, venait la nuit de Mégare à Athènes, déguisé en femme, pour pouvoir en jouir (2); et quand bien même il faudrait tenir pour suspecte cette anecdote, que semblent autoriser les conversations que, d'après Platon, Euclide aurait eues avec Socrate dans les derniers temps de sa vie, il n'en

---

(1) Xén., *Mem.*, *passim* : οἱ σύνοντες, οἱ συν ουσίασταί, οἱ συνδιατρίβοντες, οἱ ὁμιλοῦντες, οἱ συνήθεις.

(2) A. Gell., *N. Att.*, VI, c. x.

faudrait pas moins y voir la preuve de la réputation universelle que s'était acquise Socrate, et de la supériorité qu'il déploya dans ce rôle de causeur public, constant et gratuit, dont il n'y a pas d'exemple dans l'histoire d'Athènes avant ni après lui.

Mais Socrate n'était pas seulement un causeur aimable, c'était souvent un censeur sévère; il s'en allait non pas seulement s'entretenant familièrement avec tout le monde, mais pénétrant avec une perspicacité terrible au fond de la conscience de chacun de ses interlocuteurs, lui arrachant le masque de ses fausses vertus et de ses faux talents, le forçant à d'humiliants aveux d'impuissance, d'ignorance, d'immoralité, faisant rougir les plus honnêtes de tout ce qu'ils sentaient en eux de faiblesses morales, mais irritant le plus grand nombre en leur faisant perdre leurs prétentions au respect d'eux-mêmes et au respect d'autrui. Il ne se dissimulait pas que par cette espèce de confession publique et violente, arrachée par sa subtile analyse, son raisonnement rigoureux, sa terrible ironie, il s'attirait de nombreux et redoutables ennemis; lui-même se compare à un taon qui s'attache aux flancs d'un cheval pour réveiller sa mollesse. Aussi, si nous en croyons l'*Apologie* de Platon, le procès qui lui fut intenté ne le surprit pas plus que l'issue fatale ne l'en étonna ; il semble l'avoir prévue, sinon désirée, comme on l'a soutenu.

Il faut reconnaître cependant qu'il ne fut arrêté dans cette mission si délicate et si dangereuse que vers la fin de sa vie. Pour la remplir ainsi presque jusqu'au bout, sans violence comme sans faiblesse, il fallait deux choses que l'on n'a pas revues dans l'histoire : une ville telle qu'Athènes, et un homme tel que Socrate, encore cet homme eût-il besoin d'être ou de se croire possédé par un dieu (1).

Toutefois Socrate, s'il considère cette vie philosophique, qui consiste non-seulement à s'interroger et à se confesser soi-même, mais à interroger et à confesser bon gré mal gré, et publiquement, les autres (2), comme un devoir religieux, une obligation envers le dieu, il y goûte un plaisir et y trouve un bonheur qu'il ne cache pas. Il obéit, sans doute, aux dieux qui le lui ordonnent, mais sans cette constante étude de l'homme, de l'homme moral surtout, la vie lui semblerait bien misérable (3) : il n'y

---

(1) Plut. ad. Col., c. 17 : θεολήπτου ἀνδρὸς γενομένου.

(2) Plat., *Apol.*, 28 e : φιλοσοφοῦντα ζῆν καὶ ἐξετάζοντα ἐμαυτὸν καὶ τοὺς ἄλλους.

(3) Plat., *Apol.*, 28 e : ὁ καὶ ἀνεξέταστος βίος οὐ βιωτὸς ἀνθρώπῳ.

a pour lui qu'une vie désirable, la vie de l'esprit ; qu'une vraie félicité, c'est l'effort actif de l'âme dans la recherche et, autant qu'elle le peut, dans la possession de la vérité.

CHAPITRE V

LE DÉMON DE SOCRATE.

C'est peut-être ici le lieu de dire ce qu'il faut entendre par le Démon de Socrate : c'est un sujet qui a provoqué dans l'antiquité et dans les temps modernes une légitime curiosité, sans recevoir une solution absolument satisfaisante et généralement adoptée.

Je n'ai pas la prétention de mettre un terme à cette diversité d'opinions par une solution nouvelle; je me propose seulement, d'abord de mettre tout le monde à même de porter un jugement par un récit complet et impartial des faits; je rechercherai, dans Platon et dans Xénophon, le sens qu'a pu attacher Socrate lui-même à ce phénomène soit intérieur, soit extérieur, soit subjectif, soit objectif; je ferai connaître ensuite les opinions les plus considérables des anciens et des modernes (1), et

---

(1) Ce que les Allemands appellent *la littérature* du

je me permettrai enfin de dire à mon tour ce que j'en pense.

Pour connaître les faits relatifs à cette circonstance un peu étrange et presque merveilleuse de la vie de Socrate, nous avons deux sujet est immense, et quoique je sois loin d'avoir pu réunir tous les travaux qui ont paru, particulièrement en Allemagne, ceux que j'ai recueillis sont si nombreux que j'en ai été plutôt accablé que secouru. Je citerai ici seulement les plus importants. Dans l'antiquité Plutarque, *De Genio Socratis*; Apulée, *De Deo Socratis*; Maxime de Tyr, *Dissertation* XIV.

Chez les modernes : d'abord les histoires générales de la philosophie ;

Oléarius, dans la traduction latine de l'*Histoire de la philosophie de Stanley*.

Brucker, t. I, p. 543.

Tennemann, t. II, p. 31.

Meiners, *Hist. des sciences*, t. II, f. 399, et *Mélanges*, t. III, p. 5.

Éd. Zeller, *Hist. de la Phil. des Grecs*, t. II, p. 61.

Puis des études où ce sujet intervient incidemment, et est toutefois traité avec des développements importants :

Schleiermacher, trad. allemande de Platon, t. II, p. 415.

Ast., *Vie et écrits de Platon*, p. 483.

Rœtscher, *Aristophane et son temps*, p. 255.

Enfin les monographies ou dissertations spéciales :

L'abbé Fraguier, *De l'ironie de Socrate*, Mém. de l'Acad. des inscr., t. IV.

Besenbeck, *De Gen. Socr.*, 1802, Erlang.

Schwartz, *Spec. Inaug., De Gen. Socr.*, Louvain, 1830.

témoins autorisés et considérables, dont les renseignements s'accordent sur presque tous les points, et dont on peut concilier par une explication naturelle les contradictions apparentes sur le seul détail où elles se produisent. La question de fait recevra donc de ces deux témoignages une pleine lumière ; j'y ajouterai quelques particularités empruntées, il est vrai, à des écrivains qui ne sont plus ni des contemporains, des concitoyens et des amis de Socrate, mais qui ne doivent pas être rejetés systématiquement lorsqu'ils s'accordent avec Xénophon ou Platon.

Socrate était persuadé qu'il se produisait en lui quelque chose de surnaturel, de divin, de démonique, qui lui donnait des signes sur les choses à venir (1). Ce phénomène, qui s'était manifesté à lui dès son enfance, ne lui indiquait jamais, suivant Platon, ce qu'il avait à faire, mais se bornait à le détourner d'une démarche qui pourrait lui être funeste (2), tandis

Lelut, *le Démon de Socrate*, 1836, Paris.
Lasaulx, *Des Sokr. Leben*, Munich, 1858.
Volquardsenn, *Das Dæmonium des Sokr.*, Kiel, 1862.
Freymüller, *De Socrat. Dæmonio*, Landshut, 1864.

(1) Plat., *Apol. S.*, 31 c, d; Xén., *Mem.* 1, 1, 4: ὡς τοῦ δαιμονίου προσημαίνοντος.

(2) Plat., *Apol. S.*, 31 d; Cic., *De div.*, 1, 54 : « Nunquam impellenti, sæpe revocanti. »

que, si l'on en croit Xénophon, ces avertissements s'étendaient aussi bien sur ce qu'il devait faire que sur ce qu'il ne devait pas faire (1).

Ces signes prophétiques, qui se produisaient très-fréquemment, et dans les plus frivoles circonstances, ne l'avaient jamais trompé (2). Ils se manifestaient spontanément, sans être provoqués, ni attendus, ni désirés; le Dieu lui parlait sans qu'il l'interrogeât (3). Aussi Socrate y ajoutait une foi absolue, il y obéissait aveuglément comme à des avertissements d'en haut, comme à des ordres divins (4), dans les conjectures les plus graves de sa vie comme dans les choses les plus insignifiantes et même les plus triviales (5).

Le plus souvent le phénomène se manifestait sous la forme d'une voix que Socrate semblait entendre (6); mais quelquefois les termes employés par Platon et par Xénophon laissent

---

(1) Xén., *Mem.*, I, 1, 12; IV, 3, 12; *Apol.*, § 12; Plut., *De Gen. Socr.*, c. XI : τὸ κωλῦον ἢ κέλευον.

(2) Plat., *Apol.*, 40 a ; Xén., *Mem.*, I, 1, 5.

(3) Xén., *Mem.*, IV, 3, 13.

(4) Xén., *Mem.*, I, 1, 5.

(5) Plat., *Apol.*, 40 a.

(6) Plat., *Apol.*, 31 c; *Phœdr.*, 242 b : ἔδοξα ἀκοῦσαι. Ce mot est remarquable : Socrate ne dit pas qu'il a entendu, mais qu'il a cru entendre. Xén., *Apol.*, 12 : θεοῦ φωνὴ φαίνεται.

supposer autre chose. Ainsi Xénophon le compare et l'assimile presque aux autres moyens par lesquels la superstition païenne cherchait à percer le secret de l'avenir, c'est-à-dire non-seulement à des voix ou des bruits, φημαῖς, mais à des choses visibles, σύμβολα, tels que la rencontre de certaines personnes, le vol de certains oiseaux, ou encore aux bruits de la foudre (1). Dans Platon, s'il faut, comme je le crois, appliquer au Génie l'apparition de ce songe qui est venu tant de fois le visiter pour lui prescrire de s'occuper de musique, il se présente sous une forme sensible, mais toujours différente (2). Un jour même c'est une femme d'une grande beauté, vêtue de blanc, qui lui adresse directement la parole en des termes qui sont assez profondément gravés dans sa mémoire pour qu'il puisse les reproduire textuellement. Ailleurs Platon l'appelle un Dieu, θεός, le qualifie de gardien personnel, ὁ ἐπίτροπος, et, comme pour mieux marquer son existence objective et individuelle, le compare au tuteur qui devait veiller sur Alcibiade (3).

Dans un dialogue dont, il est vrai, l'authenticité est plus que douteuse, mais cependant

---

(1) Xén., *Mem.*, I, 1, 3 ; id. *Apol.*, 13.
(2) Plat., *Phæd.*, 60 e : ἄλλο τε ἐν ἄλλῃ ὄψει φαινόμενον.
(3) Plat., *Alcib.*, I, 12

dont l'authenticité est contestée surtout à cause des détails donnés sur le Dæmonium, celui-ci devient clairement un dieu personnel et distinct à qui l'on peut offrir des sacrifices et des prières (1).

Cette révélation surnaturelle ne survenait jamais qu'à l'occasion de circonstances particulières et de faits déterminés, qui intéressaient soit Socrate, soit quelqu'un de ses amis (2). On ne la voit jamais lui dicter une règle générale de vie, ou lui communiquer une doctrine philosophique, ou résoudre une question de morale; du moins elle touche rarement à la moralité même de l'action qu'elle interdit ou ordonne, et se borne à en faire connaître d'avance le résultat avantageux ou l'issue tantôt malheureuse, tantôt simplement ridicule; souvent elle n'interdit que les paroles et arrête Socrate au moment où il s'apprête à parler, et pendant même qu'il parle (3).

Voici quelques faits à l'appui de ce que nous venons d'avancer (4).

---

(1) Plat., *Theag.*, 131 a.
(2) Xén., *Mem.*, I, 1, 4.
(3) Plat., *Apol.*, 40 b.
(4) Antipater, dans un livre perdu, mais que cite Cicéron, avait recueilli à ce sujet une foule d'anecdotes. Cic., *De div.*, I, 54 : « Permulta collecta sunt ab Anti« patro quæ mirabiliter a Socrate divinata sunt. »

Le Génie qui lui a interdit de préparer d'avance sa défense et lui a formellement défendu de continuer à s'en occuper un jour qu'il avait commencé à le faire, ne l'arrête pas une seule fois pendant tout son discours improvisé, comme il ne l'avait pas arrêté quand il était sorti de sa maison, ni quand il était monté au tribunal, quoique souvent, en d'autres circonstances, il lui eût ordonné de se taire au milieu même d'un entretien (1). La seule circonstance où une direction générale de conduite semble indiquée à Socrate par le Dæmonium, c'est lorsqu'il lui interdit de se mêler de politique; mais la raison qu'en donne Socrate n'est pas tirée de maximes morales, mais uniquement du résultat funeste qu'aurait eu pour lui aussi bien que pour Athènes cette détermination, s'il l'avait prise, de participer activement aux affaires et au gouvernement (2). Le Dieu, ὁ θεός, qui lui a donné la mission d'accoucher les esprits et lui a défendu d'engendrer et de procréer lui-même (3), γεννᾶν, se présente pour l'empêcher d'appliquer de nouveau son art à des amis infidèles qui s'en étaient mon-

(1) Xén., *Mem.*, IV, 8, 5; Plat., *Phæd.*, 60 e.
(2) Plat., *Apol.*, 31 d.
 Theet., 150 a.

trés indignes (1), et lui interdit même pendant un temps assez long tout commerce et tout entretien avec Alcibiade (2).

Dans le dialogue avec Phèdre sur l'amour, sous l'ombrage du platane où les deux amis sont assis, le signe lui apparaît pour l'empêcher de traverser l'Ilissus avant d'avoir, par une rétractation expresse, apaisé le Dieu irrité par son premier discours (3). Aristippe lui ayant un jour envoyé vingt mines, Socrate les lui renvoya en lui disant simplement que le Dæmonium ne lui permettait pas de les accepter (4).

Dans sa prison, il rêva qu'une voix lui disait : « Dans trois jours tu arriveras à la fertile Phthie (5). » Il dit alors à Eschine : « C'est dans trois jours que je mourrai. » Criton survenant et lui disant que le navire de Délos arriverait le lendemain, τῆς ἐπιούσης, (que M. Cousin traduit par : *aujourd'hui*, lisant sans doute

---

(1) *Theet.*, 151 a.

(2) *Alcib.*, 1, 103 a, b. Le signe qu'à la p. 124 c, Platon appelle θεός, est appelé δαιμόνιόν τι. Je le remarque dès maintenant, pour montrer que si Xénophon les confond toujours, Platon ne les a pas, comme on l'a dit, toujours distingués.

(3) *Phædr.*, 242; Apul., *De Deo S.*, p. 145.

(4) Diog. L., 11, 65.

(5) *Iliad.*, IX, 363.

ἐπούσης, que ne donnent aucun scholiaste, ni aucun des textes que j'ai eus sous les yeux), Socrate lui répond que ce sera pour le jour suivant seulement, et il le conjecture d'après le songe qu'il a eu : « J'ai cru voir, dit-il, une femme belle et majestueuse s'avancer vers moi et me dire : Dans trois jours, etc. (1). »

Ce n'est pas seulement en ce qui le concerne lui-même que Socrate reçoit ainsi des avertissements, mais encore en ce qui concerne ses amis. Dans son sommeil, il avait vu un cygne sortir en chantant de son sein. Platon à ce moment voulait partir pour l'armée ; son maître le fit renoncer à ce projet, ne doutant pas que son disciple ne fût l'objet de la vision, et que le présage ne fût de mauvais augure (2).

Sur le champ de bataille de Délium, d'après les indications de son Démon, Socrate désigne le chemin que devait suivre l'armée pour opérer sa retraite, sans crainte d'être poursuivie ou attaquée, et Pyrilampe, fils de l'orateur Antiphon, blessé dans cette fuite et fait prisonnier,

---

(1) Diog. L., II, 35. Cic., *De div.*, I, 25, raconte le même fait et traduit le vers d'Homère :

Tertia te Phthiæ tempestas læta locabit.

(2). Diog. L., III, 5 ; Ménag., *Ad l. l.*; Pausan., 1, 30. Dans Athén., XI, 116, une évidente parodie de ce rêve.

eut à se repentir avec beaucoup d'autres de n'avoir pas suivi ce conseil (1). Le Génie lui avait annoncé d'avance les désastreux résultats de l'expédition de Sicile et le sort funeste que devait y trouver Sannion, qui faisait cette campagne (2). Un jour Charmide voulant disputer le prix de la course aux jeux de Némée, Socrate, averti par la voix du Dæmonium, s'efforça de l'en dissuader ; son ami résista et eut à déplorer plus tard son incrédulité (3).

Timarque était dans un repas assis à côté de Socrate : il avait comploté de faire périr Nicias, fils d'Héroscamandre, et se leva de table, avant la fin du repas, pour aller préparer et accomplir le meurtre ; Socrate, qui ne savait rien de ses desseins, entendit la voix, et, sur ses avertissements, voulut le retenir ; ce fut inutile, Timarque sortit, commit le crime et l'expia bientôt par la mort (4).

Les événements prédits par le Démon n'ont pas toujours une couleur aussi tragique. Criton,

---

(1) Cic., *De div.*, I, 54 ; Plut., *De gen. S.*, c. xi.
(2) Plat., *Theag.*, 128 b, 129, et Plut., *De gen. S.*, c. xi.
(3) On ne sait pas ce qui lui arriva : peut-être ces jeux commencèrent-ils, par les dépenses exagérées où ils l'entraînèrent, la ruine et la misère où il tomba. Xén., *Mem.*, III, 6, 14, et IV, 29.
(4) *Theag.*, 129 b.

par exemple, veut faire une promenade malgré Socrate qui lui conseille de l'ajourner. Il est puni de sa résistance ; il sort, une branche d'arbre le frappe à l'œil et le blesse douloureusement (1). Une autre fois, au retour d'une course faite avec ses amis, le Démon conseille à Socrate de ne pas s'engager dans le chemin qu'on devait naturellement prendre : plusieurs se rient de ce présage, et tandis que Socrate prend une autre route, ils continuent la leur ; bientôt ils rencontrent un troupeau de porcs couverts de fange, qui, courant en face d'eux dans un sentier étroit, renversent et foulent aux pieds les uns et les couvrent tous d'ordures et d'immondices (2).

Il est évident, pour Socrate, que les Dieux lui témoignent une plus grande faveur qu'aux autres hommes, en lui envoyant ainsi constamment, sur lui-même et sur les autres, des signes certains de l'obscur avenir (3) ; il se croit, il se sent l'objet d'une faveur particulière, mais parce qu'il la mérite, et il reconnaît que jusqu'à lui bien peu d'hommes, et peut-être pas un seul, ont été honorés à ce degré de la grâce divine (4) ;

(1) Cic., *De div.*, I, 54.
(2) Plut., *De gen. S.*, c. xi.
(3) Xén., *Mem.*, IV, 3, 13.
(4) Plat., *Rep.*, VI, 496 b, c.

mais néanmoins il ne se croit pas pour cela l'objet d'un privilége unique, et il conseille à l'un de ses amis d'essayer de l'obtenir des Dieux en leur obéissant et en les servant comme il le fait lui-même, et peut-être, dit-il, fléchis par ses prières, ils lui révèleront aussi les événements qu'ils cachent aux autres hommes (1).

Socrate établissait une séparation profonde entre les choses que la raison humaine peut atteindre, et celles qui lui échappent et dont les Dieux se sont réservé le secret, τὰ ἄδηλα. C'est folie de les consulter sur celles qu'ils nous ont permis et même qu'ils nous font une loi de connaître (2) : or, de ce nombre sont assurément les déterminations morales, puisque, suivant lui, la vertu est une science, et peut-être la seule science humaine. C'est donc uniquement pour les choses qui se dérobent à notre esprit, qu'il faut avoir recours à la divination, et sur l'issue incertaine desquelles on peut interroger les Dieux, qui la révèleront à ceux d'entre les hommes qu'ils protégent (3). Le domaine de la moralité pure est donc tout naturellement ex-

---

(1) Xén., *Mem.*, I, 4, 18 : περὶ τῶν ἀδήλων ἀνθρώποις. Plus loin, le mot τὸ θεῖον remplace οἱ θεοί, que nous trouvons dans cette phrase.

(2) Xén., *Mem.*, I, 1, 9.

(3) Xén., *Mem.*, I, 1, 9,

clu des révélations du Démon; c'est ce que nous avons vu dans tous les exemples cités : s'il conseille à Socrate de ne pas se mêler de politique, ce n'est pas que la vertu interdise au sage les fonctions de citoyen, bien au contraire; mais c'est que cela vaut mieux pour Socrate et pour Athènes. Le Dieu prévoyait, et peut-être n'était-il pas nécessaire pour cela d'être un dieu, que la mission que s'était donnée Socrate, de réformer les esprits et les âmes, de travailler au perfectionnement moral de ses concitoyens, était presque incompatible avec les fonctions actives et militantes de la vie publique; il se serait perdu tout de suite, et n'aurait pas pu rendre à lui-même et aux autres le service qu'il leur a rendu. Celui qui ose se faire le champion de la justice et du droit, se mettre en travers des passions des hommes et leur reprocher leurs fautes et leurs erreurs, celui-là, s'il veut sauver sa vie, ne fût-ce que pendant quelques années, ne peut pas se mêler à la vie publique et doit se retirer dans la vie privée (1).

De même, si le Démon interdit à Socrate de songer d'avance à sa défense; si, pendant qu'il parle à ses juges avec une liberté et une hauteur

---

(1) Plat., *Apol.*, 31 d, e.

d'attitude, dont il ne pouvait pas méconnaître les périls, il ne l'arrête pas une seule fois, ce n'est pas parce que la morale lui fait un devoir de cette sincérité provocante, car cet ordre serait en opposition avec les conseils de prudence qui l'écartent des affaires de l'État; mais c'est que l'issue du débat lui doit être avantageuse, et si Socrate est persuadé que la mort n'est point un mal, c'est, en grande partie, parce que le Démon ne lui a pas interdit un langage dont il connaissait les conséquences (1).

Ce n'est que dans les derniers jours de sa vie qu'il lui est ordonné, à sa grande surprise, de faire de la musique; on peut dire que dans cette prescription même, le Dæmonium ne s'écarte pas de son but habituel; car en s'occupant de poésie, en mettant en vers les fables d'Ésope, Socrate ne croit pas remplir une œuvre essentiellement morale; il a pu vouloir ressentir le charme magique que répand la muse dans l'âme; comme il le disait lui-même, c'est au milieu de chants sereins et joyeux que l'honnête homme doit attendre et pour ainsi dire espérer la mort.

En général donc, et dans tous les faits que nous venons de rapporter, le Démon n'est

---

(1) Plat., *Apol.*, 40 b.

qu'une lumière qui éclaire pour Socrate les ténèbres de l'avenir et soulève pour lui seul l'épais rideau qui le cache aux hommes (1).

Maintenant, qu'est-ce que Socrate lui-même entendait par ce phénomène ? N'était-ce que la lumière claire et pure d'une haute raison, aiguisée par la grande expérience de la vie, fortifiée par la moralité de sa conduite, et l'allusion à une révélation surnaturelle n'était-elle dans cette bouche moqueuse qu'une forme de l'ironie ? Ou bien était-ce pour lui la voix, le cri de la conscience morale, ramenée à sa source céleste et divine, la voix de Dieu en nous ? Socrate, au contraire, croyait-il à des apparitions surnaturelles qui prenaient, pour lui seul, une forme personnelle sensible et une voix qui retentissait à ses oreilles ? De plus, ces apparitions lui étaient-elles envoyées par un Dieu particulier, un Démon personnellement attaché à lui, ou par cette divinité qui gouverne le monde, qui sait, voit, entend tout et est présente partout ?

Et, dans ce cas, comment expliquer cette croyance superstitieuse chez un homme d'un bon sens si rare, d'une raison si ferme, d'un

---

(1) Plut., *De gen. S.*, c. x : τίθει φάος ἐν πράγμασιν ἀδήλοις καὶ πρὸς ἀνθρωπίνην ἀσυλλογίστοις φρόνησιν.

esprit si positif, si pratique, si critique? Comment admettre cette disposition au surnaturel chez le philosophe qui, trouvant la science pleine et pour ainsi dire ivre des visions, des terreurs de la superstition, βεβακχευμένην φασμάτων καὶ μύθων καὶ δεισιδαιμονίας, dont Pythagore et Empédocle l'avaient surchargée, l'accoutuma à ne s'attacher qu'aux faits, et à chercher la vérité par la lumière d'une raison froide et calme, νήφοντι λόγῳ(1)? Faut-il donc, contre toute vraisemblance, reconnaître dans Socrate une imagination enthousiaste de visionnaire crédule, une faculté extatique de ravissement ou un cerveau malade atteint de ces affections nerveuses qui provoquent les hallucinations? Était-ce un hypocondriaque, une espèce de fou, ou encore un imposteur et un charlatan?

Toutes ces interprétations ont été et sont encore aujourd'hui soutenues, et les raisons qui sont produites à l'appui de chacune d'elles sont si fortes ou au moins si spécieuses, que plusieurs des érudits qui s'en sont occupés, ont renoncé à choisir et se bornent, après avoir exposé les faits, à dire que c'est un mystère impénétrable ou une énigme qui attend

---

(1) Plut., *De gen. S.*, c. IX.

encore une solution peut-être impossible. Brucker dit modestement : *non liquet* (1). C'est ce que répète à peu près Meiners (2), et c'est aussi la conclusion d'un petit discours fort substantiel sur Socrate (3), du directeur du gymnase d'Oldenbourg, dont je regrette de ne pas savoir le nom : « *Dæmonium, quid vere fuerit, confiteor, neque veterum scripta satis explicare, neque recentiorum interpretationes evolvere atque explanare videri.* »

Peut-être ne ferais-je que sage de m'en tenir à cette solution négative ; mais quoique je n'aie ni le droit d'espérer, ni l'espérance que je trouverai une réponse à toutes les objections, je me considère comme obligé par mon sujet, et je me hasarde à dire ce que je pense de ce phénomène moins étrange qu'on ne le croit.

D'abord, il faut bien séparer deux questions que l'on a souvent confondues en une seule, ce qui a contribué à jeter beaucoup d'obscurité sur le fait à éclaircir. Qu'est-ce que Socrate entendait par le Dæmonium, et qu'est-ce que nous devons entendre par là ? Ce sont deux questions, et à chacune desquelles on peut faire une réponse très-différente.

---

(1) T. Ier, p. 543.
(2) *Vermischte phil. Schrift.*, t. III, p. 5-49.
(3) *Programm. zum Oster. Exam.*, 1862, p. 25.

Examinons la première :

Les passages que nous avons cités déjà de Platon et de Xénophon, et ceux que je produis ici en note (1), prouvent évidemment que,

(1) Xén., *Mem.*, I, 1, 9. Socrate oppose tout ce qui est du ressort de l'homme à ce qui est du ressort des dieux, qu'il appelle τὸ δαιμόνιον. (*Id.*, I, 4, 2). « Pour prouver que Socrate n'était pas un athée, je rappellerai ce que je lui ai entendu dire : περὶ τοῦ δαιμονίου, » et Xénophon raconte alors la conversation de Socrate avec Aristippe qui ne sacrifiait pas aux dieux, τοῖς θεοῖς. (*Id.* IV, 3, 14.) Il ne faut pas mépriser les choses invisibles, mais apprendre par les phénomènes visibles la puissance des autres et à honorer τὸ δαιμόνιον, qui est appelé dans le § 15 τοὺς θεούς. (*Id.*, I, 1, 12.) Le Dæmonium lui donnait des signes de l'avenir ; mais tous les hommes croient également que les dieux, τοὺς θεούς, leur donnent des avertissements par les oiseaux, la voix, les signes, les sacrifices ; seulement ils ne s'expriment pas de la même manière ; ils disent que ce sont ces choses extérieures qui les font agir, tandis que Socrate disait, parce qu'il le croyait, que c'était τὸ δαιμόνιον. Pour avoir cette confiance en ces signes, il fallait bien qu'il crût à un Dieu qui les lui envoyât, θεῷ. (*Id.*, IV, 8, 5.) Il avait commencé à méditer son *Apologie* quand τὸ δαιμόνιον s'y opposa. Sans doute cette interdiction fut cause de sa mort ; mais il ne faut pas s'étonner que le dieu, τῷ θεῷ, ait cru qu'il était plus avantageux pour lui de mourir. Dans les *Mem.*, I, 1, 1, les mots θεοὺς τὸ νομίζειν sont expliqués par ἕτερα δαιμόνια εἰσφέρων, et dans Platon, *Eutyph.*, 3 b, Socrate se plaint que Mélétus l'accuse de faire et d'inventer des dieux : ποιητὴν θεῶν, καινοὺς ποιοῦντα θεούς, faisant évidemment allusion à l'acte d'accusation, qui contenait, nous le savons, les termes : καινὰ δαιμόνια.

pour Socrate, δαιμόνιον est l'équivalent de θεῖον, et que τὸ δαιμόνιον, τὸ θεῖον, sont les équivalents plus généraux et plus vagues de ὁ θεός et de οἱ θεοί. Il n'y a donc pas lieu de rechercher si δαιμόνιον est employé adjectivement ou substantivement ; il est tour à tour substantif et adjectif. Dans Xénophon, à chaque instant on trouve οἱ θεοί pour τὸ θεῖον ou ὁ θεός, et si nous voyons le mot adjectif dans la phrase de Platon, θεῖόν τι καὶ δαιμόνιον, nous le retrouvons là même, identifié à ὁ θεός, puisque le signe révélateur, qui vient d'être appelé ἡ μαντικὴ τοῦ δαιμονίου, reçoit à la ligne suivante la dénomination de τὸ τοῦ θεοῦ σημεῖον (1). Aristote a donc raison de conclure que le Dæmonium est ou un Dieu ou l'œuvre d'un Dieu (2).

Dans Platon, dans Xénophon, chez tous les Socratiques, τὸ θεῖον est fréquemment employé, sans qu'on puisse toujours distinguer s'ils veulent désigner un Dieu particulier faisant partie de l'Olympe mythologique, ou bien cette essence divine et unique, suprême et souveraine, qui, suivant eux, a ordonné le monde et en conserve l'harmonie. M. Denys,

(1) Plat., *Apol.*, 31 c, d.
(2) *Rhet.*, II, 23, 8.

dans son excellent livre sur l'*Histoire des idées morales dans l'antiquité*, prétend que cette expression est une hypocrisie de mots qui se perpétua dans toute l'antiquité, et permit aux philosophes de ne pas se décider nettement en paroles sur la question de l'unité ou de la pluralité divine (1). Je ne puis accepter cette accusation étendue à une si longue période de siècles; on n'est pas si longtemps hypocrite. Pour Socrate, on ne voit pas pourquoi il se serait abaissé à ce mensonge, et pourquoi il aurait déshonoré son caractère par cette restriction mentale; il a bien prouvé, par sa vie comme par sa mort, qu'il savait appeler les choses par leur nom et dire clairement ce qu'il pensait (2). Ne pas dire ce qu'on pense, c'est le fait d'un esclave et non d'un homme libre, et qui a jamais, plus que Socrate, respecté ce titre et pratiqué les difficiles devoirs qu'il impose. Si donc il s'est servi du mot τὸ θεῖον, je ne puis croire que ce fût pour cacher sa pensée, et dissimuler par une équivoque volontaire, d'ailleurs insuffisante et inutile, ce qu'elle pouvait avoir de hardi et de périlleux. Aristote me semble être le premier philosophe qui affirme en termes

---

(1) T. I, p. 148, note 1.
(2) Xén., *Mem.*, I, 4, 2 : Σωκράτης καὶ ὅσα ἐγίγνωσκεν, οὕτως ἔλεγε.

clairs l'unité de l'Être suprême et du moteur invisible et immobile de l'univers, parce qu'il est, je crois, le premier à l'avoir clairement conçue. Dans Platon même, la théorie des Idées est là pour prouver combien la notion d'un Dieu unique et un répugne au génie grec, et combien, dans les esprits mêmes qui s'y élèvent, elle est vague et trouble. Le polythéisme est la vraie religion des Grecs qui, concevant Dieu à l'image de l'homme, le conçoivent nécessairement multiple; lors même que le paganisme se dégage des représentations grossières et des mythes fantastiques qui l'épaississent et le déshonorent, l'unité qu'il entrevoit dans l'essence du divin et de l'invisible n'est qu'une unité de rapport, de proportion, d'harmonie, telle qu'on la peut concevoir entre les forces diverses et égales qui président à l'ordre de l'univers visible et du monde moral : ce n'est point une unité de substance, c'est une unité d'ordre. Ainsi, même suivant Platon, la pluralité existe au sein du monde divin, mais en s'y conciliant, par des moyens qui nous échappent, avec une certaine unité, et c'est là ce qui le distingue du monde sensible, dont la pluralité ne se laisse ni mesurer ni ordonner, c'est-à-dire ne se ramène pas à l'unité et reste éternellement l'indéfini, τὸ ἄπειρον.

8

Ces adjectifs τὸ θεῖον, τὸ δαιμόνιον, τὸ ἄπειρον, élevés par l'article à la fonction de substantifs, sont donc des expressions vagues des notions, mais loyales et sincères, correspondant parfaitement à l'état des esprits qui les concevaient, et loin de les dissimuler par des dehors trompeurs, elles sont elles-mêmes un témoignage et comme un document des doctrines.

Quelle notion précise se formait Socrate de ce phénomène? Il est difficile et peut-être impossible de le savoir; nulle part il ne l'a défini, et même, s'il faut en croire Plutarque, il se serait refusé sévèrement de donner, à ce sujet, aucun éclaircissement. Simmias l'ayant un jour interrogé sur ce point, non-seulement n'en reçut aucune réponse, mais l'attitude de Socrate fut telle que personne n'osa plus désormais lui faire une semblable question (1).

Pour un homme qui aimait tant à interroger et à être interrogé, ce silence est remarquable. Socrate savait-il bien lui-même ce qu'il en pensait et ce qu'il en devait penser? Les phénomènes de cette nature, chez ceux qui les éprouvent sans tomber dans une superstition crédule, sont accompagnés d'un certain doute, d'une espèce de confusion, qui leur ôte et le

---

(1) Plut., *De gen. S.*, c. xx.

désir et le goût d'en analyser toutes les circonstances, d'y penser et d'en parler; c'est comme une faiblesse dont ils ont presque honte. Ainsi, comment veut-on qu'à la distance où nous sommes des faits, lorsque celui qui les a éprouvés n'a laissé, sur ce sujet et sur aucun autre, pas un mot écrit de sa main; qui, dans ses conversations avec ses plus intimes amis, s'est refusé à toute explication; comment veut-on arriver à déterminer ce qui peut-être était resté pour Socrate obscur et confus? Il me paraît toutefois difficile de prétendre qu'il considérait le fait uniquement comme un phénomène psychologique; les expressions de Platon et de Xénophon, les circonstances à l'occasion desquelles il se manifeste, semblent prouver que Socrate croyait à une révélation extérieure, sensible, et non interne et purement subjective. N'était-ce qu'une voix ou lui apparaissait-il une vision véritable? Plutarque fait dire à l'un des interlocuteurs de son dialogue, que Socrate méprisait et ne daignait pas écouter ceux qui prétendaient avoir eu des visions. Son Démon n'aurait donc pas été un fantôme et une apparition visible à ses yeux, mais seulement la perception d'une voix (1). C'est comme

---

(1) Plut., *De gen. S.*, c. xx : οὐκ ὄψις, ἀλλὰ φωνῆς τινος αἴσθησις.

cela qu'en parle Platon dans l'*Apologie* et le *Phédon*, et c'est peut-être la conclusion la plus simple, la plus conforme au caractère de Socrate, et au passage de Xénophon où il rappelle à Aristodème qu'il ne doit pas s'attendre à voir apparaître les dieux sous une forme visible. Cependant il ne faut pas repousser comme tout à fait inadmissible l'autre hypothèse. Platon, s'il est l'auteur de *Théagès*, aurait-il appelé une voix ὁ ἐπίτροπος, mot d'où il a été si facile de tirer plus tard le πάρεδρος ? Eût-il comparé une voix à un tuteur chargé de veiller sur un pupille ? Comment d'ailleurs se figurer une voix, sans se représenter presque involontairement l'être qui la fait entendre ! L'imagination qui s'est laissée prendre à la première de ces illusions est presque nécessairement poussée à la seconde. Les voix de Jeanne d'Arc, qui éclatent d'abord au milieu d'une éblouissante lumière, finissent par prendre un corps, une figure, des membres; ce sont des saintes et des saints enveloppés de vêtements blancs et la tête parée de riches couronnes. Il ne faut pas dire que l'état extatique d'une pauvre fille des champs, enivrée de mysticisme et l'imagination frappée, dès son enfance, de légendes surnaturelles, n'a rien de comparable avec l'état mental de Socrate, ce ferme et lumineux esprit, dont le trait distinctif a été la puissance de réflexion, le sens droit, calme, positif, sceptique même, et dont le caractère est l'ironie railleuse, qui s'était donné pour mission précisément de dissiper ces visions, ces fables, ces mythes qui troublaient l'imagination populaire et déshonoraient même la philosophie, et de n'avoir recours qu'à la raison saine et froide ; un homme enfin en qui se réalisa aussi parfaitement que possible l'idéal antique, *mens sana in corpore sano*. Ce serait méconnaître, je crois, l'état moral de l'antiquité tout entière, et d'autre part la grande originalité de Socrate. Il y a dans tous les esprits purement grecs un fonds incurable de superstition païenne ; le polythéisme a si profondément imprégné les imaginations, que toutes les pensées prennent la forme de représentations visibles, et reçoivent un corps, une âme, une voix. Xénophon défend vivement son maître d'avoir rejeté la croyance aux dieux de l'Olympe.

Si Socrate, ou plutôt Platon, traite assez dédaigneusement les mythes, il ne les nie pas au fond, se borne à les interpréter ou à les modifier, usant en cela d'une liberté commune et permise aux poètes comme aux philosophes. L'*Eutyphron* atteste, il est vrai, qu'en ce qui concerne les fables religieuses, les sacrifices, les rites, Socrate aurait voulu changer les opinions populaires; mais le début du *Phèdre* prouve que Platon lui-même ne croyait pas bon de rejeter légèrement ou d'interpréter trop librement ces mythes, persuadé qu'ils renfermaient un élément religieux et sacré. Socrate, dit-on, seul entre tous ses compatriotes (1), ne s'était pas fait initier aux mystères d'Eleusis; il croit à une Providence suprême, à un Dieu supérieur et souverain, mais il ne nie pas pour cela l'existence des dieux inférieurs et visibles, qui l'aident à l'administration de cet immense univers (2); il s'écarte en quelques points, je le sais, des opinions religieuses populaires, et particulièrement sur celui-ci, que les dieux ne s'occupent que des grandes fonctions de leur providence, et ne s'abaissent point à regarder la conduite des hommes (3); enfin, dans son *Apologie*, il est vrai qu'il s'attache à prouver qu'il croit à des dieux, soit anciens, soit nouveaux, plutôt qu'à démontrer qu'il croit aux dieux de l'Etat; mais tout cela est loin de démontrer qu'il n'admet pas l'existence d'êtres divins et surnaturels. Il

---

(1) Luc., *Demon.*, c. 11 : μόνος ἁπάντων.
(2) Xén., *Mem.*, IV, 3, 13. Le passage est mutilé et obscur.
(3) Xén., I, 1, 19.

est constant, par le témoignage de Xénophon, qu'il sacrifiait aux dieux et sur les autels publics, et dans sa maison (1). Je n'attache aucune importance au fait relevé par Lactance, qu'il jure par le chien et par l'oie (2); mais on n'en peut dire autant du fait qu'il obéit aux oracles, par conséquent il y croit (3); il y croit si bien qu'il en recommande l'usage à ses meilleurs amis (4). Le récit de l'*Anabase* est à cet égard très-remarquable : Xénophon ayant consulté Socrate sur la question de savoir s'il devait accompagner Cyrus dans son expédition en Asie, Socrate lui donne d'abord son avis, puis le renvoie à l'oracle d'Apollon, comme ont toujours fait, dit-il, les Athéniens dans les circonstances graves (5). Non-seulement il fait pieusement sa prière (6), mais il

---

(1) Xén., *Mem.*, I, 1, 2.
(2) Freymüller, p. 13; God. Hermann, *Præf. ad Nub. Aristoph.*, p. 28; Stallb., *Apol. S.*, p. 22, note.
(3) Xén., *Mem.*, I, 3, 4; Plat., *Apol. S.*, 21 b.
(4) Xén., *Mem.*, IV, 7, 10, et XI, 6, 18.
(5) *Anab.*, III, 1, 5; Cic., *De div.*, I, 54. Ce qu'il y a de singulier dans cette circonstance, ce sont les motifs tout personnels de conduite et de prudence qu'avoue Socrate. En encourageant ouvertement Xénophon, il craindrait de passer pour l'ami de Cyrus et par conséquent de Lacédémone, et de se faire ainsi une mauvaise affaire dans l'esprit des Athéniens.
(6) Xén., *Mem.*, I, 3, 2.

ajoute foi aux rêves envoyés par les dieux (1); nous le voyons sujet à des apparitions nocturnes qui lui donnent des ordres, et c'est pour s'affranchir des scrupules religieux qui le tourmentent à l'occasion de ces songes, qu'il essaye, un peu tard il faut l'avouer, de faire des vers. Il invoque Hélios (2) comme un dieu, et sa dernière parole est d'ordonner qu'on sacrifie pour lui un coq à Esculape (3), qui est non pas même un dieu, mais simplement un héros. Je sais bien qu'on ne peut guère s'empêcher de soupçonner une ironie dans ce vœu: on croit entendre Voltaire demandant à sa mort qu'on lui fasse dire une messe ou brûler un cierge à l'autel de saint Joseph; mais, malgré son ironie, Socrate n'est pas Voltaire; son âme est pénétrée d'un sentiment non pas mystique, mais religieux, et c'est un sens qui a complétement manqué au grand sceptique du dix-huitième siècle. Il ne faut pas fermer les yeux à l'évidence; l'antiquité tout entière a cru aux oracles et le scepticisme de Cicéron ne les rejette pas tous (4). Sans être dupes des supercheries grossières et des fraudes visibles qui ar-

(1) Plat.
(2) Plat., *Symp.*, 220 d.
(3) *Phæd.*, 118 a.
(4) Cicéron dit de Panætius (*Div.*, I, 3, 6): « Nec ta-

rachaient à Démosthène le cri ironique et indigné : La Pythie philippise ! les anciens même qui les ont signalées, ajoutaient encore une certaine foi à ces prédictions ; dans quelle mesure, avec quelles réserves, c'est ce qu'ils ne nous ont pas dit et ce que nous ne pouvons deviner. Mais quant à une inspiration personnelle, à des révélations faites par les dieux sur les choses à venir, Cicéron lui-même n'en conteste pas la réalité : « Celui qui se livre au repos avec un esprit bien disposé par de sages méditations et par un régime convenable, voit, dans ses songes, des présages vrais et d'un effet certain ; de même, dans l'homme éveillé, une âme chaste et pure est susceptible de trouver la vérité, soit par les astres, soit par les oiseaux, soit par les entrailles des victimes, soit par les autres signes, et c'est ce qu'on nous rapporte précisément de Socrate, ce qu'il répète souvent lui-même dans les livres des socratiques : *esse divinum quiddam, quod Dæmonium appellat, cui semper ipse paruerit, nunquam impellenti, sæpe revocanti* (1). »

En sorte qu'on doit conclure d'abord avec Cicéron que, dans tout ce qui regarde la divi-

« men ausus est negare vim esse divinandi, sed dubitare
« se dixit. »

(1) Cic., *De div.*, I, 54.

nation, Socrate ne s'était pas écarté des sentiments des anciens philosophes (1), et ensuite que, par rapport à l'existence et à l'apparition d'êtres surnaturels, divins ou démoniques, entrant en commerce avec les hommes, il ne s'était pas dégagé des habitudes d'esprit et des croyances superstitieuses du polythéisme pour qui l'univers entier était, comme le disait Thalès, plein de dieux, πάντα πλήρη θεῶν. La mythologie trace autour des imaginations grecques un cercle magique et enchanté dont elles ne peuvent sortir complétement.

La croyance en des êtres surnaturels, démons ou génies, agents intermédiaires entre les dieux et les hommes, fait partie des dogmes de l'orthodoxie païenne, s'il y a dans l'antiquité quelque chose qui puisse être appelé de ce nom. Inconnue à Homère, elle est formulée systématiquement par Hésiode, le grand théologien grec.

Hésiode distingue trois espèces de démons : les uns bons, gardiens des hommes, φύλακες ἀνδρῶν, revêtus d'un corps aérien, ἠέρα ἐσσάμενοι, et chargés de visiter la terre pour y surveiller les bonnes et les mauvaises actions; ces démons

(1) Cic., *De div.*, I, 3, 5 : « Quod ad divinationem attinet mansit in antiquorum philosophorum sententia. »

ne sont autre chose que les âmes immortelles des hommes de l'âge d'or ; les autres, issus des hommes de la race d'argent, vivent sur la terre, et ceux qui, pendant leur vie, ont été des hommes de la race d'airain, demeurent dans les ténèbres de l'Hadès. Cette doctrine, née peut-être d'une inspiration orientale (1), n'en est pas moins la foi commune de tous les Grecs, et c'est avec raison que Plutarque (2) en rapporte, sinon l'origine, du moins la première exposition systématique à Hésiode. Dans Ménandre, presque contemporain de Platon, le démon est déjà l'ange gardien (3), et il est appelé le bon mystagogue de la vie. Platon fait du démon un intermédiaire entre Dieu et l'homme, chargé d'opérer toutes les fonctions de la divination (4). En effet, Dieu ne se révèle pas directement à l'homme, et ce n'est que par l'entremise des démons, τοῦ δαιμονίου, qu'il

---

(1) Münter, *De religion. Babyl.*, p. 18.

(2) *De defect. orac.*, 10. Athénagoras (*Leg. pro Christ.*, p. 8) a tort de l'attribuer à Thalès.

(3) Meinek., *Fr. Poet. com.*, IV, p. 288 :

Ἅπαντι δαίμων ἀνδρὶ συμπαρίσταται
εὐθὺς γενομένῳ, μυσταγωγὸς τοῦ βίου
ἀγαθός.

(4) Plat., *Symp.*, 202 e : τὸ δαιμόνιον μεταξύ ἐστι τοῦ θεοῦ τε καὶ θνητοῦ ... διὰ τούτου καὶ ἡ μαντικὴ πᾶσα χωρεῖ.

communique et s'entretient avec nous. Dans le *Politique*, Platon assigne au Dieu suprême la fonction de veiller à l'ensemble de l'univers, et donne aux dieux inférieurs des attributions subordonnées et spéciales. Ces dieux sont appelés ici (1) θεοί. L'*Epinomis* distingue trois sortes d'êtres : l'être divin, τὸ θεῖον, l'âme et les cinq corps matériels desquels naissent trois espèces nouvelles : les unes composées de terre, les autres composées de feu; entre ces deux espèces se placent les démons, δαίμονες, faits d'éther, d'air et d'eau, tels que les nymphes, et dont les fonctions ne sont pas déterminées (2).

La croyance à des êtres surnaturels, agents des dieux et intermédiaires entre eux et les hommes, était donc universellement acceptée, et rien n'autorise à croire que Socrate fait à cet égard exception.

Parmi les faits que nous avons rapportés de sa vie, plusieurs, entre autres celui du siége de Potidée, montrent qu'il y a en lui un levain d'enthousiasme, une disposition à l'extase, qu'il n'est pas nécessaire d'expliquer par une organisation physique particulière; cette ten-

---

(1) *Polit.* 271 d.
(2) *Epin.*, 984.

dance extatique, qui d'ailleurs se manifeste rarement, est toujours tempérée par une raison maîtresse, un bon sens pratique, un esprit de réflexion et d'analyse qui ont dû en arrêter les écarts.

Tiedemann explique cette disposition par le haut degré d'effort qu'exige l'analyse des idées abstraites, et qui, dans certaines organisations, a pour effet, pour ainsi dire mécanique, de pousser à l'extase et au ravissement : « La profondeur de la méditation opérait en lui une insensibilité presque absolue qui touchait aux ravissements extatiques (1). » Or, ceux qui ont cette disposition prennent volontiers pour des réalités extérieures et sensibles les pensées soudaines qui leur montent au cerveau, les illuminations rapides qui éclairent leur esprit, les images fortes et vives dont la pensée s'enveloppe dans leur intelligence échauffée et ébranlée.

J'avoue, quant à moi, que je ne vois pas tout cela dans Socrate ; ce n'est ni un Spinoza ni un Hegel, enfermés dans les domaines de l'abstraction, courbés sous l'effort d'une dialectique vide, ivres de métaphysique ; ce n'est même pas un Platon qui s'envole sur l'aile de

---

(1) Tiedem., *Geist der Specul. Phil.*, t. II, p. 16.

la poésie auprès du groupe radieux et du chœur éblouissant des idées pures. Socrate n'analyse que des faits, des faits de la vie sociale, politique, domestique, des réalités de l'ordre le plus positif et souvent le plus vulgaire.

Les analyses que contiennent les *Mémorables* de Xénophon et les dialogues où Platon semble s'être particulièrement attaché à reproduire fidèlement les discours de son maître, n'attestent pas un effet surhumain de méditation ardente, ni une concentration pénible, une tension fatigante de la pensée appliquée à se surprendre elle-même dans son mystérieux travail et son mystérieux objet.

Pourquoi vouloir tout expliquer? Ne pouvons-nous pas nous contenter des faits?

L'originalité de Socrate et ce qui rend sa physionomie unique dans l'histoire de la philosophie, et même dans l'histoire générale, c'est d'avoir uni l'esprit critique, le génie de l'analyse, le goût du libre examen et du doute, un sens pratique admirable, à une foi religieuse sincère, à un enthousiasme ardent et profond, à une tendance à l'extase, ou du moins à une faculté qui peut y porter. Il a la malice et la verve d'ironie critique de Voltaire, et excelle comme lui, autant qu'il se plaît, à rendre ses ennemis ridicules ; mais, en même temps, il a la fermeté morale et la force dialectique de Kant, et, de plus, à la patience et à la tempérance d'un saint, il joint l'intrépidité d'un soldat. En un mot, il unit avec une rare et égale puissance des facultés qui semblent s'exclure, la prose de la vie réelle et la poésie de la vie idéale, ἔπαιζεν ἅμα σπουδάζων (1); c'est là le trait caractéristique de Socrate.

Rechercher les causes de cette originalité si remarquable, de cette personnalité si forte, se demander pourquoi un homme est ce qu'il est, c'est poser des questions qui n'ont pas, suivant moi, de réponse : ni la race, ni le milieu, ni le moment n'expliquent le mystère de l'individualité. Je crois donc que Socrate a été, et il n'y a pas contradiction, à la fois un inspiré et un critique, et que, sans abdiquer la raison, il a pu s'imaginer qu'une voix surnaturelle, peut-être accompagnée d'une vision, lui annonçait l'issue des événements à venir.

Remarquons bien que c'est là toute la fonction du Dæmonium, car ce n'est pas sur son ordre ou sur une inspiration révélée par lui, que Socrate s'est chargé du rôle hardi et périlleux de

---

(1) Xén., *Mem.*, I, 3, 8.

réformateur des mœurs comme des idées de son pays et de son temps.

Sa vocation est divine cependant, et son apostolat lui est ordonné d'en haut ; mais il les rattache aux croyances les plus répandues et les plus autorisées de l'antiquité, c'est-à-dire aux oracles et au plus célèbre des oracles; c'est au dieu de Delphes, c'est à Apollon et non au Dæmonium qu'il obéit, en se consacrant à l'étude et au perfectionnement intérieur de lui-même et des autres (1).

Maintenant, qu'ont pensé les philosophes et que devons-nous penser de ce phénomène ?

Il paraît certain que les contemporains de Socrate y ont vu un dieu particulier; c'est évidemment le point de vue des accusateurs.

---

(1) M. V. Cousin (*Mém. sur Socrate*, p. 392), n'est pas de cet avis : « Il cherchait Dieu, dit-il, et s'en inspirait sans cesse ; il le sentait particulièrement *dans cette voix intime et puissante du cœur*, qu'il consultait comme un oracle et qui était une sorte de démon, c'est-à-dire, suivant le sens populaire du mot, un enfant des dieux, un intermédiaire entre les dieux et les hommes. C'est dans sa conscience, comme en un sanctuaire, qu'il accueillait pieusement les ordres de ce génie suprême. » Je crois, au contraire, que la théorie de Socrate exclut précisément l'intervention du surnaturel dans les questions d'ordre moral. Pour les résoudre, la raison, suivant Socrate, suffit, et la conscience.

Ce qu'ils lui reprochent, ce n'est pas d'introduire le merveilleux dans la croyance, c'est d'introduire des êtres surnaturels qui ne sont pas consacrés par la tradition et autorisés par la loi ; en un mot, c'est d'innover en matière religieuse : sur ce point, Socrate se défend mal, et se borne à dire qu'il ne nie pas l'existence et l'intervention, dans la vie humaine, des dieux, soit anciens, soit nouveaux.

Plutarque de Chéronée pose d'abord en fait que ce n'est pas une fable, ψεῦδος; puis, après avoir fait suggérer par un des interlocuteurs que le Dæmonium pouvait bien n'avoir été qu'un éternûment, il repousse cette opinion par la raison que c'eût été là un signe bien fortuit et bien puéril pour déterminer les actions d'un homme tel que Socrate.

Quant à lui, il semble pencher pour l'hypothèse qui voit dans le Génie une simple faculté, non pas même une faculté particulière et distincte, mais une portion de cette sagacité naturelle à tous les hommes, que le philosophe aurait fortifiée par l'expérience, et qui, dirigée par une raison supérieure, le déterminait à agir dans les conjonctures difficiles et embarrassantes(1).

---

(1) Plut., *De gen. S.*, c. x et xi. On voit que Plutarque ne détermine pas nettement la nature des circonstances, toujours particulières, où le Démon se manifeste.

« Ce n'était pas une vision, mais la sensation d'une espèce de voix, ou plutôt l'intelligence de certaines raisons qui pénétrait l'esprit de Socrate d'une façon toute merveilleuse ; son âme, pure et exempte de passions, était directement en rapport avec l'entendement divin, et l'entendement divin pour lui montrer les choses, n'avait pas besoin de produire des sons, d'émettre des articulations vocales ; il frappait la partie intelligente de son âme en lui présentant l'objet lui-même dans sa nature et son essence ; en d'autres mots, l'entendement divin mettait en rapport immédiat l'objet pensé et le sujet pensant : or, pour produire cet effet, l'entendement divin n'a besoin que d'une influence très-légère et d'une action à peine sentie, car c'est le propre de la nature de l'âme que, dès qu'elle est touchée extérieurement par la raison, θύραθεν ἑαπτομένη, elle se porte vers l'objet intelligible. Pour donner le branle à l'intelligence, il faut un coup du dehors ; mais ce coup peut n'être pas sensible ; la parole, véhicule de la pensée humaine, agit sur les pensées d'autrui, mais d'une manière obscure, tandis que la pensée des démons, toute lumineuse, agit profondément et rapidement sur nos âmes. Ces raisons, ces discours des démons, sont répandus partout (1); tous les hommes peuvent entendre ces voix silencieuses, ces paroles muettes; mais tous ne les entendent pas, parce que leurs passions et leurs vices troublent l'action de leur intelligence : et voilà au contraire pourquoi l'âme céleste et divine de Socrate les entendait si clairement. »

De cette explication confuse et obscure, où, pour expliquer la nature et les actes du Démon de Socrate, Plutarque fait intervenir, d'une part, la théorie d'Aristote sur l'entendement agent, et, de l'autre, la croyance en des démons par lesquels, sans doute, s'opère toujours l'action de l'entendement divin sur la raison humaine, il semble résulter que le Démon de Socrate n'était aux yeux de Plutarque qu'une faculté de l'intelligence, commune à tous les hommes mais qui était plus puissante et plus pure chez un homme étranger aux passions et aux faiblesses de l'humanité.

Ce n'est pas le sentiment d'Apulée qui, clairement, nettement, en fait un Dieu particulier. Il distingue trois sortes de démons : les âmes humaines encore unies à des corps; les âmes

---

(1) Plut., *De gen. S.*, c. XX : οἱ τῶν δαιμόνων λογοι διὰ πάντων φερόμενοι.

humaines qui ont été et ne sont plus soumises à cette union, telles que les démons d'Hésiode (1); enfin les démons qui ne l'ont jamais été, tels que le Sommeil et l'Amour. C'est à cette dernière classe, qui est la plus élevée, qu'appartient le Démon de Socrate, qu'Apulée décrit en ces termes : *prorsus custos, singularis præfectus, domesticus speculator, Lar contubernio familiaris* (2).

Et ce gardien céleste communiquait avec lui non-seulement par la voix, mais par des apparitions réelles.

« *Equidem arbitror non modo auribus Socratem, verum etiam oculis signa Dæmonis sui usurpasse. Nam frequentius non vocem, sed signum divinum sibi oblatum præ se ferebat. Id signum potest et ipsius Dæmonis species fuisse, quam solus Socrates cerneret, ita ut homericus Achilles, Minervam.* »

Ce don de voir les dieux, ce privilége, il le devait à la pureté de son âme et de sa vie, dit Apulée, d'après la théorie des nouveaux pythagoriciens.

Les Pères de l'Église adoptent l'interprétation des néoplatoniciens, et font, comme eux,

---

(1) Ἔργ., v. 122.
(2) Apul., *De Deo S.*, p. 143, éd. Nisard.

du Démon de Socrate un être réel, une nature intermédiaire entre Dieu et les hommes, un πάρεδρος, suivant l'expression de Tertullien (1) et de Justin (2), qu'on pouvait si facilement tirer du passage de Théagès que nous avons cité plus haut.

D'accord sur ce point, ils se divisent sur la question de savoir si c'est un bon ou un mauvais ange. Tertullien (3), saint Cyprien (4), Minutius Félix (5), Lactance (6), en font un démon pervers, un vrai diable, suppôt de Satan, *pessimum pædagogum, spiritum insincerum*, et si aveuglé dans sa perversité, qu'il attaque et vise à ruiner la croyance dans les faux dieux, c'est-à-dire une religion qui faisait sa seule force. Saint Justin, au contraire, y reconnaît une nature angélique, parfaitement bonne, et dans Socrate presque un précurseur du Christ. Il dit en propres termes « que le Verbe divin commença à opérer chez les Grecs par Socrate, ce que lui-même, devenu chair, accomplit plus tard chez les Barbares. » C'est un

---

(1) Tertull., *De anim.*, c. 28.
(2) Just. martyr, *Apol.*, II, 65.
(3) *De anim.*, c. I; *Apol.*, c. XIV.
(4) *De vanit. idol.*, VI.
(5) *Octav.*, c. XXVI, 8.
(6) *Institut.*, VI, 15.

homme inspiré de l'esprit, λόγου, et presque un de ses martyrs. Ce sentiment, adopté par Clément d'Alexandrie (1), Eusèbe (2) et même saint Augustin (3), vient encore d'être doctement soutenu par Freymüller (4). Les modernes, on le comprend, se sont placés presque tous à un point de vue très-différent : Lamothe Le Vayer (5), Richard Simon (6), Souverain (7), Charpentier (8), voient, dans le Dæmonium de Socrate, un phénomène tout interne, qui se passe dans la partie la plus noble de la raison, et l'éclaire comme une étincelle de la raison divine. L'abbé Fraguier (9), suivi par Forster (10), soutient que c'est par son ironie habituelle que Socrate appelle Dæmonium ce qui n'était en réalité qu'une faculté de son âme, la conscience ou la raison. M. Stapfer (11) veut que le Démon soit la déification

(1) *Strom.*, l. V, c. xiv.
(2) *Præp. Ev.*, XIII, 13.
(3) *De civ. Dei*, VIII, 14.
(4) *De dæm. S.*, 1864.
(5) Opp., t. III.
(6) *Hist. crit. de l'Ancien Testament*, l. I, c. xiv, p. 85.
(7) *Platonisme dévoilé.*
(8) *Vie de Socrate.*
(9) *Acad. inscript.*, t. IV, p. 360.
(10) Not. ad Plat. *Eutyphr.*, p. 3 a, b.
(11) *Biog. univ.*, Michaud.

de son instinct moral, le for intérieur, considéré comme le sanctuaire de la divinité et l'organe de ses oracles. La première de ces interprétations, qui ne voit là qu'une forme ironique de langage, n'est pas d'accord avec le ton dont Socrate parle du phénomène, avec l'importance qu'il y attache et la gravité de quelques-unes des circonstances où il le fait intervenir, par exemple son jugement. D'ailleurs Xénophon, qui ne mentionne jamais l'ironie, nous dit qu'avec ses amis il parlait toujours naïvement et simplement (1); mais cette objection ne s'adresse qu'à la manière dont on interprète ici l'opinion de Socrate. Pour la question qui nous occupe, c'est-à-dire de rechercher l'opinion qu'il faut s'en faire, je ne puis admettre non plus qu'on y voie la conscience qui se rapporte à la moralité. La conscience pose une règle de conduite; on juge d'après cette règle les faits particuliers. Nous ne voyons rien de semblable dans le Dæmonium de Socrate, qui ne lui parle jamais que de cet inconnu dont les dieux se réservent la connaissance, de ces secrets de l'avenir qu'ils nous ont cachés, et peuvent seuls nous révéler

---

(1) *Mem.*, IV, 7, 1 : ἁπλῶς τὴν ἑαυτοῦ γνώμην ἀπεφαίνετο ρὸς τοὺς ὁμιλοῦντας ἑαυτῷ.

par des moyens surnaturels, tandis que la loi morale est du ressort de la raison.

Plessing (1) croit que le Dæmonium n'était rien du tout qu'un calcul de prudence politique; il faut avouer alors que le calcul a été bien mauvais. Meiners (2) y voit le rêve d'un visionnaire, Hegel (3) l'effet d'un état malsain de l'esprit, comme le magnétisme animal ou le somnambulisme; il rattache ce phénomène aux états extatiques dans lesquels fut surpris quelquefois Socrate, et qui n'y eut que peu de rapport. Enfin, M. Lelut le considère comme un phénomène d'hallucination dû à une maladie nerveuse, et fait nettement de Socrate un fou : il est vrai qu'il le met en bonne compagnie, non-seulement avec Cardan et Swedenborg, mais avec Luther, Pascal et Rousseau.

Pour moi, j'imagine que Socrate a été le jouet d'une double illusion, où je ne vois rien de maladif, ni rien de contradictoire. Socrate a possédé ou cru posséder la faculté d'un pressentiment des choses à venir, et il l'a rattaché à une révélation surnaturelle sous la forme d'une voix qui frappait ses oreilles, et peut-

---

(1) *Osir. et Socrat.*, p. 185, cité par Wiggers, *Socrat.*, p. 40.

(2) *Vermischt. phil. Scrift.*, t. III, p. 41.

(3) *Gesch. d. Phil.*, t. II, p. 94-191.

être d'une vision qui se présentait à ses yeux. Je ne me laisse pas arrêter par l'objection qu'il est peu naturel qu'un homme si sensé et si perspicace ait vécu toute sa vie sous l'empire d'une illusion dont il était la dupe. Dans les plus grands esprits, il y a un coin secret où se cachent la chimère et l'illusion; il y a un élément de superstition presque incurable dans la nature humaine. On le retrouve dans les esprits les plus incrédules quand on peut les percer à jour, et certainement il doit se retrouver dans les imaginations païennes, tout imprégnées du merveilleux mythologique, et qui ont eu tant de peine à s'en délivrer; mais ces croyances superstitieuses, chez Socrate comme chez tant d'autres, ont pu s'unir à la raison la plus ferme, au bon sens le plus pratique, à la vie la plus active, et même au scepticisme le plus hardi.

CHAPITRE VI

LA VIE DOMESTIQUE ET POLITIQUE DE SOCRATE.

Nous savons très-peu de choses de la vie de Socrate ; nous ne le voyons qu'arrivé déjà à la vieillesse et entièrement voué à sa mission philosophique. L'homme qui renonçait à la vie politique se condamnait lui-même chez les anciens à l'obscurité. Il dut y avoir peu d'incidents dans cette vie tout intérieure, ou du moins tout intellectuelle. On sait qu'il se maria (1) et qu'il remplit honorablement à plusieurs reprises les devoirs militaires imposés à tout citoyen d'Athènes, et courageusement, quoique maladroitement, les fonctions judiciaires qui lui furent départies par le sort.

Quoique Socrate ait été loin de partager le mépris que faisaient de la femme presque tous ses contemporains, et dont ne s'est pas dé-

---

(1) On ignore absolument à quelle époque.

pouillé Platon, bien qu'il ait même soutenu, ce qui dut paraître un hardi et dangereux paradoxe, que la nature n'avait pas fait la femme inférieure à l'homme (1), bien qu'il fasse l'éloge de la vie conjugale (2), il ne dut pas apporter à cette union des sentiments bien délicats et bien raffinés. Sans doute il n'y apportait pas l'amour et n'y cherchait pas toutes ces satisfactions intimes et ces joies de l'âme qui l'ennoblissent dans nos idées et dans nos mœurs chrétiennes. Il supporte sa femme et s'en occupe peu; c'est à peine si on le voit dans sa maison; il vit constamment sur la place publique, entouré de ses jeunes amis, dont l'affection semble suffire à ses besoins de cœur. Ce fut sans doute un bon mari, patient et fidèle, mais modérément tendre, à peine respectueux, et pas du tout amoureux. Comme tous les Grecs, il s'était marié pour avoir une famille; et il se crut, comme eux, obligé d'avoir une famille, non pour la joie intime que ces chères affections donnent au cœur de l'homme, mais pour payer sa dette à l'État. Le seul but du mariage est d'avoir des enfants (3). Ce n'est même pas le

---

(1) Xén., *Symp.*, 2, 9 : ἡ γυναικεία φύσις οὐδὲν χείρων τῆς τοῦ ἀνδρός.

(2) Xén., *Œcon.*, 3, 10.

(3) Xén., *Mem.*, II, 1, 4. Cf. Plat., *Symp.*, 192a : πρὸς,

bonheur qu'il compte y trouver. Interrogé s'il était mieux de se marier ou non, il répond : « Quel que soit le parti que vous preniez, vous vous en repentirez (1). » Alcibiade s'étonnant qu'il supportât avec tant de patience les cris d'impatience et la mauvaise humeur de sa femme : « Et toi, lui dit-il, ne supportes-tu pas les cris de tes oies? — Oui, mais elles me donnent des poussins et me font des œufs. — Eh bien! moi, reprit Socrate, Xantippe me fait des enfants (2). » Il est incontestable que cette comparaison n'est ni délicate, ni tendre, ni respectueuse.

On dit qu'il se maria deux fois, d'abord avec Myrto, fille ou petite-fille, ou même arrière petite-fille d'Aristide le Juste (3), qu'il

γαμους και παιδοποιίαι οὐ προσέχουσι τὸν νοῦν φύσει, ἀλλ' ὑπὸ τοῦ νόμου ἀναγκάζονται.

(1) Diog. L., II, 23. C'est aussi le sentiment d'Hésiode, *Theog.*, v. 609, et de Solon, *Stob. Serm.*, 68, 33 : χαλεπὸν, εἶπεν, φορτίον, ἡ γυνή.

(2) Diog. L., II, 37.

(3) Diogène, II, 6, et Suidas en font la fille, Plutarque (*Vit. Aristid.*, c. 27) la nomme la petite-fille d'Aristide. Athénée, XIII, 555, faisant la remarque que la chronologie ne permet pas d'ajouter foi à ce récit, suppose que c'était la fille du troisième descendant d'Aristide. Si l'on accepte l'autorité du περὶ εὐγενείας attribué à Aristote, la première femme eût été Xantippe, mère de Lamproclès, et la seconde Myrto, mère de Sophronisque et de Mé-

aurait épousée parce qu'elle était veuve et dans la misère; puis ensuite avec Xantippe, qui a laissé dans l'histoire des femmes acariâtres une célébrité fâcheuse. On a même voulu qu'il eût eu ces deux femmes à la fois. Cette singulière assertion d'un fait, qui serait unique dans l'histoire grecque (1), est appuyée sur l'autorité de Satyros le péripapéticien et de Jéronymos de Rhodes, cités par Diogène de Laërte (2), auxquels Plutarque (3) ajoute celles de Démétrius de Phalère, d'Aristoxène le musicien, et même d'Aristote, dans un livre περὶ εὐγενείας, dont Athénée (4), qui rapporte tous ces témoignages, en y joignant celui de Callisthène, n'affirme pas l'authenticité, déjà suspecte à Plutarque (5). Comme une loi citée

nexène. Ce fait ne peut se soutenir que dans l'hypothèse de la bigamie de Socrate, car s'il a épousé l'une après la mort de l'autre, il est certain que la seconde femme a dû être Xantippe, présente aux derniers moments de Socrate, comme l'atteste un document irréfragable, le *Phédon*.

(1) Il faut excepter l'unique exemple du roi lacédémonien, Anaxandride, qui eut, dit Hérodote, V, 40, contrairement aux mœurs des Spartiates, deux femmes et deux ménages, δύο ἑστίας.
(2) D.-L., II, 26.
(3) Plut., *Vit. Arist.* c. xxvii.
(4) Athén., XIII, 555.
(5) Plut., *Vit. Arist.* c. xxvii.

par Athénée, et attribuée par lui à Cécrops, instituait la monogamie chez les Athéniens, il a fallu chercher une justification législative de cette exception prétendue. On l'a trouvée dans un décret dont le but était de venir au secours de l'insuffisance de la population d'Athènes, épuisée par la maladie et la guerre, et dont la formule est que les Athéniens pourraient désormais γαμεῖν μὲν ἀστὴν μίαν, παιδοποιεῖσθαι δὲ καὶ ἐξ ἑτέρας (1). C'est une extrême liberté d'interprétation que de traduire cette formule comme l'a fait Athénée, ἐξεῖναι καὶ δύο ἔχειν γυναῖκας τὸν βουλόμενον (2). Un décret qui, pour obvier à la disette des citoyens, conférait les droits d'hommes libres aux fils d'une concubine, dans de certaines conditions et avec des restrictions légales (3), qui suspendait pour un certain temps les effets de la loi qui exigeait que, pour être admis au rang de citoyen, les enfants fussent nés de père et de mère citoyens, ne saurait

---

(1) Diog. L., II, 26.
(2) Athén., XIII, 556. Sur l'autorité de ce même décret ainsi interprété, Aulu-Gelle, *N. Att.*, XV, 20, 6, attribue également deux femmes à Euripide. Lucien, *Alcyon*, c. VIII, les *Lettres de Socrate* (Orelli), Cyrille, *adv. Jul.*, VI, 186, Théodoret, *Cur. Graec. Affect.*, XII, 65, sans doute sur le témoignage d'Aristoxène, adoptent cette invraisemblable hypothèse de la vie de Socrate.
(3) Démosth., *Aristocr.*, § 53. Cf. Isée, *Pyrrh.*, 40 : ἐπὶ παλλακίᾳ.

être assimilé à un décret autorisant la polygamie dans les mœurs athéniennes (1).

L'origine d'une si grosse méprise semble être dans un passage mal entendu du *Phédon*. Au moment suprême, après avoir pris le bain, Socrate fait amener auprès de lui, pour leur faire ses adieux, ses enfants et αἱ οἰκεῖαι γυναῖκες (2). Tib. Hemsterhuys soutient qu'il faut entendre par ces mots les deux épouses de Socrate (3). Je ne vois pas pourquoi il s'arrête à ce nombre, qui exigeait le duel, et pourquoi, se fondant sur l'indéfini du pluriel employé, il ne donne pas tout de suite au philosophe un vrai sérail. Lusacius, dans ses *Lectiones Atticæ*, a consacré une savante dissertation à ce sujet, et n'a pas eu de peine à démontrer, comme l'a fait plus tard Heindorff, qu'il s'agit, dans le passage de Platon, de toutes les femmes de la maison et de la famille de Socrate, ou peut-être même,

---

(1) Cette erreur avait été déjà, au dire de Plutarque (*Vit. Arist.*, c. xxvii), parfaitement réfutée par Panætius dans son livre sur Socrate.
(2) *Phæd.*, 116 b.
(3) Ad Luc., *Alcyon.*, t. I, p. 184, et *Præfat.*, XXXIII. M. K. Fr. Hermann a mis l'*Alcyon* dans son édition de Platon. Le passage sur lequel s'appuie Hemsterhuys est celui-ci : ὑμνήσω γυναιξὶ ταῖς ἐμαῖς Ξανθίππῃ τε καὶ Μυρτοῖ. On sait que cet ouvrage est dénué de toute authenticité.

comme le suppose Wittenbach, des femmes domestiques ou esclaves ; en tous cas, il ne peut être question de Xantippe, que Socrate a congédiée au commencement du dialogue et fait reconduire chez elle. S'il est vrai que le mot γυναῖκες puisse s'entendre des épouses, l'addition du mot οἰκεῖαι lui ôte cette signification précise et lui restitue son sens large et général. D'ailleurs, si ce fait s'était produit dans la vie de Socrate, comment admettre que ni ses amis ni ses ennemis n'en aient fait mention ? Si ses amis se sont tus par discrétion, Athénée a beau dire (1), ce n'est pas le décret prétendu qui aurait fermé la bouche aux comiques et les aurait empêchés de signaler cette contradiction dans la conduite d'un homme si tempérant en toutes choses. D'ailleurs, on n'y pense pas, dans les mœurs grecques deux femmes légitimes supposaient deux ménages, deux états de maison (2) : c'est un luxe que ne pouvait se

---

(1) Athén., XIII, 556.
(2) Où Salvien (*De Gubern. D.*, l. VII, 799) et Tertullien (*Apolog.*) ont-ils trouvé que Socrate avait professé non-seulement la polygamie, mais encore la communauté des femmes, et l'avait pratiquée en livrant sa femme à un autre homme ? Salvien ajoute même que Socrate avait écrit des livres sur ce beau sujet. Ainsi il aurait lu des livres écrits de la main de Socrate : Salvien a été bien heureux. Hérod., V, 39, 40 ; γυναῖκας ἔχων δύο, δίξας ἱστίας οἴκεε.

permettre Socrate (1); s'il a eu deux femmes, il les a épousées successivement.

On sait que Socrate avait trois fils : Lamproclès, l'aîné (2), ὁ μέγας, qui, à l'époque de sa mort, était un jeune garçon, μειράκιον (3); Sophronisque et Ménexène, que d'autres, cités par Suidas, appelaient Ménédème (4), étaient encore en bas-âge et de tout petits enfants, σμικροί, παιδία. Ceci ne contribue pas à éclaircir le doute relatif à ses deux mariages. Diogène de Laërte et Cyrille disent expressément que les deux jeunes enfants étaient fils de Myrto, tandis que Xénophon, qui ne connaît pas plus que Platon cette première épouse de Socrate, nous affirme que Lamproclès, l'aîné, était fils de Xantippe, qui est certainement la dernière, si elle n'a pas été la seule femme de Socrate.

Il n'est pas possible que l'aîné de ses fils lui ait été donné par sa seconde femme, et les plus jeunes par la première. Je suis donc disposé à croire, avec Zeller, que le double mariage de Socrate a été imaginé pour soutenir l'assertion de l'auteur du περὶ εὐγενείας. Comment croire qu'un fait de cette importance n'eût été signalé

---

(1) Plat., *Apol.*, 34 d.
(2) Plat., *Apol.*, 34 d.
(3) Plat., *Phæd.*, 116 b; Xén., *Mem.*, II, 2, 8.
(4) Diog. L., II, 26.

ni par Platon ni par Xénophon? Sénèque, en constatant que Socrate ne fut pas heureux dans ses enfants, qui ressemblaient plus à leur mère qu'à leur père, semble croire et même dire qu'ils étaient tous trois nés de Xantippe (1). Quoi qu'il en soit, c'est d'elle seule que s'est occupée l'histoire, et l'on peut dire qu'elle s'en est trop occupée pour l'honneur de sa mémoire. Platon n'a qu'un mot sur elle (2) et qui fait accuser la vivacité de son humeur et l'emportement passionné de sa nature plutôt que son bon cœur. En l'introduisant auprès de son mari dans la scène du *Phédon*, il la peint s'abandonnant à sa douleur avec toute la violence de son caractère : « Car tu la connais, » dit Socrate. Les adieux qu'elle adresse à son mari sont pénétrés d'une douleur vraie et profonde, et je ne puis m'empêcher de trouver que Socrate, en la congédiant sans beaucoup de ménagement ou de cérémonie, me paraît répondre

(1) Sén., *Ep.*, 104. « Filios indociles, et matri quam patri similiores. »

(2) *Phœd.*, 60 a; Val. Max., VII, 2. « Uxori Xantippæ inter fletum et lamentationem vociferanti innocentem eum periturum. » Athénée, V, 219, attribue à Platon d'avoir dit de Xantippe que c'était χαλεπὴ γυνή, une femme difficile, qui aurait jeté un beau jour un seau d'eau sur la tête de son mari; c'est une erreur que Caubon, *ad. l. l.* a déjà relevée.

assez froidement à une affection bien naturelle et à une faiblesse, je crois, très-pardonnable.

Xénophon est plus explicite et plus sévère : il appelle Xantippe la plus insupportable de toutes les femmes qui sont, qui ont été et qui seront jamais (1). Quand Socrate veut expliquer comment il a pu contracter une pareille union, il dit qu'il l'avait choisie exprès pour éprouver sa propre patience dans le commerce des hommes, assuré que s'il parvenait à vivre avec elle, il pourrait facilement vivre avec tout le monde (2), comme on voit ceux qui veulent devenir bons écuyers, s'exercer à monter les chevaux les plus ombrageux et les plus difficiles; car s'ils parviennent à les dompter, ils n'auront plus de peine à se rendre maîtres des autres (3).

Xantippe n'est pas nommée, mais clairement désignée dans les *Mémorables*. Ici ce n'est plus l'épouse, c'est la mère dont son fils même accuse le caractère emporté, irascible, et chez la-

---

(1) On peut lire et non sans profit, sur ce sujet, un petit article de M. Zeller sur Xantippe, inséré dans la *Revue germanique* du 1er septembre 1867. Je crois que c'est l'auteur de l'*Histoire de la philosophie grecque*, et je me félicite de voir que ses conclusions ne diffèrent pas sensiblement des miennes.

(2) Aul. Gell., *N. Att.*, 1, 17, traduit ici Xénophon.

(3) Xénoph., *Symp.*, 2, 10.

quelle il dénonce une telle violence d'humeur et de paroles que la vie commune devient intolérable (1). Mais cependant, poussé par les raisons de Socrate, ce fils irrité avoue que ce ne sont que des criailleries, des querelles, des mots et non des actes qu'on peut lui reprocher; sous cette humeur emportée, on découvre un fond de tendresse (2) qui l'excuse et qui peut-être la produit. Xantippe a soigné avec le dévouement d'une femme et d'une mère ses fils malades; elle veille toujours à ce qu'il ne leur manque rien; elle prie tous les jours les dieux pour leur bonheur, et si elle est si chagrine et si grondeuse, c'est encore pour eux que son esprit s'inquiète et s'irrite.

Sur ce thème ont brodé les écrivains postérieurs, en ajoutant des détails inconnus à Platon, à Xénophon, à Aristote, qui ne la nomme même pas, non plus qu'Aristophane qui aurait eu une belle occasion d'exercer sa verve (3). Plutarque nous la peint recevant fort mal un ami que Socrate amenait dîner chez elle et fi-

---

(1) Xénoph., *Mem.*, II, 2, 4.
(2) Xénoph., *Mem.*, II, 1, 10.
(3) Il est difficile de croire qu'il n'ait pas été marié en 424. Cependant l'aîné de ses fils est né certainement au moins cinq ou six ans après cette date qui est celle de la première représentation des *Nuées*.

nissant de colère par renverser la table (1); mais comme il nous raconte exactement le même fait de la femme de Pittacus (2), cela détruit ou du moins diminue la valeur historique de son récit. Dans Diogène, après avoir épanché contre son mari le riche vocabulaire d'une femme en colère, impatientée peut-être par son sang-froid, et aussi, on peut le croire, par l'ironie de sa patience, elle lui jette à la figure un vase plein d'eau; une autre fois, comme il se promenait selon son habitude sur la place publique, elle lui enlève son manteau et l'emporte chez elle (3). Les faiseurs d'anecdotes n'en restent pas là et se plaisent aux embellissements. Ce vase d'eau devient dans Sénèque un vase de nuit, ou peut-être de l'eau de vaisselle (4) ou de l'eau de sa cuvette de toilette (5). Ælien veut qu'elle dérobe à son mari son manteau pour s'en parer et aller se faire voir à la procession, au lieu de se contenter de voir la procession même. J'imagine que le manteau de Socrate ne devait pas être un objet de toi-

---

(1) *De Cohib. Ira.*, c. xiii.
(2) *De tranquillit. anim.*, c. xi.
(3) Diog. L., II, 36, 37.
(4) *De const. sap.*, 18. « Immunda aqua perfunderetur. »
(5) Athén., V, 219 : νιπτῆρας.

lette des plus rares, et je ne me sens pas disposé à être bien sévère pour cet acte de coquetterie, qui peut-être n'était que de la décence ; on sait qu'il n'y avait pas deux manteaux dans la maison de Socrate.

Ce qui paraît certain, c'est que ce n'était pas une femme aimable et douce ; on peut croire, avec Aulu-Gelle, qu'elle était chagrine, querelleuse, maussade, colère, violente (1), mais, sans renouveler la réhabilitation galamment entreprise par Hermann et analysée par Brucker (2), on ne voit pas que rien autorise Chrysostome à l'appeler une ivrogne (3), et Porphyre une femme de mauvaises mœurs (4).

Elle a eu un grand défaut, pour une femme et une mère : en aimant peut-être beaucoup son

---

(1) *N. Att.*, 1, 17 : « Morosa admodum et jurgiosa, irarumque et molestiarum muliebrium per diem perque noctem scatebat. » Senec., *Ep.*, 104 : « Moribus feram, lingua petulantem. »

(2) T. I, p. 528.

(3) *Hom.* XVI, sur la première aux Corinthiens.

(4) Dans Théodoret. (*Therap.*, XII, 65) sans doute d'après Aristoxène, auquel Porphyre a tant emprunté. C'est encore à Porphyre que Théodoret (XII, 174) emprunte le récit d'une bataille rangée, à coups de poing, entre Myrto et Xantippe, à laquelle Socrate aurait assisté en pouffant de rire : ce que voyant, les deux femmes irritées se seraient réunies contre lui et l'auraient accablé conjointement d'outrages et de coups.

mari et ses enfants, elle n'a pas su s'en faire aimer.

On voit cependant qu'elle rendait justice à la sérénité d'âme et à l'égalité d'humeur de Socrate ; elle disait elle-même qu'au milieu des orages qui avaient bouleversé et déchiré l'État, elle n'avait jamais vu le moindre trouble sur son visage, ni quand il sortait de sa maison, ni quand il y rentrait (1).

S'il fut un mari patient, ce fut un père affectueux et même tendre, se mêlant aux jeux de ses fils encore enfants, avec une simplicité qu'il ne faut pas trop admirer parce qu'elle est trop naturelle, et, j'espère, assez commune (2). Les grands attachements qu'il sut inspirer, prouvent comment il comprenait et pratiquait l'amitié, dont il célèbre d'un accent ému les joies et l'utilité ; mais ni les liens de l'amitié, ni les devoirs de la famille, ni les occupations de la mission à laquelle il avait consacré sa vie, ne l'empêchèrent de remplir ses devoirs de citoyen.

Il fit, en qualité d'hoplite (3), trois campa-

---

(1) Æl., *H. v.*, IX, c. XXVII; Cic., *Tuscul.*, III, 15; Cf. Senec., *De Ira.*, l. II, c. VI.

(2) Æl., *Hist. v.*, XII, c. XV, et les passages de Sénèque et de Valère Maxime.

(3) Diog. L., II, 22 et 33; Æl., *Hist. Var.*, VII, 14:

gnes : le siége de Potidée, la campagne de Délium et l'expédition d'Amphipolis. Au siége de Potidée, qui dura trois ans et commença dans la seconde année de la 86ᵉ olympiade, suivant Brucker, dans la première année de la 87ᵉ suivant Casaubon, qui en place la durée entre 432 et 429 av. J.-C. (1), Socrate faisait partie de la même chambrée qu'Alcibiade. Il céda même à son jeune camarade le prix de la bravoure que, suivant des traditions qu'il n'y a aucune bonne raison de refuser de croire, l'armée vou-

---

Σωκράτης καὶ ἐστρατεύσατο τρίς. Athénée, V, 215, 216, nie le fait des trois campagnes attribuées à Socrate; il se fonde tantôt sur la pauvreté de Socrate, qui ne lui aurait pas permis de suffire aux frais de l'équipement militaire d'un hoplite ; il oublie que ses amis auraient pu faire pour lui cette dépense, et que d'ailleurs il y avait dans les magasins de l'Etat une réserve d'armes, ὁπλοθήκη, destinée à obvier à ces inconvénients prévus; tantôt il allègue le silence de Thucydide, comme si ce dernier eût pu nommer tous les simples soldats des armées; enfin il chicane Platon pour avoir dit que Socrate avait mérité le prix de la bravoure dans une bataille, ἐξ μάχης. Or, il n'y a pas eu de vraie bataille à Potidée dont les Athéniens faisaient le siége, et ce n'est pas après une défaite comme celle de Délium, qu'on aurait eu l'idée de donner un prix de vaillance. Casaubon, dans le quinzième chapitre de ses notes sur le livre V d'Athénée, a fait bonne justice de ces chicanes d'Athénée, inspirées par le désir qu'il a de prouver les erreurs de Platon.

(I) C'est la date acceptée par M. Grote.

lait lui décerner (1). C'est là, sous le ciel rigoureux de la Thrace, dans les épreuves d'un siége poursuivi pendant un rude hiver, qu'il déploya aux yeux de ses concitoyens étonnés, d'un côté, toute la vigueur d'un tempérament robuste et d'un corps pour ainsi dire insensible aux impressions extérieures, ne daignant prendre contre le froid aucune des précautions habituelles et même nécessaires, ne changeant ni ses vêtements ni sa chaussure ; de l'autre, une intrépidité froide et terrible et un dévouement affectueux, qui sauva Alcibiade blessé, près de tomber aux mains de l'ennemi et de perdre ses armes et la vie (2).

La campagne de Béotie se termina, comme on sait, par la bataille de Délium, livrée en 424 av. J.-C., et où les Athéniens, commandés par Lachès, essuyèrent un véritable désastre (3); c'est là que, suivant Diogène, il sauva Xénophon tombé de cheval (4).

Ce détail, qui a peut-être été confondu avec

(1) Plat., *Symp.*, 219 e : συσσιτοῦμεν; Plut., *Alcib.*, 7: σύσκηνον καὶ παραστάτην. Ce dernier mot s'applique à l'un et à l'autre des voisins de l'homme dans le rang; l'un s'appelle δέξιο, l'autre, ἀριστερο-παραστάτης.
(2) Plat., *Symp.*, 220 b, c.
(3) Plat., *Lach.*, 181 b : τὸ τοιοῦτον πτῶμα. Cf. Bæhr ad Plut. *Alcib.*, c. vii, et Thuc., IV, 96.
(4) Diog. L., II, 23.

celui qui concerne Alcibiade, a eu le bonheur d'être reproduit par Cicéron (1) et embelli par Strabon, qui ajoute que Socrate, voyant son ami à terre et embarrassé par son cheval tombé sur lui, le dégagea, le prit sur ses épaules et le porta ainsi pendant plusieurs stades, jusqu'à ce qu'il fût hors de danger (2). Ce qui est plus certain, c'est que Socrate déploya sa valeur accoutumée (3) et montra même des talents de général, auxquels, dans Platon, Alcibiade et Lachès rendent justice. Sa fière attitude, son calme hautain et presque dédaigneux, le regard d'une fixité étrange et terrible (4) qu'il promenait tranquillement sur les ennemis, leur imposèrent, et ils le laissèrent se retirer du champ de bataille sans oser attaquer ni lui ni Lachès qui l'accompagnait (5).

Nous n'avons aucun détail sur sa conduite

(1) *De div.*, 1, 54.
(2) Strab., IX, 2, 7, pag. 618.
(3) Plat., *Symp.*, 221 a, b; *Lachès*, 181 a; Æl., *Hist. Var.*, III, 17, et VII, 14.
(4) Plat., *Symp.*, 221 b : τὠφθαλμὼ παραβάλλων. On retrouve dans Aristophane, *Nub.*, 361, cette expression diversement interprétée. Platon dit ailleurs que Socrate avait par instants le regard d'un taureau, ταυρηδὸν βλέψας. *Phœdr.*, 117 b.
(5) Je ne sais comment Lusacius (*De Cive Socrat.*, p. 56) a pu dire que ce fait n'avait été raconté que par Simplicius, *Ad. Epict.*, c. XXXI.

dans l'expédition d'Amphipolis, qui eut lieu deux ans après la retraite de Délium ; on ne doutera pas qu'elle n'ait été honorable et glorieuse.

La force d'âme tranquille qu'il montrait sur le champ de bataille, eut occasion de se manifester également dans quelques circonstances politiques. Par des motifs qu'il a donnés lui-même, et qui consistent uniquement en ceci, qu'il subordonnait tous ses autres devoirs au devoir sacré que lui imposait sa mission, il avait pris le parti de se tenir éloigné des assemblées publiques et de refuser toute magistrature. Cette prudence ne lui était pas inspirée par un mesquin sentiment personnel, il le prouva bien plus tard, mais par la conviction que sa vie était utile à son pays, et que pour la lui conserver, s'il ne voulait pas faire de bassesse, il fallait se retirer dans l'ombre de la vie privée (1).

Cependant, probablement parce qu'il ne put pas se dérober à cette obligation, il fit partie du conseil des Cinq-Cents, dans l'année de la bataille gagnée sur les Lacédémoniens dans les mers asiatiques, aux Arginuses, par les flottes athéniennes, en 406 avant Jésus-Christ.

---

(1) Plat., *Apol.*, 32 a.

On sait comment fonctionnait ce conseil : des cinq cents membres qui le composaient on en choisissait cinquante, qui le présidaient pendant trente-cinq jours ; ces cinquante membres, fournis par la même tribu, prenaient pendant ces cinq semaines le titre de Prytanes, et la tribu qu'ils représentaient au conseil était dite πρυτανεύουσα. Lorsque les généraux vainqueurs aux Arginuses, mais qui n'avaient pas su ou pu prendre le soin de recueillir les morts et les vivants tombés à la mer pendant la bataille (1), furent accusés devant cette assemblée, il arriva que la tribu Antiochide, dont faisait partie Socrate, exerçait la présidence. Par un concours de circonstances, il se trouva encore que la présidence effective, le jour même de l'affaire, fut exercée par Socrate. On comprend, en effet, que cinquante membres ne peuvent pas présider réellement une assemblée : on choisissait donc dans la tribu prési-

---

(1) On connaît le respect des Grecs pour la religion des tombeaux : la loi d'Athènes faisait, sous peine de crime capital, une obligation de donner la sépulture aux morts. Les généraux qui avaient cru nécessaire de se porter vers Mitylène et d'y poursuivre la flotte vaincue, avaient donné aux taxiarques, et particulièrement à Théramène, l'ordre de recueillir les corps. La tempête les empêcha, dirent-ils, d'exécuter ces ordres : la responsabilité en retomba sur les chefs, dont Théramène fut l'un des accusateurs les plus acharnés.

dente, un bureau de dix membres appelés πρόεδροι, qui se renouvelait toutes les semaines, de manière à ce qu'au bout de cinq semaines tous les membres de la tribu eussent fait partie de ce bureau. Ce comité se choisissait à son tour un directeur qu'on appelait ἐπιστάτης ou ἐπιστάτης τῶν προέδρων, qui conduisait les discussions, avait la police de l'assemblée et mettait les propositions aux voix.

Le sort avait donc désigné ce jour-là Socrate, comme l'épistate ou président du bureau présidentiel : si sa maladresse à recueillir les suffrages put prêter à rire (1), son inflexible et courageuse opiniâtreté à ne pas violer la loi, dut donner à réfléchir et à penser (2).

Les neuf généraux étaient poursuivis (3); le peuple irrité et les accusateurs voulaient les envelopper tous dans une même formule d'accusation, et les faire tous condamner par un seul et unique arrêt.

---

(1) Plat., *Gorg.*, 474 a : γέλωτα παρεῖχον.

(2) Plat. *Apol.*, 32 b; Xén., *Hist., grecq.*, 1, 7, 15; Diod. Sic., XIII, 620 ; Æl., *Hist. var.*, III, 17.

(3) Xén., *Mem.*, I, 1, 18 : ἐννέα στρατηγοὺς μιᾷ ψήφῳ. Le nombre réel était de dix, un par tribu. C'est le chiffre que donne Valère Maxime : « De capite decem prætorum... tristem sententiam. » Conon, qui pendant la bataille était assiégé à Samos, fut mis hors de cause et conservé

C'était une procédure contraire à la loi qui exigeait que le jugement fût individuel, et qu'il y eût autant de verdicts qu'il y avait de prévenus. Malgré les cris du peuple ameuté, malgré les violences et les menaces de quelques démagogues, tels que Théramène et Callixène, seul contre tous (1), Socrate, obéissant au serment qu'il avait prêté, de juger suivant les lois établies, résista et recueillit les suffrages suivant les règles ordinaires, ce qui n'empêcha pas, d'ailleurs, la condamnation à mort de tous ces malheureux.

Si en résistant au peuple, il avait osé faire, comme dit Xénophon, ce que pas un autre homme n'aurait eu la pensée ou le courage de tenter (2), ce n'était pas le régime de terreur sanguinaire qu'organisa le parti aristocratique après la prise d'Athènes, qui devait le faire flé-

---

dans son commandement ; Protomaque et Aristogène ne revinrent pas à Athènes ; les six autres, Périclès, Lysias, Diomédon, Erasinidès, Aristocrates et Thrasylle furent poursuivis, condamnés et exécutés. Le dixième était Archestrate, mort pendant le procès. Voilà comment Fréret, *Acad. des Inscr.*, t. XLVII, p. 243, les réduit à six, et Lusacius à huit.

(1) Seul de tous les Prytanes, car, parmi les citoyens, Euryptolème imita son courageux exemple.

(2) Xén., *Mem.*, IV, 4, 3: ἣν οὐκ ἂν οἴμαι ἄλλον οὐδένα ἄνθρωπον ὑπομεῖναι.

chir. Au milieu des exécutions qui décimaient la malheureuse cité, et qui, dans l'espace de huit mois, d'avril à décembre 404, firent quinze cents victimes, sans compter cinq mille exilés (1), Socrate, sans témérité et sans bravade, sut conserver sa dignité et une libre attitude.

Se voyant enveloppés d'une haine universelle et sentant peser sur eux l'horreur du sang versé, obligés, pour se soutenir, d'en verser encore (2), les Trente Tyrans cherchaient à compromettre, dans les fureurs de leur politique, le plus qu'ils pouvaient de citoyens honorables et modérés, en les forçant par la terreur de devenir les instruments de leurs forfaits et d'en paraître aussi les complices (3).

Au nombre des victimes désignées par l'estime de leurs concitoyens à la haine de ce comité des vengeances aristocratiques, et par leur grande fortune à l'avidité et aux nécessités pécuniaires des Trente, se trouvait un nommé Léon. Le gouvernement chargea cinq citoyens, parmi lesquels se trouvaient Mélé-

---

(1) Isocr., *Areop.*, p. 153; id. *Loch.*, p. 397; Æsch., περὶ παραπρ., p. 38; Xén., *Hellen.*, 11; Diod. Sic., l. XIV.

(2) Senec., *De Tranq. Anim.*, c. 3 : « Irritabat se ipsa sævitia. »

(3) Isocr., *Exc. adv. Call.*, p. 374.

tus (1) et Socrate, de se rendre à Salamine où s'était réfugié le malheureux, de l'arrêter et de le ramener prisonnier à Athènes; quatre obéirent : Socrate, mandé comme les autres au Tholos, palais du gouvernement, pour y recevoir les ordres, refusa net de concourir à cette cruauté illégale, et s'en retourna tranquillement à sa maison; s'il sauva sa tête, il le dut uniquement à la chute de ce pouvoir détesté et au retour victorieux de Thrasybule (2).

Ces boucheries humaines commençaient à soulever l'indignation et à révolter l'humanité Socrate, qui n'était pas suspect de partialité pour la démocratie, quoi qu'en dise Xénophon, s'en exprimait librement dans ses entretiens avec la jeunesse : il comparait cette politique insensée à la conduite d'un bouvier, qui ferait tous ses efforts pour nuire à ses bœufs et pour en diminuer les qualités et le nombre. La parole est un bruit toujours importun à tout despotisme ; car la parole, au bout du compte,

---

(1) Andoc., *De Myst.*, 394. M. Grote veut que ce soit, non l'accusateur, mais le père de l'accusateur : ce n'est là, comme il le fait du reste observer lui-même, qu'une pure conjecture.

(2) Plat., *Apol.*, 32 d, e, et Xén., *Hellen.*, 11, 39; *Mem.*, IV, 4, 3; Diog. L., II, 24; Æl., *Hist. var.*, III, 17; Lysias, *adv. Agor.*, p. 106; Id. *adv. Eratosth.*, p. 77; Isocr., *adv. Call.*, 18., § 23.

n'a de force que parce qu'elle est de la raison, de la justice, en un mot de la lumière, tandis que la tyrannie a besoin du silence comme le malfaiteur a besoin de la nuit. Les Trente intimèrent à Socrate avec des allusions menaçantes aux propos qu'il avait tenus, l'ordre de s'abstenir dorénavant de tout enseignement et de toute conversation avec la jeunesse (1). On ne sait pas exactement à quelle époque fut porté ce décret, ni quel compte en tint Socrate. Il semble avoir eu la tentation de résister, car il fut cité une seconde fois devant les Trente qui lui rappelèrent avec sévérité les termes de la loi ; de ce ton calme et ironique qui lui était habituel, il les pria de lui donner quelques explications sur la limite précise où commençait ce qu'il était permis et ce qu'il était interdit de dire ; à quel âge finissait la jeunesse à laquelle il ne pouvait plus s'adresser. On lui répondit de ce ton de grossière insolence et de violence menaçante que prennent les sots et les méchants quand ils sont les plus

---

(1) Xén., *Mem.*, 1, 2, 31 : λόγων τέχνην μὴ διδάσκειν. Isocr., *Soph.* : τὴν παίδευσιν τῶν λόγων. Ce mot n'a pas d'équivalent exact dans notre langue ; il ne désigne pas seulement l'art du discours proprement dit, considéré en lui-même, comme la rhétorique ou la logique l'étudie, mais encore les entretiens qui ont pour objet la politique la morale.

forts, et devant lequel, lorsqu'il est inutile de se perdre, on n'a plus qu'à se taire. Il est probable que ce fut le parti que prit Socrate, car il échappa à la fureur de ce troupeau d'assassins, et ce fut, comme le remarque amèrement Sénèque, pour devenir la victime d'un procès inique, sous un gouvernement démocratique, libéral et généreux, qui avait pris pour devise l'oubli du passé et qui fut fidèle à cette difficile vertu du vainqueur. Singulier hasard de la destinée! dérision amère de la fortune, qui semble nous rappeler qu'il n'y a pas d'état politique si misérable et de tyrannie si odieuse qui ne puisse épargner un honnête homme, et qu'il n'y a pas non plus de pays si libre et de gouvernement si régulier où l'on ne puisse accabler un innocent (1).

On cite encore un trait de courage de Socrate, malheureusement moins authentique que celui qu'il avait donné au sujet de l'arrestation de Léon. Diodore de Sicile (2) raconte

---

(1) Senec., *De tranquill. anim.*, c. 3 : « Hunc tamen Athenæ ipsæ in carcere occiderunt, et qui tuto insultaverat agmini tyrannorum, ejus libertatem libertas non tulit; ut scias et in affecta republica esse occasionem sapienti viro ad se proferendum, et in florenti ac beata, pecuniam, invidiam, mille alia vitia inermia regnare. »
(2) XIV, 3.

qu'au moment où Théramène, victime de la réaction oligarchique, après en avoir été l'un des promoteurs et des agents les plus ardents, dénoncé par Critias, se précipita vers l'autel placé dans l'intérieur du palais du Sénat, Socrate et deux de ses amis s'avancèrent seuls pour le protéger contre Satyros, chef des Onze, et ses satellites qui voulaient l'en arracher. Théramène sentant la résistance inutile et ne voulant entraîner personne dans sa ruine, les pria de s'abstenir de ce dévouement inutile et dangereux (1).

La tyrannie des Trente prit fin dans le mois de décembre 404, après avoir duré huit mois ; mais la convention conclue avec Pausanias, qui amena le rétablissement à Athènes de la liberté et de l'ordre, de la démocratie et de la paix, ne date que de l'été 403, année de l'archontat d'Euclide, qui fut désormais pour les Athéniens comme une ère nouvelle. Si la conduite de Rome fut admirable après le désastre de Cannes, que dira-t-on de celle du peuple athénien ?

---

(1) Ce fait est attribué par l'auteur des *Vies des dix orateurs* à Isocrate : cette circonstance et le silence gardé sur un acte si digne d'être conservé à la mémoire, ont paru à M. Grote des raisons suffisantes pour ôter à l'anecdote toute probabilité historique.

Après une guerre de vingt-sept ans, qui avait ruiné son empire, ses flottes, son commerce, ses finances; dont la dernière défaite avait imposé à cet enfant gâté de la gloire la douloureuse obligation de détruire de ses propres mains les fortifications de son port et les longs murs qui l'unissaient à la mer, et lui infligeait la honte plus douloureuse encore de subir un gouvernement despotique, imposé par l'étranger; cette ville, mère de la liberté et de la démocratie, se retrouvant enfin maîtresse d'elle-même, avec une générosité sans exemple et sans imitation dans l'histoire des révolutions et des réactions politiques, proclama l'amnistie, c'est-à-dire l'oubli et le pardon du passé. Les sénateurs s'engagèrent par serment à ne recevoir aucune accusation de quelque nature qu'elle fût, ni ἔνδειξις, ni ἐπαγωγή, pour des faits relatifs à la période de l'anarchie, comme ils appelaient, d'un mot juste et profond, l'abject despotisme dont ils avaient subi l'outrage. Les héliastes, avant de monter sur leur siége, durent également ajouter au serment habituel la formule : Je jure de ne conserver aucune rancune du passé, et de ne voter que d'après les lois actuelles (1).

(1) Andoc., *De myst.*, 371 : οὐ μνησικακήσω, dans la force et l'étendue de son vrai sens.

CHAPITRE VII

PROCÈS DE SOCRATE.

Par cette libérale et intelligente politique, Athènes se releva vite de ses ruines et s'attira le respect et l'estime, même de ses anciens ennemis. Elle jouissait de cette prospérité renaissante depuis quatre ans, lorsque, au commencement du printemps de l'année 399, Olymp. 95, 1, dans la deuxième moitié du mois Munychion, qui correspond à notre mois d'avril, sous l'archontat de Lachès (1), Socrate fut accusé par Mélétus, secondé d'Anytus et de Glycon, qui, suivant les règles de la procédure usitée, affichèrent dans le portique faisant face au tribunal de l'archonte-roi (2), un placard ainsi conçu : Acte d'accusation signé et attesté, sous la foi du serment, par Mélétus, fils de Mélétus, du dème de Pitthée, contre Socrate, fils de

---

(1) Anonym. cité par Meursius. Diog. L., II, 44.
(2) Plat., Theet., 210 d : εἰς τὴν τοῦ βασιλέως στοάν. L'archonte-roi, héritier des prérogatives religieuses de l'an-

Sophronisque, du dème d'Alopèce : Socrate est coupable du crime de ne pas reconnaître les dieux reconnus par l'État, et d'introduire d'autres divinités nouvelles ; il est de plus coupable de séduire la jeunesse. Peine, la mort (1).

A la suite de ce premier acte de procédure, Socrate fut assigné devant l'archonte-roi, magistrat instructeur et introducteur d'instance dans ces sortes d'affaires (2). Nous savons que Socrate comparut ; le magistrat, après cette première enquête, accueillit l'accusation ; il désigna

---

cienne royauté, introduisait en instance les procès relatifs à la religion et au meurtre, δίκας φόνου καὶ ἀσεβείας, Meier, *De lit. Attica*, p. 47 ; M. K. Hermann, *Lehrbuch*. 138. Son tribunal était placé dans le portique appelé du roi, situé auprès de l'Agora, dans le Céramique intérieur, et voisin du portique de Jupiter libérateur, Ζεὺς ἐλευθέριος ; Meursius, *Lect. Attic.*, VI, 17 ; Lusac. *Exercit. Acad. spec.*, III, p. 172.

(1) Cet acte d'accusation est appelé indifféremment γραφή, procès criminel, qui se distingue de δίκη, affaire civile, et de ἀντωμοσία, qui est défini par Timée (Gloss. Plat) : γραφὴ κατά τινος ἔνορκος. C'était d'abord, comme l'indique l'étymologie de ce dernier nom, le double serment par lequel le plaignant προ-ωμοσία, et le défendeur ἀντι, attestaient la justice de leur cause. Plus tard la formule s'appliqua à la pièce écrite de l'accusation, toujours attestée par serment. C'est dans ce sens qu'il est employé par Platon. *Apol.*, 19 : b τὴν ἀντωμοσίαν δεῖ ἀναγνῶναι. Diog. L., 11, 40, appelle ce même instrument judiciaire ἀντιγραφή. Cf. Plat., *Apol.*, 27 c.

(2) Plat., *Theet.*, 210 d : εἰσαγωγεύς...

le tribunal, nomma les juges, fixa le jour de l'affaire, et alors remit l'acte d'accusation aux juges, qui déférèrent le serment aux deux parties ; de là le mot ἀντὶ, dans les expressions composées qui le désignent.

Après trente, et peut-être quarante années, consacrées à l'enseignement public, Socrate qui, malgré quelques difficultés et quelques mécontentements attestés par Aristophane, n'avait jusqu'alors été l'objet d'aucune accusation, et n'avait eu aucun procès, même civil, à l'âge de soixante-dix ans (1), Socrate comparut devant une cour de justice sous l'accusation d'un crime capital.

La pièce de procédure, dont la copie nous a

---

(1) De Serres donné dans sa traduction latine, « Annos plus *sexaginta* natus. » Est-ce une erreur de plume ? Est-ce une leçon qu'il avait lue dans quelques-uns des manuscrits d'Estienne ? Est-ce une restitution opérée sans bruit et fondée sur le passage de Diog. L., II, 44, qui rapporte que certains historiens donnaient à Socrate soixante ans lors de sa mort ? Le chiffre de soixante-dix, rapporté par Platon, *Crit.*, 52 c, par Diog. L., II, 44, par Maxime de Tyr, *Op.*, XXXIX, 412, est en outre confirmé par tous les manuscrits que nous possédons encore. M. Bœckh, *Corp. Insc.*, II, p. 341, et M. K. Fr. Hermann, *De Theoria Deliaca*, prétendent prouver qu'à l'époque de sa mort Socrate avait soixante-douze ans. Fréret, *Acad. Insc.*, t. XLVII, p. 210, ne lui donne que soixante-neuf ans et un mois.

11.

été transmise par Diogène, était encore conservée dans le temple de la Mère, le Métroüm, où étaient renfermées les archives des greffes (1), du temps de Phavorin, sophiste gaulois, qui vivait sous Trajan et sous Adrien, et sous la foi duquel Diogène l'a reproduite. Les termes diffèrent peu de ceux qu'emploient Xénophon et Platon, qui, tous deux, du moins en exceptant l'*Apologie* de Xénophon, annoncent ou insinuent qu'ils ne la reproduisent pas textuellement (2). La seule différence est que l'ordre des chefs d'accusation est, dans Platon, l'inverse de celui que donnent les deux pièces de Xénophon et de Phavorin. Des trois points, qui, chez ces derniers, se succèdent comme il suit :

1° Ne pas reconnaître les dieux de l'État ;

2° Introduire des innovations religieuses par le culte de divinités non reconnues ;

---

(1) Meursius, *Lect. Attic.*, l. I, c. xi ; Julian. *Orat.*, V et VI ; Xén., *Mem.*

(2) Xén. *Mem.*, ἡ γραφή τοιάδε τις ἦν ; Plat., *Apol.*, 24 b : ἔχει καί πως ὅδε. L'opinion que l'Aréopage jugea le procès de Socrate est depuis bien longtemps abandonnée, mais elle a été soutenue. Quant à l'assertion que nous avons conservé le texte de l'arrêt et non celui de l'accusation, je n'ai, après les plus longues recherches, trouvé aucun écrivain qui l'autorise.

3° Séduction ou corruption de la jeunesse par des doctrines dangereuses,

Platon a mis en premier lieu le troisième, modification assurément peu importante, si tout n'était pas important quand il s'agit d'un pareil homme et d'un tel événement. Une divergence, plus considérable en apparence, a été relevée dans l'*Apologie* de Platon. On a remarqué que la réfutation des griefs visés dans l'accusation dont nous venons de donner la formule, est précédée de la réfutation d'une accusation différente, quoique portant comme la première sur trois points :

1° Rechercher avec une curiosité indiscrète et coupable les phénomènes qui se passent sous la terre et dans le ciel ;

2° Rendre bonne une mauvaise raison ;

3° Enseigner aux autres cet art funeste (1).

Aldobrandini, dans ses notes sur Diogène de Laërte, observant que Platon se sert ici des termes ἀντωμοσία et ἀναγνῶναι, a cru qu'il y avait eu deux accusations distinctes, chose que le droit attique n'aurait pas permise, dont aucun auteur n'a jamais parlé, et que contredit même

(1) On trouve dans l'argument du *Busiris* d'Isocrate, que Socrate était en outre accusé de prêcher l'adoration des chiens et des oiseaux; il n'y a aucun fond à faire sur cette pièce.

le texte de Platon regardé d'un peu plus près. La phrase : ὥσπερ οὖν κατηγόρων τὴν ἀντωμοσίαν δεῖ ἀναγνῶναι αὐτῶν (1), commence, en effet, par un correctif qui en change le sens, comme l'a très-bien vu M. Cousin qui traduit : « Car il faut mettre leur accusation dans les formes et la lire comme si elle était écrite et le serment prêté. »

Je crois même que le restrictif ὥσπερ placé en tête de la phrase devrait, comme cela est ordinaire à la construction grecque, retomber sur ἀναγνῶναι, tout autant que sur ἀντωμοσία, et que le sens véritable est : C'est donc une espèce d'accusation dont il faut vous donner, pour ainsi dire, la lecture. Mais qui ne voit, comme l'a déjà montré Fréret, que c'est là seulement un tour oratoire destiné à combattre les dispositions défavorables des juges, les partis pris et les calomnies éclatantes ou sourdes répandues dans l'opinion ; car Socrate sentait qu'elles étaient bien autrement dangereuses que l'accusation officielle, précisément parce qu'elles étaient plus vagues et, pour ainsi dire, insaisissables. Ces calomnies aboutissent à un mot qu'on a répété bien souvent depuis, quand on a voulu perdre un honnête homme. On ai-

---

(1) Plat., *Apol.*, 19 b.

mait à dire de Socrate que c'était un sophiste, un songe creux, un rêveur, un idéologue, un homme dangereux qui ruinait les idées établies et les opinions reçues, qui employait les ressources perfides de l'art de la parole et du raisonnement à montrer que la vérité est une erreur, et que l'erreur est une vérité, et qui, dans sa curiosité indiscrète et téméraire, osait contester la logique, la physique et même la théologie officielles. Ces bruits, tout en ne déterminant aucun fait, comprenaient tout ; il n'est pas étonnant qu'ils comprennent les chefs d'accusation visés dans la formule juridique déposée par Mélétus, qui se ramène à deux points : une offense à la religion et une attaque contre la famille, l'ordre et la société, par l'influence d'un enseignement subversif. Socrate fut donc accusé d'être un ennemi de la religion et de l'état social.

Devant quel tribunal fut-il cité à comparaître ?

M. V. Cousin, dans son trop court mémoire sur le procès de Socrate, qui fait partie des *Fragmens de philosophie ancienne*, et dans la préface de l'*Apologie* de Platon, semble considérer comme certaine l'opinion que Socrate fut traduit devant l'Aréopage. Quoique ce soit là, suivant Fréret, une opinion communément acceptée (1), je ne l'ai vue soutenue que par La Canaye, auteur de quelques recherches sur l'Aréopage (2) qui ne peut guère avancer en faveur de sa thèse, que le fait certain que l'Aréopage connaissait des causes d'impiété ἀσεβείας. Mais sa compétence à l'égard de ces sortes d'affaires, depuis longtemps ne lui était plus exclusivement propre. Le procès d'Alcibiade et de tous ceux qui avaient été compromis dans la profanation des mystères, avait été jugé par les héliastes (3). Solon, et Périclès surtout, avaient considérablement affaibli le prestige et diminué l'étendue des pouvoirs de l'Aréopage, et l'on sait que le pouvoir judiciaire occupe une place considérable dans la souveraineté politique, tombée alors dans les mains de la démocratie justement jalouse d'exercer ce droit : car c'est ce que nous appelons le jury, sans lequel il n'y a ni liberté, ni justice, du moins ni liberté, ni justice garanties (4).

(1) *Acad. Insc.*, XLVII, p. 263.
(2) *Acad. Insc.*, t. VII, p. 174, et *Id.*, p. 51 et 88, un mémoire de Blanchard sur les tribunaux athéniens. Sur cette affirmation presque sans preuves, La Canaye essaye de montrer que Meursius s'est trompé en réduisant à neuf le nombre des membres de l'Aréopage.
(3) Andoc., *De Myst.*
(4) Périclès avait attaché à ces fonctions une indemnité plutôt qu'un salaire, que nous-mêmes n'avons pas

L'Aréopage n'était donc pas le seul tribunal compétent pour connaître de l'accusation in-

supprimée. M. Bœckh, *Economie politique des Athéniens*, a soutenu que cette indemnité, primitivement d'une obole, avait été élevée par le démagogue Cléon à trois oboles (45 à 50 cent.). M. G. Hermann, *Præf. Nub.*, p. 51, croit qu'elle a toujours été de trois oboles, et que l'opinion contraire repose sur une confusion de l'indemnité ecclésiastique, τὸ ἐκκλησιαστικόν, qui fut en effet variable, avec l'indemnité judiciaire τὸ δικανικόν, qui n'a jamais changé. Cependant on peut faire valoir, en faveur du sentiment soutenu par M. Bœckh, le discours d'Alcibiade, dans le VIII l. de Thucydide, 65 et 67, déjà cité par Fréret, p. 243. De ce discours il résulte que les distributions faites aux jurés, supprimées par le gouvernement oligarchique des Quatre-Cents, ne furent pas rétablies après leur chute. Les *Grenouilles* d'Aristophane, qui sont de 406, font toutefois mention de deux oboles à propos du passage exigé par Charon. Le scholiaste observe que ces mots du poète : « C'est donc le même prix partout, » s'appliquent par allusion au salaire des jurés : ce qui prouve que l'indemnité judiciaire, d'une part, aurait été rétablie ; de l'autre, avait varié. Fréret veut que ces distributions d'argent aient été ce qui causait ce grand attachement du peuple d'Athènes à la forme démocratique. On ne voit pas cependant qu'après les désastres qui ruinèrent leur pays et qui obligèrent ou de supprimer ou de réduire d'un tiers l'indemnité pécuniaire des juges et des représentants, les citoyens aient été moins attachés à la cause démocratique. D'ailleurs, on peut aimer la liberté et l'institution du jury par des motifs un peu plus relevés, et en fait de sentiments généreux, il en est peu qu'on soit en droit de refuser aux Athéniens.

tentée contre Socrate ; mais, d'ailleurs, aucun auteur ancien n'a ni nommé, ni plus ou moins vaguement indiqué l'Aréopage comme le tribunal devant lequel il ait eu à se défendre, tandis que Maxime de Tyr (1) nomme formellement les héliastes, et qu'Athénée (2) les désigne évidemment, en disant que Socrate fut condamné par des juges tirés au sort. Ce sont là des témoins encore bien éloignés, je l'avoue, mais au moins ils ne sont contredits par aucun autre, et sont d'accord avec tout ce que nous savons de l'organisation de l'Aréopage.

On porte le nombre des membres de cette assemblée à des chiffres très-divers et très-différents. Nicéphore Calliste, dans son *Histoire ecclésiastique* (3) qui date, il est vrai, du quatorzième siècle, le réduit à neuf magistrats, qui se renouvelaient tous les ans ; ce n'était, suivant lui, que le conseil des neuf thesmothètes. Le scholiaste d'Eschyle (4) l'élève à trente et un membres, et Georges Pachymère, dans sa paraphrase des œuvres de saint Denys l'Aréopagite, à cinquante-un, sans compter les archontes qui en faisaient de droit partie, après

---

(1) *Orat.*, 39.
(2) Athén., XIII, 611.
(3) *Hist. eccl.*, l. X.
(4) *Ad Eumenid.*

l'expiration de leurs fonctions ; enfin, quelques auteurs le poussent à trois cents, sans pouvoir justifier ce nombre, qui n'a pas été atteint probablement, qui certes n'a jamais été dépassé. Quelques-uns, il est vrai, veulent que le nombre n'en ait pas été limité (1), mais cela ne prouve pas qu'il fût considérable. Libanius va jusqu'à croire que les thesmotètes seuls y étaient admis (2).

La sévérité des conditions morales nécessaires pour obtenir et conserver une place dans ce tribunal auguste et révéré (3), ne permet pas de croire que dans une population numériquement aussi faible que celle d'Athènes, il ait pu atteindre le chiffre de cinq cents membres, auquel se monta, au moins, le nombre des juges de Socrate.

La liberté politique s'appuie sur le jugement par jurés. Solon qui la fonda à Athènes, Périclès qui l'y développa, l'avaient bien com-

---

(1) *Arg. de Dém. adv. Androt.*
(2) *Arg. de Dém. adv. Androt.*
(3) Isoc., *Aréop.*, Le plus léger reproche suffisait pour exclure ceux qui pouvaient y avoir droit par les charges qu'ils avaient remplies. Un membre fut rayé de la liste pour avoir étouffé un petit oiseau qui s'était réfugié dans sa robe. Les Athéniens avaient senti que l'homme qui a le cœur fermé à la pitié, ne saurait être appelé à rendre aux hommes la justice, parce qu'il ne la comprend pas.

pris (1). Tous les citoyens étaient appelés à juger les citoyens; des vingt mille individus qui composaient la population, on en choisissait tous les ans, au sort (2), *par la fève*, parmi ceux qui avaient trente ans accomplis, six mille qui formaient la liste du jury. Après avoir mis de côté mille de ces citoyens destinés à faire office de jurés supplémentaires, les cinq mille autres étaient divisés entre dix chambres ou tribunaux, δικαστήρια, de cinq cents membres chaque, et, dans les circonstances graves, on réunissait deux, trois ou quatre chambres, ce qui faisait monter le nombre des juges à mille, quinze cents, deux mille. L'affaire des Mystères, qui fut jugée toutes chambres réunies, fut plaidée devant les six mille héliastes. Au contraire, dans les procès de peu d'importance, chaque cour se divisait, et il ne siégeait alors que deux cents ou quatre cents juges. On trouve dans une affaire le chiffre de sept cents juges (3).

Ces juges prêtaient un serment solennel dont nous pouvons lire, sinon la formule authentique, du moins le sens exact, dans Démos-

---

(1) Arist., *Polit.*, 11, c. xii; Plut., *Solon*, *Périclès*.
(2) Les archontes et leur greffier procédaient au tirage.
(3) Fréret, *Acad. Insc.*, t. XLVII; Stallb., *Apol. Plat.*, 36 b; K. Hermann, *Lehrb.*, 134.

thènes (1), et je veux en rappeler quelques traits : « Je jugerai suivant les lois et décrets; s'il n'y a pas de lois expresses, je prononcerai selon ma conscience et la plus exacte justice (2); je ne recevrai pas de présent pour rendre la justice, ni directement, ni indirectement; d'autres n'en recevront pas pour moi, à ma connaissance, par des voies obliques et détournées; j'écouterai également l'accusateur et l'accusé, et je ne prononcerai que sur ce qui fait l'objet même du procès. Je le jure, par Jupiter, par Neptune, par Cérès ! Que ces dieux, si j'enfreins ces règles, me perdent, moi et ma race ! Si j'y suis fidèle, qu'ils me comblent de biens et m'envoient la prospérité. »

Tels furent les juges devant lesquels dut comparaître Socrate : on ne sait pas exactement quel en fut le nombre, qui atteignit au moins cinq cents. Le jury était, comme le voulait la loi, présidé par l'archonte-roi, devant lequel étaient portées toutes les accusations intéressant la religion de l'Etat.

---

(1) *Adv. Timocr.*, 149, 151. Schoemann et Meier avaient accepté, avec tous les anciens critiques, cette formule comme authentique. M. Westermann, *Comm. de Jurisjudicum formula*, Leipz., 1859, a cru y découvrir l'œuvre d'un faussaire.

(2) Schelling., *Sol. Leg.*, p. 35; Wolf, ad Lept., p. 339.

Quels furent les accusateurs ?

Celui qui avait dressé, signé et attesté par serment l'acte d'accusation, était, comme nous l'avons déjà dit, Mélétus ; les autres avaient un rôle secondaire, facultatif, et en même temps dépendant, car ils ne pouvaient prendre la parole qu'avec l'autorisation du tribunal. On appelait ces avocats (advocati) συνήγοροι, et plus précisément, quand ils appuyaient l'accusation συγκατήγοροι (1); mais rarement, ou plutôt jamais on ne voit ces auxiliaires se mettre à la place de l'accusateur ou de l'accusé, assistant muets au débat qui les intéresse (2). Dans le procès de Socrate, s'ils n'apportent pas tous le concours de leur éloquence, ils paraissent apporter chacun l'appui de leur autorité morale, chacun se présentant au nom d'une classe de l'État, comme pour accabler cet ennemi com-

---

(1) Hyper., c. Dem. : ὁ νόμος συγκατηγορεῖν μὲν τῷ βουλομένῳ κατὰ τῶν κρινομένων ἐξουσίαν δίδωσι. On les trouve encore nommés κληθέντες. Cf. Fr. Herm., Lehrb., 142. Cela devint plus tard une profession, un métier salarié. Plat., De leg., XI, ext.; Lycurg., Leocr., 138; Rhet. ad. Alex., 36: ἐπὶ μισθῷ τινὶ συνηγοροῦμεν. Le métier d'écrire des discours pour les parties était plus ancien encore; λογοποιοί, λογόγραφοι, sont des mots équivalents, à un certain moment, de σοφισταί.

(2) Dans le plaidoyer de Démosthène pour Phocion, 1, on voit que ce dernier, si incapable qu'il fût de prendre la parole, avait cependant dit quelques mots.

mun sous le poids d'une réprobation universelle.

Mélétus (1) se présentait au nom des poètes, Anytus au nom des artisans et des hommes politiques, Lycon au nom des orateurs également mécontents et irrités. Maxime de Tyr (2), en reproduisant ces détails, veut les compléter, et il le fait avec des antithèses qui sentent singulièrement la rhétorique. « Ce fut, dit-il, Mélétus qui formula par écrit l'accusation, Anytus qui introduisit l'instance, Lycon qui poursuivit et plaida, *le peuple athénien* (et non l'Aréopage) qui jugea, le conseil des Onze qui emprisonna, le serviteur des Onze qui exécuta. L'acte d'accusation de Mélétus, Socrate le dédaigna ; la

---

(1) On a longtemps écrit Mélitus, leçon soutenue par l'étymologie que donne Eustathe, *ad. Od.*, V, 106, qui dérive le mot de μέλι, et par le mot μελιτίδαι, des *Grenouilles* d'Aristophane, v. 991 ; mais de bons manuscrits de Platon, appuyés sur les manuscrits de Xénophon, *Mem.*, IV, 4, 4 ; de Lucien, *Jov. conf.*, 16 ; *Pisc.*, 10 ; *bis Accus.*, 6 ; *Demon.*, 11 ; d'Aristote, *Rhet.*, III, 18. 2 ; de Libanius, *Apol. Socr.*, p. 201, même sur des inscriptions, confirment la leçon Μέλητος, aujourd'hui partout adoptée en Allemagne. La pénultième est longue dans ce mot, et cela détruit la conclusion qu'on serait porté à tirer du vers d'Aristophane, qui serait faux si on persistait à lire μελιτίδαι. Cependant Welcker, *Griech. Trag.*, p. 973, et Forchhammer rejettent Mélétus et conservent l'ancienne leçon.

(2) Max. Tyr., *Dissert.*, IX, 2, 3.

déposition d'instance, il la méprisa; le discours de Lycon, il ne fit qu'en rire. » Ici, Maxime modifie les qualités judiciaires et même les noms des accusateurs. Aristophane figure dans son récit comme représentant des auteurs dramatiques; Anytus, des sophistes (1); Mélétus, des sycophantes; Lycon, des orateurs. Diogène de Laërte, sur l'autorité de Phavorin, présente d'une manière encore un peu différente et les noms et les rôles des accusateurs : Mélétus est toujours celui qui formule et signe l'accusation; Polyeucte la soutient de sa parole à l'aide d'un discours écrit, fourni, dit Hermippe, par Polycrate le sophiste, par Anytus, à ce que d'autres prétendent; enfin, d'après ces renseignements, Lycon le démagogue aurait organisé les apprêts de ce complot juridique (2).

Remarquons en passant un fait trop négligé et qui a son importance : de tous ces accusateurs, qui représentent presque toutes les classes de la société, aucun n'est prêtre, aucun n'est désigné, dans un procès évidemment re-

---

(1) Il est absurde de donner Anytus comme représentant des sophistes, dont il était l'ennemi violent et déclaré, et de lui attribuer le rôle d'εἰσαγωγεύς, qui ne pouvait appartenir qu'à l'archonte. Il n'a pu, à cet égard, que requérir le magistrat.

(2) Diog. L., II, 38, 39.

ligieux, comme intervenant au nom des intérêts ou des passions du pouvoir sacerdotal (1).

Platon nous fait connaître quelques-uns de ces personnages. Il introduit, dans l'*Eutyphron*, Socrate au moment même où il se prépare à comparaître devant l'archonte-roi qui l'avait assigné sur la requête de Mélétus, et il lui fait dire au sujet de son accusateur : « Je ne le connais pas moi-même ; c'est, dit-on, un jeune homme tout à fait inconnu, nommé, à ce que je crois, Mélétus, du dème de Pitthée. Je ne sais si tu connais dans ce dème un Mélétus, qui a les cheveux longs, peu de barbe et le nez légèrement aquilin (2), » passage où M. Stallbaum veut voir une allusion à son caractère plein de vanité et d'orgueil, plutôt qu'une simple description de sa personne physique. Quel était ce personnage? il n'est pas facile de le dire. Il y a eu, du temps de Socrate, plusieurs Athéniens qui ont porté ce nom. L'un d'entre eux est mentionné par Andocide, dans son Discours *sur les mystères* (3), où il l'ac-

(1) Je ne vois rien qui justifie cette troisième cause : « le courroux longtemps contenu du pouvoir sacerdotal qui éclata enfin, » à laquelle M. V. Cousin attribue le procès de Socrate.
(2) *Eutyph.*, 2.
(3) *De Myst.*, 12, 35, 63, 94.

cuse d'avoir, dans une orgie faite chez Polytion, avec Alcibiade et Nicias, en 415, révélé le secret des mystères; puis, en 404, d'avoir obéi à l'ordre illégal des Trente en concourant à arrêter, à Salamine, Léon, cet innocent citoyen, crime dont Socrate, au risque de sa vie, n'avait voulu être ni l'instrument ni le complice; enfin, d'avoir en 400, à l'instigation de Callias, fils d'Hipponicus, et de concert avec Agyrrhius et Epicharès, accusé Andocide d'impiété. D'un autre côté, le scholiaste de Platon, à l'endroit de l'*Apologie* où son nom est mentionné, nous apprend que Mélétus était un mauvais poète tragique, d'origine thrace, si l'on en croit Aristophane, qui l'appelle, dans les *Grenouilles* et les *Cigognes*, fils de Laïus. D'après Aristote, dans les *Didascalies*, l'année même où les *Cigognes* furent jouées, Mélétus avait donné une *Œdipodie* (1). Ce même scholiaste nous rapporte encore qu'Aristophane l'avait nommé dans les *Paysans*, et flétri comme l'amant de Callias (2).

(1) Les deux pièces de *Gérytade* et des *Cigognes* furent représentées, d'après le calcul de Fritzsch, *Arist. Quæst.*, p. 90, à peu près entre les *Ecclesiazousai*, qui sont de 392, et *Plutus*, joué une première fois en 408, et une seconde en 388.

(2) Sch. Plat. *Apol.*, 18; schol. Aristoph., *Ran.* 1302: ὡς ψυχρὸς ἐν τῇ ποιήσει καὶ ὡς πονηρὸς τὸν τρόπον.

Cette dernière pièce, d'après Clinton et le texte de Plutarque (1), fut représentée plus de quatorze ans avant la mort de Socrate ; l'auteur de l'*Œdipodie*, amant de Nicias en 423, n'aurait plus été un jeune homme en 399, ni tout à fait inconnu.

Un Mélétus est signalé par Aristophane, qui accuse Euripide de lui avoir volé quelques bribes (2). C'est évidemment d'un poète qu'il s'agit ici.

Xénophon (3) cite un personnage de ce nom chargé d'aller à Sparte avec Céphisophon pour y négocier un traité de paix à des conditions plus douces que celles que Lysandre avait imposées après la prise d'Athènes, et qui réussit dans cette importante négociation. Athénée (4) nous dit, avec Ælien (5), que sa pâleur et sa maigreur furent l'objet des railleries des poètes comiques, et particulièrement d'Aristophane, qui, dans le *Gérytade*, le compte au nombre de ceux qui étaient descendus dans les enfers, ἀδοφοῖται, et en avait rapporté cette pâleur cadavérique qui lui avait valu de la part

---

(1) *Nic.*, c. VIII.
(2) *Ran.*, 1337.
(3) *Hellen.*, II, c. IV, 36.
(4) XII, 75.
(5) *Hist. V.*, l. X, 6 : εἰς λεπτότητα κωμῳδεῖσθαι.

de Sannyrion, cité par ce même Athénée, le nom de τὸν ἀπὸ Ληναίου νεκρόν.

Suidas se borne à dire que Mélétus, fils de Laius, fut un orateur athénien qui fit aussi des tragédies, et qui, de concert avec Anytus, accusa Socrate.

Tous ces personnages n'en font-ils qu'un seul, ou bien y a-t-il plusieurs Mélétus, et dans ce cas quel fut celui qui accusa Socrate? Voilà les questions qu'il est plus facile de poser que de résoudre (1).

D'abord, on ne peut guère admettre que l'accusateur de Socrate fût le Mélétus compromis dans l'affaire des mystères; il aurait eu certainement, par suite de ce scandale, un âge et une notoriété qui n'eussent pas permis à Socrate de l'appeler un jeune homme inconnu. Peut-on supposer d'ailleurs qu'après avoir été lui-même accusé d'impiété, il eût eu le front, au risque de rappeler un passé si dangereux, d'intenter un procès de cette nature? Et quand il aurait eu cette impudence, comment admet-

---

(1) Fréret, dans le mémoire souvent cité, après avoir compté quatre Mélétus : 1° le poète tragique, 2° l'ambassadeur à Sparte, 3° le complice de la mutilation des Hermès, 4° l'accusateur de Socrate, les réduit à deux, et fait de l'accusateur, le négociateur et le poète, ce qui souffre quelques difficultés.

tre que ni Xénophon, ni Platon, n'eussent pas relevé cette circonstance, qui aurait enlevé tout crédit, toute autorité à son accusation. On prouve par cette même raison, je dis le silence de Xénophon et de Platon, que l'accusateur de Socrate n'était pas le fils de ce Mélétus.

Était-ce donc le poète ? Mais, outre que celui-ci, désigné par Aristophane, dans sa pièce des Γεωργοί pour ses rapports avec Callias, ne pouvait plus être, quatorze ans après, considéré comme un jeune homme, le poète comique à qui Euripide avait emprunté quelques vers, bafoué dans les *Grenouilles* pour la froideur de sa verve et la dépravation de ses mœurs, ne pouvait plus, vingt-cinq ans après, avoir le moindre titre à ce nom de jeune homme imberbe et inconnu.

Cependant, d'un autre côté, tous les textes, et celui de Platon, ὑπὲρ τῶν ποιητῶν ἀχθόμενος sont là pour nous obliger de conclure que l'accusateur de Socrate était un poète. M. K. Fr. Hermann ne trouve d'autre issue à cette difficulté que de supposer qu'on a eu tort de confondre l'amant de Callias avec le profanateur des mystères, et il voit dans l'accusateur de Socrate le poète Mélétus, qui, ayant de trente à quarante ans en 399, pouvait, comme l'a observé déjà Clinton, être appelé jeune par Socrate (1), qui le comparait à lui-même ou peut-être à Anytus. J'ai bien de la peine à admettre ce biais : un poète tragique dont Aristophane s'était à plusieurs reprises occupé, auquel Euripide passait pour avoir fait des emprunts, encore qu'il pût passer pour jeune, ne pouvait pas être si inconnu et si obscur que Socrate ne soit pas sûr de son nom.

Puisqu'on est contraint de faire des hypothèses, j'aurais mieux aimé supposer l'existence d'un troisième Mélétus (2), poète très-jeune et très-obscur, comme Platon nous le dit; mais d'une obscurité telle, que les scholiastes, pour n'être pas à court de renseignements sur sa personne, l'ont confondu avec le poète tragique, victime des plaisanteries d'Aristophane, amant de Callias et complice d'Alcibiade dans la profanation des mystères. Quant à déterminer lequel des deux fut le négociateur heureux du traité de paix conclu avec Lacédémone, nous n'avons aucun moyen de le faire, et nous ne l'essayerons même pas.

Quant à l'accusateur de Socrate, on ignore

---

(1) Fynes Clinton, *Fast. Hellen*, II, p. 91 : « An age « which might be called young in comparison with that « of Socrates or perhaps of Anytus. »

(2) M. K. Hermann en fait le fils du poète, qu'il distingue de l'amant de Callias.

absolument quel fut le mobile particulier qui le poussa à cette mauvaise action. Le scholiaste de Platon, Diogène de Laërte et Libanius (1), prétendent qu'Anytus avait acheté la complicité de Mélétus, qui faisait tout pour de l'argent; mais dans l'incertitude où nous sommes sur la vraie individualité de ce personnage, il ne serait pas prudent d'attacher trop d'importance à ces assertions de témoins si éloignés.

Quoi qu'il en soit, Mélétus expia son crime : Diogène semble dire (2), et Thémiste dit en termes exprès, qu'il fut traduit devant les tribunaux sur la poursuite d'Antisthène et légalement condamné à mort. Mais Diodore de Sicile (3) raconte que, saisi de repentir et de remords, le peuple athénien, dans un emportement de colère, massacra sans jugement tous les accusateurs de Socrate; Suidas complète le récit, en ce qui concerne Mélétus, en disant que ce fut à coup de pierres.

Ce fut Antisthène qui poursuivit également,

---

(1) Schol. Plat., *Apol.*; 18 b; Diog. L., II, 38. Liban., *Apol. Socr.*, p. 11.

(2) Diog. L., II, 43 : Μελήτου δὲ θάνατον κατέγνωσαν; et VI, 9, il ajoute, en parlant d'Antisthènes : αὐτὸς καὶ Μελήτῳ αἴτιος γενέσθαι δοκεῖ τοῦ θανάτου; ce qui veut dire sans doute qu'Antisthène l'accusa. Thém., *Or.*, xx, 293.

(3) Diod. Sic., XIV, 37.

au dire de Diogène, Anytus, qu'il fit condamner à l'exil (1). Cet Anytus semble n'avoir rien de commun avec celui que Timoclès, poète de la comédie moyenne, dans la pièce des *Icariens*, appelle ὁ παχύς (2), ni avec celui que Démosthène produit comme témoin dans son discours contre Néère (3), et auquel il donne pour père Lacias, et pour ancêtres ceux qu'on appelle les Brytides. L'accusateur de Socrate était fils du riche et sage Anthémion, qui devait sa fortune non pas au hasard ou à la générosité d'un testateur, mais qui l'avait faite lui-même par son intelligence et son travail (4). Comme Lysias, Démosthène et Sophocle, qui s'étaient enrichis dans la vente et la fabrication des armes; comme Platon, qui avait pu subvenir aux frais de ses voyages par un grand commerce d'huiles, le père d'Anytus avait créé, et Anytus exploitait un établissement de tannerie, qu'en bon père de famille et en bon négociant il entendait laisser à son fils qu'il élevait en conséquence (5). Organe des intérêts les plus positifs, les intérêts

---

(1) Diog. L., VI, 9.
(2) Athén., VIII, 339 d.
(3) Dém., 1366, Reisk.
(4) Plat., *Men.*, 90 a.
(5) Schol. Plat., 18 b, 23; Xén., *Apol.*, 29; *Epist., Socr.*, VII, p. 30.

de l'industrie et du commerce, richesse et force de l'État, Anytus, dans le procès où Mélétus avait en apparence le premier rôle, le rôle de protagoniste, représentait les classes commerçantes et ouvrières et en même temps les hommes politiques (1). Son influence dut être considérable. Toute l'*Apologie* de Libanius est une réponse à Anytus seul, qui, suivant ce rhéteur, était monté à la tribune après Mélétus et avant Lycon (2). Il avait trouvé fort mauvais que Socrate l'admonestât publiquement, et lui reprochât de ne penser à faire de son fils qu'un tanneur (3). Ses sentiments politiques, tout au-

---

(1) Il y a peut-être dans ce rapprochement une ironie de Platon : Eh quoi! les industriels, les commerçants, des hommes politiques! et leur chef, un tanneur! Quelle monstruosité!

(2) Liban., *Apol.*, t. III, p. 1, Reisk.

(3) Xén., *Apol.* : περὶ βύρσας παιδεύειν. Le scholiaste de Platon, *Apol.*, 18 b, dit, avec Diog. L., II, 38, que Socrate le plaisantait sur sa profession, et que l'accusation qu'il soutint ne fut qu'une vengeance d'un amour-propre blessé. Ce conte est reproduit par Libanius, qui ajoute (p. 11) que, l'acte d'accusation déjà déposé, la cause déjà annoncée, Anytus fit proposer à Socrate une réconciliation, s'engageant à renoncer à la poursuite, à condition que Socrate s'engagerait à ne plus se moquer de sa profession. Mais qu'y a-t-il d'historique dans les faits articulés par Libanius, dont l'œuvre est une composition toute sophistique, un exercice de rhétorique et une déclamation d'école? Comment croire que Socrate

tant que ses légitimes prétentions à élever son fils comme il l'entendait, avaient contribué à l'irriter contre Socrate. Il avait combattu et souffert pour la liberté et la démocratie, et n'était revenu de l'exil qu'avec Thrasybule et après avoir perdu une partie de sa fortune (1). Isocrate atteste que bien qu'il eût cruellement à se plaindre du parti oligarchique, et qu'il connût parfaitement ceux qui étaient les auteurs du mal qu'il avait souffert, fidèle au serment d'amnistie, il ne voulut, pas plus que Thrasybule, les poursuivre ou les inquiéter (2). Cependant, sans aller jusqu'à des poursuites judiciaires, on peut, sans calomnie, croire qu'Anytus avait rapporté de l'exil un fond d'irritation et de mécontentement, et il semble même, de haine; il s'en prenait à tous les sophistes comme à Socrate ; il gémissait de l'aveuglement déplorable des jeunes gens, des pères de famille, des cités, qui, au lieu de

---

fût si aristocratiquement dédaigneux, lui, le tailleur de pierres et le fils d'une pauvre sage-femme? Comment croire qu'Anytus fût si susceptible, lui qui se laissait appeler par Théopompe une pantoufle dans la pièce des Στρατιώτιδες, et par Archippe un savetier dans celle des *Poissons?*

(1) Isocr., *adv. Callim.*, § 11; Xén., [*Hellen.*, II, 3; Lysias, *adv. Agor.*, § 78; Diod. Sic., XIII, 63; *Epist. Plat.*, VII.

(2) Isoc., *adv. Callim.*, § 11.

proscrire ces éloquents professeurs d'une science dangereuse, les accueillaient et les comblaient d'honneur et d'argent. Quant à lui, il s'était fait un devoir de rompre tout commerce avec eux et de les ignorer complétement (1).

C'était un citoyen non-seulement riche, mais populaire, très-influent, très-puissant, et qui avait occupé les plus hautes magistratures de l'État (2). Antérieurement à l'année 411, il avait été archonte (3). On le voit ensuite commander une flotte de trente vaisseaux envoyés contre Pylos (4); enfin Lysias (5) nous le montre à Phylé, l'un des chefs de ces proscrits héroïques qui rendirent plus tard à leur pays la liberté et la paix. Aussi son nom est associé par Isocrate, comme par Xénophon (6), à celui de Trasybule. Dans l'exil même, il donna envers Agoratus l'exemple d'une conduite pleine de clémence et inspirée par une sage et généreuse politique.

(1) Plat., *Men.*, 92 a.
(2) Plat., *Men.*, 90 a; *Ep. Plat.*, t. III, p. 325 : δυναστεύοντές τινες.
(3) Lys., *adv. Dard.*, p. 58, Auger. C'est du moins ainsi que Fréret interprète le mot ἄρχοντας, que M. K. Hermann interprète dans un sens plus général, celui de σιτοφύλακας.
(4) Diod. Sic., XIII, 64.
(5) *Adv. Agor.*, I, p. 368, Aug.
(6) Xén.. *Hellen.*, II, c. III, § 42.

L'expulsion des Trente ajouta, comme on le devine, à son crédit et à son influence; Andocide, dans sa péroraison éloquente, l'appelle à son secours et le prie de venir prendre sa défense avec Céphalus (1). Or, Céphalus avait eu, avec Archinus, la plus grande part au rétablissement des anciennes lois (2). On peut donc croire qu'Anytus n'avait pas été étranger à cette politique, à laquelle, suivant Dinarque, fut dû, non moins qu'aux victoires d'Iphicrate, de Chabrias et de Timothée, le rétablissement peu durable, mais brillant encore, de la puissance et de la gloire d'Athènes (3).

On veut, ce qui est loin d'être évident, que les éloges donnés à son père, que Platon appelle un homme sans orgueil et sans haine, modéré et économe, soient autant de traits dé-

---

(1) *De myst.*, p. 5, ed. H. St.
(2) Cf. Dinarch., *adv. Dem.*, p. 177 et 185.
(3) On serait disposé à croire que Libanius (*Apol. S.*, p. 20, l. 15) fait allusion à Anytus, lorsque, après avoir dit de Socrate : « A-t-il fait partie de l'oligarchie des Quatre Cents? de la tyrannie des Trente? A-t-il imité Pisandre? s'est-il rangé du parti de Théramène? » il ajoute : « C'est là le fait d'un autre (ἑτέρου), d'un homme qui fut du conseil des Quatre Cents, et qui, plus tard, eut à rendre compte des crimes qu'il avait commis. » Mais on ne saurait s'arrêter à cette interprétation : Libanius n'ignorait pas qu'Anytus avait joué un rôle politique tout différent.

cochés contre les défauts du fils, qui cependant avait reçu une bonne éducation, ou du moins, comme dit Platon, ce que les Athéniens entendaient par là (1). On a voulu trouver dans des vices de caractère, et dans les ressentiments d'un ignoble amour méprisé, l'origine de cette irritation qui éclate en menaces dans le dialogue de Platon (2). Accusé pour le mauvais succès de l'expédition de Pylos qu'il commandait, il n'aurait dû son acquittement qu'à la corruption des juges, détestable pratique dont il aurait donné le premier l'exemple (3).

De plus, il aurait été l'amoureux malheureux et jaloux d'Alcibiade, qui prodiguait à Socrate les marques de la plus grande affection, et lui offrait l'honneur tant envié de manger et de lutter avec lui, et même de coucher dans sa tente (4). L'histoire qu'on raconte à ce sujet, quoiqu'elle porte sur des relations que nous ne pouvons pas même désigner par leur nom, ne donne pourtant pas du caractère d'Anytus une

---

(1) *Men.*, 90 a.
(2) *Men.*, 92, 94 e.
(3) Harpocrat., v. Δεκάζων; Plut., *Coriol.*, XIV; schol. Æsch. c. Tim., § 87; Diod. Sic., XIII, 64, qui fixe la date à la quatrième année de la 92e olympiade, quatre ans avant la fin de la guerre du Péloponèse.
(4) Plut., *Alcib.*, IV; *Amator.*, XVII; Athén., XII, 534 e.

idée aussi défavorable. Il invite un jour Alcibiade à souper ; celui-ci refuse ; puis, ivre, s'en va faire vacarme à la porte du festin où il avait été prié, et, sans daigner entrer, ordonne aux esclaves qui l'accompagnaient de prendre sur la table et d'emporter chez lui la moitié des coupes et des vases qui y étaient étalés ; les convives s'indignent de cette insolence méprisante et de ce sans-façon de grand seigneur mal appris. Anytus sourit et répond : « Sachons-lui gré au contraire de sa modération, car, s'il l'avait voulu, il aurait bien pu tout prendre (1). » C'est au moins spirituel et certainement libéral. D'ailleurs l'anecdote est suspecte ; comment, si les dédains d'Alcibiade eussent provoqué contre Socrate les ressentiments d'un amant maltraité et jaloux, comment Xénophon et Platon n'en eussent-ils pas dit un mot ?

Il est probable qu'aveuglé par ses opinions et le sentiment même du danger que faisaient courir à l'État ces rivaux heureux des hommes politiques (2), Anytus ne vit et ne poursuivit dans Socrate qu'un sophiste plus habile et plus dangereux que tous les autres, dont les leçons avaient formé ce Critias, tyran sanguinaire

---

(1) Plut., *Alcib.*, 4 ; *Amat.*, XVII ; Athén., XII, 534.
(2) Plat., *Rep.*, VI, 493 a : ἀντιτέχνους.

d'Athènes (1). Il paya, dit-on, de sa vie cette injustice. Accusé par Antisthène et exilé, il eut le malheur d'aller à Héraclée pour y vivre; il y fut reconnu par quelques jeunes gens qui avaient autrefois connu Socrate, et qu'Antisthène avait déjà, à Athènes, excités contre lui. Suivant le récit de Maxime de Tyr, il fut lapidé, et on montrait encore de son temps, dans les faubourgs de la ville, la place où il avait été massacré, et où on lui avait donné la sépulture (2). Diogène de Laërte se borne à dire qu'il reçut l'ordre de quitter Héraclée le jour même où il y était arrivé (3). Plutarque a une autre version sur sa fin. Les Athéniens, dit-il, conçurent une telle horreur contre les infâmes délateurs de Socrate, qu'ils leur refusaient du feu, qu'ils ne daignaient pas répondre à leurs questions, qu'ils ne voulaient pas au bain se servir de la même eau et faisaient vider celle où ils avaient touché. Ne pouvant supporter une pareille aversion, ces malheureux, et Anytus entre eux, se pendirent de désespoir.

Les procédures préparatoires devant le conseil des Prytanes, pour amener un jugement

---

(1) Æsch. c. *Tim.*, § 173 : ὑμεῖς, ὦ Ἀθηναῖοι, Σωκράτην τὸν σοφιστὴν ἀπεκτείνατε ὅτι Κριτίαν ἐφάνη πεπαιδευκώς.
(2) Max. Tyr., *Orat.* XX, p. 263; Diog. L., VI, 10
(3) Diog. L., II, 43.

par lequel l'accusation serait reçue et par lequel on déclarerait qu'il y avait lieu de poursuivre, d'assigner et de juger Socrate (1), furent conduites par Lycon qui, dans le procès, représentait les griefs et l'irritation des orateurs (2). Ce personnage, que Diogène de Laërte appelle un démagogue (3), prit la parole, comme Anytus, en qualité d'auxiliaire de l'accusation, συνήγορος, σύνδικος (4), et Platon constate que c'est par leurs efforts unis que Mélétus put obtenir gain de cause.

Il y avait à Athènes une sorte de collége d'orateurs de l'État, sous le nom de ῥήτορες, συνήγοροι, σύνδικοι, chargés par le peuple, tantôt de poursuivre l'acceptation ou l'abrogation d'une loi, tantôt de plaider des causes publiques. Ces avocats, qu'en Angleterre on appellerait de la couronne, recevaient du trésor une drachme par chaque plaidoyer, honoraires appelés τὸ

(1) Le dialogue de l'*Eutyphron* semble indiquer qu'il s'écoula quelque temps entre les procédures préliminaires et le jugement.

(2) Plat., *Apol.* 23 e : ὑπὲρ τῶν ῥητόρων.

(3) II, 38. Je ne sais où Libanius (*Apol.* S., t. III, p. 13) a pris qu'Anytus aurait demandé l'intervention dans le procès, des orateurs, lesquels, ajoute-t-il, n'avaient le droit de requérir que contre τῶν τὰ κοινὰ πραττόντων, καὶ ἐπὶ βῆμα ἀνιόντων καὶ γνώμας ἀναγορευσάντων καὶ ψηφίσματα γραφόντων.

(4) Plat., *Apol.*, 36 a.

συνηγορικὸν (1), et formaient une espèce de magistrature, jouant en quelque manière le rôle d'un ministère public; mais il n'est guère probable que ce soit de cette corporation restreinte qu'il s'agisse ici. L'équivalent dont se sert Diogène, en appelant Lycon un démagogue, montre qu'il est question d'une classe d'individus plus puissante et plus nombreuse, et dont l'intervention dans les affaires publiques n'était pas, comme celle des orateurs fonctionnaires, déter-

---

(1) Aristoph., *Vesp.*, 691, et schol. Ils différaient des simples orateurs ou citoyens qui prenaient la parole dans les assemblées quand bon leur semblait. Ainsi Eschine (*in Tim.*, 22) oppose τῶν ἰδιωτῶν à τῶν ῥητόρων, et Démosthène, *Phil.* IV, distingue des particuliers, ἰδιώταις, les orateurs, qu'il appelle πολιτευομένους. Dans la *Couronne*, peignant la consternation de la ville à la prise d'Élatée, Démosthène s'écrie que personne dans l'assemblée n'osa demander la parole, quoique tous les stratéges et tous les *Orateurs* fussent présents.

Eschine même distingue (*in Ctesiph.*, p. 55), les τούς τε ἐκ τοῦ βουλευτηρίου ῥήτορας et τοὺς ἐκ τοῦ δήμου, comme si le conseil et le peuple nommaient, chacun de son côté, des commissaires pour soutenir ou attaquer les propositions de lois. La scholie des *Guêpes*, citée plus haut, et la scholie de *Plutus*, v. 972, nous apprennent qu'ils étaient au nombre de dix. Lorsqu'ils parlaient dans l'assemblée ils prenaient une couronne (Aristoph., *Eccles.*, v. 131, et schol., 133, 148, 163, 171). Il était interdit de remplir cette fonction avant l'âge de quarante ans, et l'on ne pouvait en être revêtu qu'une seule fois. Les conditions morales exigées étaient des plus sévères.

minée et limitée (1). Lycon se présentait au nom de tous ceux qui, par la parole, prétendaient à une action politique et à une influence dans le gouvernement (2).

Quant à lui, c'était un Ionien de naissance, du dème de Thoricium, pauvre diable d'ailleurs, bafoué par les poètes comiques, Cratinus, Aristophane, Eupolis, Métagène, comme étranger, comme traître et comme mari malheureux; ce qui ne l'empêchait pas d'être les délices de l'Agora (3), où Dion l'accuse d'avoir trop aimé à faire le métier d'accusateur et de sycophante (4). Il avait un fils, nommé Autolycus. Xénophon, qui l'introduit dans son *Banquet*, lui met dans la bouche quelques paroles gracieuses pour Socrate. Si c'est bien le même personnage dont parle Ctésias (5), non-seulement Lycon eût fait commerce d'accusation, mais il

---

(1) Nous avons vu que Libanius limite leur action judiciaire au cas où les accusés auraient pris part à l'administration de l'État.

(2) Sur les démagogues, voir *Hist. de la démagogie* (Philomathie de Wachler); Roetscher, *Aristophanes*, p. 154. Sur les orateurs, Sigonius, IV, 6; S. Petit, III, p. 344; Schoeman, *De comit. Athen.*, p. 107; *Acad. inscript.*, t. XLIII, p. 1.

(3) Schol. Plat., *Apol.*, 23 b : ἀγορᾶς ἄγαλμα; Aristoph., *Lysist.*, 270; schol., l. l., et *ad Vesp.*, 1169.

(4) Dion Chrysost., *Orat.*, 55, 22.

(5) *Persic.*, § 52.

avait vendu la ville de Naupacte et livré pour une somme d'argent, au roi de Perse, son compagnon d'armes Pisuthnès (1).

Voilà les trois personnages nommés par Platon comme accusateurs de Socrate, les seuls qui figurent également comme parties au procès, suivant le récit d'Antisthène, dans son *Histoire de la succession des philosophes*, citée par Diogène (2), où il représente comme Platon les mobiles et les intérêts de chacun d'eux.

Il est certain que tous les trois prirent la parole ; mais il est présumable que Mélétus dit peu de chose, et que ce fut sur Anytus, que toutes les traditions donnent comme l'âme de ce complot, et sur le mercenaire Lycon, que retomba la lutte oratoire ; c'est du moins à ceux-ci que Socrate attribue sa condamnation (3). Le discours que Libanius met dans la bouche d'un ami de Socrate, et qui est uniquement dirigé contre Anytus ; certaines expressions de l'*Apologie* de Platon, autorisent même à croire qu'Anytus y remplit le rôle le plus considérable et décisif (4).

Outre ces trois personnages, Diogène en

---

(1) Schol. Plat., *Apol.*, 23 b.
(2) II, 38.
(3) Plat., *Apol. S.*, 36.
(4) *Ep. Socr.*, 14 : ἦν μὲν γὰρ ἡ ῥίζα τῆς γραφῆς.

nomme encore deux autres : Polyeucte qui, au rapport de Phavorin, prononça les plaidoyers, et Polycrate le sophiste qui, suivant Hermippe, avait écrit le discours attribué par d'autres à Anytus lui-même (1). Polyeucte ne peut avoir été une partie importante au procès, car alors son nom n'aurait pas été omis par Platon : ce n'est pas une raison cependant pour nier son existence et changer le texte de Diogène, en substituant, comme le propose M. K. F. Hermann, dans la phrase εἶπε καὶ τὴν δίκην Πολύευκτος, le nom d'Anytus, et en remplaçant également par le nom de Polyeucte celui d'Anytus, contenu dans la suivante συνέγραψε τὸν λόγον Πολυκράτης, ὥς φησιν Ἕρμιππος, ἢ Ἄνυτος ὥς τινες, en sorte que le dissentiment d'Hermippe et des autres ne porterait que sur une légère différence d'écriture, puisque Polycrate peut être facilement confondu avec Polyeucte.

Polyeucte n'est pas absolument inconnu : Ruhnkhen (2) a trouvé son nom dans un grammairien, et Bekker, dans ses *Anecdota* (3), cite un discours d'Antiphon contre Polyeucte. Ménage en cite un autre de Dinarque contre le même,

---

(1) Diog. L., II, 38.
(2) *Hist. crit. orat. gr.*, p. 80.
(3) P. 82.

d'après Denys d'Halicarnasse (1). Ne pourrait-on admettre avec Fréret que ce fut ce Polyeucte qui, dans l'action préliminaire, pour obtenir une ordonnance de renvoi, poursuivit devant le conseil des Cinq-Cents, et, guidé par Lycon, avait prononcé le plaidoyer (2).

Le fait que le sophiste Polycrate avait écrit un discours contre Socrate, est attesté par une lettre écrite au nom d'Eschine, et qui fait partie du recueil des *Lettres socratiques*. Il est qualifié du titre de logographe par Thémiste, qui prétend que le plaidoyer composé par Polycrate exerça sur les juges une fascination magique (3) ; par Suidas, qui ajoute qu'il écrivit deux plaidoyers, l'un pour Mélétus, l'autre pour Anytus; enfin par Ælien (4) et par Quintilien (5).

C'était un homme pauvre, nous apprend l'auteur de l'argument du *Busiris* d'Isocrate, et c'était cette situation qui l'avait contraint à faire le métier de sophiste. Au moment où Isocrate lui adressa son *Busiris*, il vivait, quoique

---

(1) Harpocrat., v. Ἐκφυλλοφορῆσαι.

(2) Fréret, *Acad. inscript.*, t. XLVII, p. 212.

(3) Thém., *Orat.* 23, p. 296, Hard. : ἐξηπατήθησαν καὶ ἐγοητεύθησαν.

(4) *Hist. V.*, XI, 10.

5) 11, 17.

Athénien de naissance, dans l'île de Chypre, où probablement il tenait école de rhétorique (1). Pour qui a-t-il écrit le ou les discours qu'on lui prête? Il n'est pas probable que ce fût pour Lycon, orateur distingué lui-même. La lettre supposée d'Eschine que nous citions tout à l'heure, dit que ce fut pour Mélétus, qui n'en profita guère, s'il faut en croire ce récit; car il l'avait appris par cœur, comme font les écoliers leurs déclamations, et lorsqu'il fut monté à la tribune de l'accusateur, il se troubla, perdit la mémoire, et finalement, ayant compromis par cet échec sa réputation et la force de son discours, fut obligé de descendre au milieu de la risée universelle. Suidas et Thémiste prétendent qu'il fut écrit pour Anytus; mais nous savons que dans sa haine pour les sophistes, Anytus avait rompu tout commerce avec eux, et qu'il devait partager la répulsion, commune à tous les hommes politiques de ce temps, contre les logographes (2).

Fréret, et avant lui Bentley (3), ont fait observer, après Phavorin, que ce discours de Polycrate n'était pas authentique. Il résulte, dit Fréret, du préambule de l'*Éloge de Busiris* d'I-

---

(1) Cf. Spengel, *Artt. Script.*, p. 75.
(2) Thém., *Orat.*, XXIII; Plat., *Phœdr.*, 257.
(3) *De ep. Socr.*, Orell., § 6.

socrate, « que ce Polycrate était un sophiste de son temps, qui, pour donner des preuves de son éloquence et pour montrer combien le choix des sujets lui était indifférent, avait composé deux déclamations, l'une contre Socrate, l'autre en faveur de Busiris. Cependant l'auteur de l'argument du *Busiris* d'Isocrate soutient que ce discours de Polycrate était celui par lequel Anytus avait fait condamner Socrate, sans songer que cela est formellement contraire à Isocrate lui-même. » Rien dans le texte du discours d'Isocrate ne me paraît contraire à l'argument cité : c'est donc par d'autres raisons qu'il faut se décider. Phavorin avait remarqué qu'il était question dans le discours de Polycrate du rétablissement des *Longs Murs*, qui n'eut lieu par les soins de Conon que six ans après la mort de Socrate. Il serait donc impossible d'y voir un discours réellement prononcé dans le procès, et puisqu'il a existé, il est plus naturel d'y voir une composition d'école, un exercice de rhétorique, une déclamation sophistique enfin, comme celle dont le sophiste se vantait dans l'*Eloge de Busiris*, et qui ne valait pas mieux, suivant Isocrate; ce travail serait alors comme le pendant, dans le sens opposé, de l'*Apologie* de Libanius. Tout en admettant cette conclusion, M. K. F. Hermann a soutenu avec insistance (1) que cette pièce était antérieure à la mort de Socrate et aurait été inspirée par le même sentiment qui dictait à Aristophane, tant d'années avant le procès, la pièce des *Nuées*. Au moment du procès, dit le savant professeur, Polycrate vivait à Chypre et la réputation de Socrate ne pouvait pas être, dans cette île, assez éclatante pour fournir un sujet suffisamment intéressant à une composition sophistique. D'ailleurs, nous savons par les scholies d'Aristide (2) que Lysias avait fait un discours pour Socrate en réponse à Polycrate (3). Or, cette *Apologie* de Lysias a été faite, on le sait, du vivant de Socrate, et si elle est une réponse à Polycrate, l'œuvre du sophiste était donc antérieure à celle de Lysias et *à fortiori* à la mort du philosophe.

Mais l'*Apologie de Socrate* par Lysias, signalée par les anciens (4), a été écrite, non pour lutter d'habileté avec un rival de talent oratoire, mais pour servir aux débats judiciaires; il est peu probable et presque incroyable que le

---

(1) *Gesch. u. Syst. d. Plat. Philos.*, t. I, p. 629, et *De Socrat. accusat.*, p. 15.

(2) T. III, p. 319 et 480.

(3) Spengel, *Artt. Scripptt.*, p. 141 : ὡς Λυσίας ἐν τ ὑπὲρ Σωκράτους πρὸς Πολυκράτην λόγῳ.

(4) Schol. Plat., *Apol.*, 18 b; Diog. L., II, 40 et 41.

rhéteur Polycrate ait choisi pour thème d'une amplification de rhétorique, une accusation contre Socrate, au moment même où pesait sur la tête de cet innocent une accusation réelle et dangereuse; mais M. K. F. Hermann ajoute qu'il n'y a pas dans le discours de Polycrate la preuve qu'on veut y voir, d'une œuvre postérieure au procès. Selon lui, le sophiste avait parlé des *Longs Murs*, et c'est Phavorin qui ajoute, en le citant, qu'ils ont été rebâtis plus tard par Conon. Je ne vois pas sur quoi s'appuie cette interprétation ; comment Phavorin aurait-il, d'un détail ajouté par lui-même, conclu à l'authenticité de la pièce? On pourrait pour tout concilier, admettre que les mots πρὸς Πολυκράτην ont été ajoutés par mégarde ou par légèreté dans les scholies d'Aristide, ou bien, et c'est l'opinion de M. Spengel, que Lysias, refaisant ou éditant son *Apologie*, l'aura adressée, peut-être avec une lettre, à *Polycrate*, ou encore qu'il en aura composé une autre après avoir eu connaissance de celle où le sophiste attaquait une mémoire qui lui était chère. En tout cas, il paraît à peu près prouvé que Polycrate ne joua aucun rôle, ni de sa personne, ni de sa plume, dans la condamnation de Socrate et ne doit pas figurer parmi ses accusateurs.

Du reste, ses accusateurs n'étaient pas ses

seuls ennemis; outre une colère inquiète et sourde, outre un soulèvement général de l'opinion publique, aveugle ou aveuglée, des inimitiés personnelles avaient dû travailler à le perdre; nous ne connaissons pas tous les noms, mais nous en connaissons du moins quelques-uns.

C'étaient Thrasymaque de Chalcédoine, orateur passionné et violent, que Platon nous peint comme une bête féroce, prêt à se jeter sur Socrate pour le déchirer à belles dents (1); peut-être est-ce ce personnage que Platon nomme un orgueilleux logographe, et désigne à la fin de l'*Euthydème* comme un des ennemis acharnés de Socrate (2); Antiphon, nommé par Diogène (3), qui exerçait le métier de devin, expliquant les songes et les prodiges, et se mêlant à ses moments perdus, s'il faut en croire Hermogène, de faire celui de rhéteur et de logographe (4); un Antilochus de Lemnos,

---

(1) *De Rep.*, 336 b : ὥσπερ θηρίον ἦκεν εἰς ἡμᾶς ὡς διαρπασόμενος.

(2) *Euthyd.*, 305 c. C'est l'opinion de Winckelmann, *Prolegg. ad Euthyd.*, p. xxxiv. M. Stallbaum croit qu'aucun individu n'est désigné et que Platon dépeint ici toute une classe, celle des écrivains de discours.

(3) II, 46 : τοῦτο ἐφιλονείκει.

(4) Vossius, *De hist. Græc.*, p. 373; Ménag., *ad Diog. L.* II, 46; Fréret, *Acad. inscript.*, t. XLVII, p. 262.

signalé par Aristide dans son troisième livre sur la *Poésie* (1), et dont on ne connaît rien, pas même exactement le nom (2); enfin, Aristophane, le célèbre poète comique, auquel, à tort ou à raison, on attribue une influence considérable sur le sort de Socrate, par sa comédie des *Nuées*. On sait le rôle que le philosophe joue dans cette pièce, et quoi qu'on puisse penser de l'influence qu'elle a exercée sur sa condamnation, on ne peut pas dire assurément qu'elle soit l'œuvre d'un ami, ou même d'un indifférent. Représentée en 423 pour la première fois, si elle a eu deux représentations, comme elle a eu certainement deux éditions, cette pièce, qu'il n'est pas nécessaire de croire composée à l'instigation du haineux Anytus, quoi qu'en dise Diogène, n'est pas la seule où Aristophane a livré ce nom respectable à la risée publique, par des plaisanteries, sinon toujours cruelles, du moins toujours menteuses. Dans les *Oiseaux*, pièce jouée en 414, il lui reproche, et nous savons que c'est un reproche dénué de vérité, sa négligence de costume et sa saleté (3). Dans les *Gre-*

---

(1) Cet ouvrage, cité par Diog. L., II, 46, est perdu.
(2) A la fin de la Vie de Pythagore Diogène donne Ἀντίδικος.
(3) Vers 1271 : ἐρρύπων... ἐσωκράτουν, et 1554 : ἄλουτος οὗ ψυχαγωγεῖ Σωκράτης.

nouilles(1), dont la date se rapproche beaucoup de celle du procès, il signale son intimité avec Euripide, ce philosophe du théâtre, ce sophiste des poètes, comme on l'appelait (2), et qui passait pour faire ses tragédies en collaboration avec Socrate (3). Assurément ce n'était pas une intention bienveillante qui animait Aristophane à l'égard d'Euripide, et on peut croire qu'en associant à son nom celui de Socrate, il satisfaisait doublement un sentiment qui n'a rien de commun avec l'amitié. Je ne juge pas encore la conduite d'Aristophane, je me borne à constater que, soit passion, soit devoir, elle n'a rien eu d'affectueux, ni même d'impartial. Je sais que pour l'expliquer et ôter au poète tout motif d'inimitié personnelle, on rappelle les éternels et réciproques griefs de la philosophie et de la comédie grecques, et le scholiaste d'Aristophane insiste sur ce fait, que les autres comiques n'avaient pas plus que lui ménagé Socrate (4). La plaisanterie que les hommes sont sous la voûte céleste qui les enferme,

---

(1) Vers 1491.
(2) Plut., *Opp.*, V, p. 848; Athén., IV, 48; Sext. Emp., adv. *Mathem.*, I, 288 : σκηνικὸς φιλόσοφος.
(3) Diog. L. II, 19. C'est pour cette raison qu'Euripide fut ménagé par tous les socratiques.
(4) *Nub.*, 97.

comme des charbons dans un vaste étouffoir, avait été déjà faite par Cratinus contre le philosophe Hippon. Eupolis, qui ne fit mention que rarement de Socrate, fut plus odieux qu'Aristhophane, car, dans sa comédie, on pouvait voir le philosophe, au moment où son tour arrive de chanter, glisser l'aiguière d'argent sous son manteau pour la dérober (1). Il ne cachait pas les sentiments qui l'animaient : « Je hais, disait-il, ce vieux bavard, ce vieux gueux, qui passe sa vie à méditer, et n'a jamais médité au moyen d'avoir de quoi manger (2). » Ameipsias, dans son *Connus*, qui avait remporté le prix sur les *Nuées* d'Aristophane, y avait inséré ces vers que nous a conservés Diogène (3) : « Socrate, homme rare parmi les hommes rares, mais le plus fou parmi les fous, et toi aussi tu viens à nous ; tu es capable sans doute de supporter toutes les privations, mais tu n'as pas de quoi

---

(1) Aristophane n'est pas en reste : car (*Nub.*, v. 181) il accuse aussi Socrate d'avoir volé un manteau dans un gymnase. Chéréphon n'était pas mieux traité : Aristophane l'appelle un voleur, un fils de la Nuit, un hibou. (Schol., *Apol. Plat.*)

(2) Meinek., *Fragm. Com.*, p. 553, frag. 311 :

Μισῶ δ'ἐγὼ καὶ Σωκράτην τὸν πτωχὸν ἀδολέσχην
ὃς τἄλλα πεφρόντικεν,
ὁπόθεν δὲ καταφαγεῖν ἔχοι τούτου κατημέληκεν.

(3) Diog. L., II, 28.

te faire faire un manteau (1). » Avant Aristophane, Diphile, dont Meineke fait un poète iambique, avait attaqué le philosophe Bœdas (2), et ce que les poètes de l'ancienne comédie avaient fait à visage découvert contre Socrate et d'autres philosophes, les poètes de la moyenne le firent, avec plus de discrétion il est vrai, contre les académiciens et les pythagoriciens (3.)

C'est ainsi qu'on explique comment Platon a donné, dans son *Banquet,* une place au grand poète comique, et on soutient que le disciple dévoué et fidèle n'aurait pas fait asseoir à la même table, causer avec une familiarité aimable et enjouée, se livrer à l'entraînement d'une débauche commune, Aristophane et Socrate, s'il avait pu croire que ce dernier eût été

---

(1) Athénée (V, 218) nous dit que, dans cette pièce, Ameipsias n'avait pas mis Protagoras dans son chœur de penseurs, φροντιστῶν. Je ne vois pas pourquoi Roetscher (*Aristoph.*, p. 433) ne veut pas qu'on prenne ici le mot chœur dans son sens étroit et technique. Meineke, p. 208, et Fritzsch (*Qu. Aristoph.*, t. I, p. 243) ont conclu, avec raison suivant moi, du récit d'Athénée qu'Ameipsias avait introduit dans son *Connus* un chœur de sophistes occupés à la méditation et à la contemplation. Les sophistes et les philosophes, en tout cas, y étaient joués, et probablement Socrate y avait une belle part.

(2) Schol. Arist., *Nub.*, 71; Meinek, *Hist. crit. com.*, p. 449.

(3) Platon le Comique avait fait une pièce contre les sophistes. Schol. Arist., *Nub.*, 330.

la victime de l'autre. On a donc dit, tantôt qu'il n'y a rien de grave et d'offensant dans les critiques d'Aristophane, tantôt que celui-ci se serait réconcilié avec le philosophe qu'il aurait appris à mieux connaître, et qu'il aurait même fait à cette nouvelle amitié le sacrifice de ne pas remettre à la scène la seconde récension qu'il avait faite des *Nuées*.

Quant à ce qui concerne la gravité des imputations du poète, nous pouvons nous en rendre compte par l'impression qu'en avait reçue Socrate lui-même : impression constatée par trois passages qui, bien qu'émanés tous trois de Platon, n'en paraissent pas moins avoir une valeur historique (1).

Le premier est le plus grave : quoiqu'il ne se plaigne nulle part des autres poètes comiques, Socrate se plaint ouvertement d'Aristophane, constatant que des calomnies longues et habiles ont rempli le peuple athénien de soupçons contre sa personne ; il s'écrie qu'il est cruel pour lui de ne pouvoir démasquer ces accusateurs inconnus, dont il ne peut connaître ni la personne ni le nom, à l'exception d'un certain faiseur de comédies, τὶς κωμῳδοποιός. Puis, il cite les traits lancés contre lui dans la comédie des

---

(1) *Apol.*, 18 c, et 19 c ; *Phædon*, 70 b.

Nuées, où il était dépeint comme un homme dont la démarche révèle l'égarement, qui a la prétention de marcher dans les airs, et qui débite mille sottises sur des sujets dont il ne sait ni peu ni prou. Enfin, dans le *Phédon*, au moment d'aborder la question de l'immortalité de l'âme, il s'arrête pour faire observer que si quelqu'un l'entendait parler en ce moment, il ne pourrait pas dire, fût-il même un poète comique, qu'il perd son temps à bavarder (1) et à parler de choses qui ne l'intéressent pas.

Il est difficile d'admettre avec M. Stallbaum, que Socrate ne se plaint pas ici d'Aristophane, mais de la légèreté frivole avec laquelle le public va chercher, dans des plaisanteries sans fondement sérieux, des sujets d'une accusation grave et bientôt d'une accusation capitale (2). Si l'on ne sent pas dans le ton de ces passages une amertume profonde et un reproche

---

(1) Ἀδολέσχω. Sur l'ἀδολεσχία reprochée aux philosophes par les comiques, voir Ruhnkh. *ad Xen. Mem.*, 1, 2, 31 : τὸ κοινῇ τοῖς φιλοσόφοις ὑπὸ τῶν πολλῶν ἐπιτιμώμενον. Est-il question ici de la physique ou de la rhétorique sophistique ?

(2) Stallb., *De rationibus quibusdam quæ inter Socratem et ejus adversarios intercesserunt* (p. 15). Mais M. Stallbaum exprime une opinion très-différente ailleurs (*Prolegg. ad Plat. Symp.*, XLV) : « Acerbius in Apo- « logia Socrates de Aristophanis calumniis conquestus « est. »

sévère et indigné, c'est que le caractère de Socrate ne se prêtait pas à cette véhémence d'indignation, et on ne peut s'empêcher d'y reconnaître un orgueil assez dédaigneux et une ironie pénétrante, si elle n'est pas cruelle.

Maintenant, croire à une réconciliation de Socrate et d'Aristophane, opinion à laquelle M. Stallbaum a renoncé après l'avoir vivement soutenue (1) et qu'avait proposée Groen Van Prinsterer, c'est oublier et les termes même de l'*Apologie de Socrate*, et la date où se place nécessairement dans sa vie ce discours plus ou moins historique. D'un autre côté, croire que Platon avait pardonné au poète, soit la part qu'il avait pu prendre au procès de Socrate, soit la haine qu'il lui avait témoignée, semblerait accuser l'indifférence ou la tiédeur pour une mémoire qui lui était si chère. On a voulu que le rôle d'Aristophane ait été introduit dans le *Banquet* pour mieux faire sentir par le rapprochement, l'infériorité intellectuelle du poète (2). On voit un reproche amer et violent dans la mention faite par Platon, qu'Aristophane ne s'occupait que de Bacchus et de Vé-

---

(1) Stallb., *De ration.*, p. 14; *Disput. in Euthyd.*, p. 56.

(2) Stallb., *Prolegg. ad Symp.*

nus (1); il est plus naturel de n'y voir qu'une allusion à l'esprit plein de grâce et à l'objet spécial des travaux du poète, et non une critique de ses mœurs, qui ne se serait certainement pas produite en ces termes (2). Le hoquet qui l'empêche de prendre la parole à son tour est considéré comme une ironie malveillante, parce qu'on l'attribue à son intempérance. N'est-ce pas, dit-on, rendre Aristophane ridicule que d'opposer à la fable qu'il raconte le mythe sublime et profond de Diotime, qui prouve qu'une femme même en sait sur l'amour plus long que lui? Enfin l'éloge magnifique de Socrate par Alcibiade, n'est-il pas une réponse victorieuse à toutes les calomnies de l'auteur des *Nuées*, et n'est-il pas suffisamment puni et Socrate suffisamment vengé, lorsqu'il est obligé d'entendre cette apologie et réduit à se taire?

On aura beau faire, on aura bien de la peine à trouver dans ces compliments, ou dans quelques piqûres légères, quelque chose qui ressemble aux cris d'une amitié cruellement blessée (3). Pour moi, je renonce à dire, parce que

---

(1) *Symp.*, e : ᾧ περὶ Διόνυσον καὶ Ἀφροδίτην πᾶσα ἡ διατρίβη.

(2) C'est cependant l'opinion de Wolf et de Fabricius, *Bibl. græc.*, vol. I, p. 706.

(3) Il est vrai qu'Olympiodore, *in Phæd.* p. 44, pense

je les ignore, quels motifs ont poussé Platon à
faire à Aristophane une place à côté de Socrate
dans son *Banquet ;* je me borne à remarquer
qu'il ne serait pas plus aisé d'expliquer pourquoi il a fait de ce monstre de cruauté, du plus
féroce des Trente Tyrans, de celui qui avait interdit à Socrate, sous peine de mort, l'exercice
d'une profession qu'il aimait autant et plus que
la vie ; qui a proféré contre lui des menaces
que la chute de la tyrannie l'empêcha seule
d'exécuter ; pourquoi, dis-je, il a fait de Critias,
dans le *Timée,* un si magnifique éloge, et a immortalisé sa mémoire en lui consacrant le dialogue inachevé qui porte son nom. La parenté
de Platon avec Critias ne sera sans doute aux
yeux de personne une raison ni une excuse.

Maintenant, quels motifs ont poussé Aristophane à donner à Socrate un rôle odieux dans
la comédie des *Nuées ?* A-t-il été acheté par Anytus, comme le disent les huitième et neuvième
arguments, tandis que la scholie du vers 623
dit simplement que ce fut pour être agréable
à Mélétus et Anytus, et observe d'ailleurs que
ses accusations portent sur les philosophes

---

qu'il n'est pas fait allusion à Aristophane, mais à
Eupolis, dans le *Phædon.* C'est une assertion sans
preuves et que les deux passages de l'*Apologie*, applicables uniquement à Aristophane, détruisent.

en général (1). Quand bien même on admettrait qu'Aristophane eût été capable de se vendre pour un tel rôle, comment supposer qu'Anytus eût préparé, vingt-trois ans d'avance, son complot?

Le poète avait-il des raisons personnelles de haïr Socrate? L'auteur du premier argument des *Nuées* est seul à nous dire que ses ressentiments étaient attribués par quelques-uns à la préférence qu'Archélaüs, roi de Macédoine, avait témoignée à Socrate, et dont le comique aurait souffert comme d'une injustice et d'un mépris. L'amitié de Socrate pour Euripide (2) est le seul motif qu'on puisse fournir pour justifier ou plutôt pour expliquer la conduite d'Aristophane; mais on ne peut guère s'arrêter sur une cause si peu naturelle, si mal garantie et désapprouvée même de l'écrivain qui nous l'a racontée. N'y a-t-il pas eu donc d'autre cause que la rivalité des poètes et des philosophes, fondée sur des raisons d'un ordre moral et politique très-élevé (3)?

---

(1) Καὶ τοὺς φιλοσόφους ἀπλοίκως διαβάλλειν.

(2) Il n'allait pour ainsi dire jamais au théâtre, si ce n'est quand on y représentait les pièces de son ami.

(3) Arg. des *Nuées*: τῶν κωμικῶν πρὸς τοὺς φιλοσόφους ἐχόντων τινὰ ἀντιλογίαν.

M. G. Hermann (1) pense qu'Aristophane, non plus qu'Eupolis et Ameipsias, n'a eu des raisons si profondes et si délicates ; ils ont été conduits uniquement par le désir de faire rire, sans qu'on ait droit de leur supposer un sentiment de haine ou d'irritation : or, Socrate leur fournissait un beau sujet. La personnalité de Socrate, connu de tout le monde, vivant constamment sur la place publique, dont la figure était d'une laideur étrange, dont les habitudes et le langage choquaient les usages élégants et même reçus; qui, au milieu de sa pauvreté, gardait, dans l'ironie même de sa patience, le sentiment très-fier d'une supériorité intellectuelle et morale, le rendait très-facile à mettre en scène et très-propre à être le type populaire du philosophe ridicule ou du sophiste grotesque. Il ne faut pas attacher trop d'importance aux invectives de cette comédie ancienne, qui, pour obtenir le succès du rire, se permettait tout. Ainsi s'expliquerait que Platon n'a pas gardé contre Aristophane les amers ressentiments que nous sommes disposés à lui prêter. Socrate nous apparaît consacré par le temps, la gloire et la mort; il n'apparaissait point ainsi à ses concitoyens. Aussi Aristophane

---

(1) *Præf. ad Nub.*, p. 33.

ne commettait-il pas un grand crime quand, vingt-trois ans avant toute poursuite judiciaire, il venait à se moquer de Socrate, comme il se moquait de tout le monde, et du peuple athénien en personne.

Ce sont là, je crois, des idées très-raisonnables et très-justes, et que j'accepte en partie : je dis en partie, parce que je ne puis m'empêcher de penser qu'il y a eu quelque chose de plus sérieux dans les attaques d'Aristophane.

C'est assurément une erreur, ou du moins une exagération, de prétendre que la comédie grecque était une espèce d'institution politique et comme un organe de la démocratie athénienne. Je suis très-persuadé que, chez les Grecs comme chez nous, on allait au théâtre pour se distraire, et à la comédie pour s'amuser et rire ; mais on ne peut s'empêcher de reconnaître que si cet élément, qui est le principe de l'art, domine dans la comédie d'Aristophane, il s'y mêle un élément moral pratique et sérieux, l'intention évidente et avouée d'exercer une action sur l'esprit et les déterminations populaires, intention qu'on ne retrouve pas au même degré dans les littératures modernes, où l'art est plus profondément séparé ou distinct de la vie. La poésie a été précisément, jusqu'au temps des sophistes et de Socrate, l'unique instrument de l'éducation chez les Grecs. Ce n'est pas seulement Homère qui est le maître de la vie morale (1); ce ne sont pas seulement les poètes moralistes, comme Solon, Théognis, Simonide, Phocylide, qui se croient tenus de faire la leçon aux hommes : les poètes comiques eux aussi avaient cette prétention jusqu'à un certain point légitime. Aristophane fixe ainsi lui-même le rôle de la parabase dans la comédie : « Le chœur sacré doit donner de sages conseils et d'utiles leçons aux citoyens (2). Pourquoi devons-nous notre admiration au poète? A cause de la sagesse de ses enseignements. C'est nous qui rendons les hommes meilleurs (3) : aux petits enfants, le maître est celui qui leur parle; mais, pour ceux qui sont arrivés à l'adolescence, le maître, c'est le poète (4). »

Le sujet des *Nuées* a certainement son côté grave ; il pose l'éternel problème, le grand drame de la vie sociale et politique : la lutte du passé et de l'avenir qui se disputent le pré-

---

(1) Dion. Hal., *Ep. ad Pomp.*, p. 756 : δι' ἐν ἦ τ' ἄλλη παιδεία πᾶσα παρῆλθεν εἰς τὸν βίον.
(2) *Ran.*, v. 686.
(3) *Ran.*, v. 1008.
(4) *Ran.*, v. 1083 : τοῖς δ' ἡβῶσιν ποιητής.

sent. La pièce est évidemment dirigée contre les sophistes, qui commençaient à se substituer aux anciens poètes dans l'éducation de la jeunesse, et, par une discussion universelle et une critique souvent sceptique, ébranlaient les règles acceptées de la vie morale, fondée jusque-là sur l'autorité, la tradition et la coutume. Rien n'est plus beau, plus grave, plus tragique même que ces plaidoyers de la Justice et de l'Injustice, mis si vivement en scène par le génie du poëte. Remarquons toutefois que les thèses odieuses ne sont pas mises dans la bouche de Socrate, et qu'aucune personnalité même ne se découvre dans ces éloquentes invectives du sens commun et du sens moral : le Juste et l'Injuste sont des personnages abstraits (1). Mais il n'est pas moins certain que Socrate est représenté comme un maître d'erreurs funestes, ruineuses des relations de famille comme des croyances religieuses ; il est accusé de joindre à des spéculations de physique, vaines et inutiles, qui ne pouvaient que porter atteinte aux idées reçues sur la divinité des astres, à des recherches de dialectique niaise, des railleries

---

(1) M. G. Hermann trouve une des causes de l'insuccès des *Nuées* dans ces deux abstractions personnifiées contraires aux habitudes de la comédie ancienne et au génie même de la comédie.

impies sur les dieux de l'Etat, et surtout une adresse perfide dans cet art sophistique de la parole, qui donne à l'erreur les apparences et les couleurs de la vérité, et sait faire d'une cause injuste la plus juste des causes. Aristophane ne se bornait pas à lui prêter ces théories dangereuses; il montre un père de famille insensé, amenant son fils dans l'école de Socrate pour y apprendre ces belles maximes, et le fils profite si bien des enseignements de son maître que, sans respect pour la piété filiale, il s'oublie jusqu'à frapper son père, et, ce qui est plus grave encore, justifie sa conduite par d'odieux sophismes, et prétend démontrer qu'elle est conforme à la véritable justice. Enfin, et ce trait ne doit pas être mis de côté, le père comprenant, mais trop tard, par sa propre expérience, combien étaient pervers ces principes d'une morale raisonnée, combien funestes ces novateurs audacieux, ne prenant plus conseil que de sa colère, court à la vengeance et incendie la maison de Socrate. N'était-ce pas provoquer directement les ressentiments et les vengeances populaires, et dire hautement que devant de pareilles immoralités et de pareilles impiétés, le mépris et le ridicule ne suffisaient pas; qu'il fallait les détruire par le fer et par le feu; qu'il fallait, en un mot, comme on l'a trop souvent répété depuis, que la société menacée, si elle voulait être sauvée, prît des mesures de salut public où la fin justifie les moyens. Ce n'est pas encore le moment de savoir si Aristophane n'est pas allé trop loin, et s'il est vrai qu'il ait, par son exagération même, compromis le succès de son ouvrage. M. G. Hermann voudrait savoir pourquoi les Athéniens ont préféré les pièces de Cratinus et d'Ameipsias, à celle de leur concurrent qui nous vante lui-même la sienne comme un de ses meilleurs ouvrages. C'est être bien curieux; nous avons perdu les deux comédies qui lui ont ravi le prix, et, par conséquent, toute comparaison paraît impossible. Cette circonstance, qui aurait arrêté tout le monde, n'a pas arrêté l'insatiable et peut-être indiscrète curiosité de l'illustre savant. Il imagine donc qu'en prêtant à Socrate des opinions et des mœurs si contraires à la vérité, en ne présentant qu'une charge au lieu d'un portrait, il avait ôté à sa peinture ces traits de fidélité qui en auraient fait le prix. Je voudrais pouvoir le croire; je voudrais que ce qui nous paraît une infâme calomnie eût pu avoir aux yeux des Athéniens ce même aspect, et leur inspirer le dégoût et la colère qu'elle nous inspire. Mais comment l'admettre quand nous voyons que ces griefs sont ceux-là même que reprend la formule d'accusation, et que développaient les plaidoyers d'Anytus et de Lycon, comme nous pouvons le voir dans l'*Apologie* de Platon et les *Mémorables* de Xénophon ? Comment l'admettre enfin quand nous savons que ces griefs, articulés par les accusateurs, furent accueillis par les juges et sanctionnés par une condamnation à mort ?

Ce n'est donc ni la légèreté, ni l'insignifiance, ni l'invraisemblance des calomnies des *Nuées*, qui ont porté Platon à donner une place honorable à Aristophane dans son dialogue, et Xénophon à ne faire à cette comédie que des allusions sans récrimination et sans amertume, tandis que leur indignation éclate contre Anytus et Mélétus, seuls responsables, à leurs yeux, du malheur qui avait frappé leur maître. S'il faut deviner les causes de cette indulgence, j'imagine qu'elles se ramènent toutes à ceci : dans une ville où l'attaque la plus libre et la plus vive des hommes, comme des idées et des choses, était une pratique universelle, la dénonciation d'Aristophane, moitié sérieuse et moitié plaisante, ne heurtait pas les sentiments des meilleurs amis de Socrate, comme il froisse nos instincts plus délicats ou nos habitudes moins viriles. Si Aristophane désignait dans sa comédie, Socrate comme un ennemi de la religion, de l'ordre, de l'État et de la famille, Socrate n'en faisait-il pas tout autant à l'égard des sophistes, et avec une ironie non moins sanglante ne les livrait-il pas à la risée et à l'indignation publiques? Et Socrate ne s'en prend pas seulement aux sophistes, la plupart étrangers à Athènes, il s'attaque aux plus grands hommes de la patrie, à Thémistocle comme à Périclès ; il les accuse d'avoir corrompu leurs concitoyens qu'ils croyaient avoir sauvés, et commencé la ruine d'une ville dont ils passaient pour avoir fondé la gloire ou augmenté la grandeur. Non-seulement il agissait envers eux comme Aristophane agissait envers lui, mais on peut dire qu'il employait les mêmes armes, et versait à pleines mains sur ses adversaires le ridicule par la plus terrible ironie. Quel satirique que ce Platon! s'écriait Gorgias. Quel comique que ce Socrate! aurait-il pu dire avec autant de raison. Comment donc Platon aurait-il pensé à se plaindre qu'on employât contre Socrate ces armes que lui-même et son maître savaient si bien employer contre les autres? D'ailleurs, vingt-trois années s'étaient écoulées depuis la représentation des *Nuées*, et je crois que personne, à Athènes, pas même les amis de Socrate, n'ont attribué à cette pièce, ni l'accusation dont il fut l'objet, ni la condamnation dont il fut la victime, et qui s'explique parfaitement sans cette hypothèse.

Au nombre des ennemis qui, en unissant leurs haines, ont conspiré la mort de Socrate, on a pendant longtemps placé les sophistes.

C'est sur le témoignage d'Ælien (1) qu'a été portée contre eux cette accusation, dont Fréret, dans un mémoire qui est un chef-d'œuvre de science et de saine critique, a depuis longtemps démontré la fausseté et l'injustice.

Ælien soutient que la cause de la mort de Socrate fut l'immense succès de la comédie d'Aristophane, reçue, dit-il, avec de tels applaudissements que le public força les juges, par ses acclamations, d'inscrire le nom de son auteur avant celui de tous ses rivaux. Or, il est constant par les scholies et les anciens arguments, tirés des Didascalies où les critiques grecs avaient déposé l'histoire du théâtre, il est certain par la pièce elle-même, qu'elle échoua une fois certainement, deux fois peut-être si elle fut jouée deux fois, et qu'elle n'eut pas d'autre représentation. Nous sommes donc déjà en droit de récuser un témoin si léger et si mal

(1) *Hist. var.*, l. II, c. XIII.

informé, quand il ajoute que ce furent les sophistes irrités des railleries de Socrate sur leurs opinions et leur conduite, qui engagèrent Mélétus et Anytus à donner une somme d'argent considérable à Aristophane pour qu'il exaspérât contre leur ennemi l'opinion publique.

Fréret a prouvé, et d'une manière invincible :

1° Que les sophistes n'étaient pas moins maltraités que Socrate par Aristophane, qui n'attaque en lui qu'un sophiste, et la sophistique même ;

2° Qu'Anytus et l'opinion publique étaient aussi irrités qu'Aristophane pouvait l'être contre les sophistes, dont le plus grand, Protagoras, avait été frappé par un jugement.

La conspiration des sophistes est donc une invention des écrivains postérieurs, légèrement reproduite par un historien, « sans choix, sans discernement et sans exactitude. »

Si ce complot est imaginaire, les circonstances dans lesquelles se présentait l'affaire, n'offraient à l'accusation que trop de chances, et malgré l'illusion de ses amis qui croyaient une condamnation impossible, Socrate plus clairvoyant, s'attendait au résultat, qu'il fit peu d'efforts, on doit l'avouer, pour éviter, quoiqu'on ne puisse dire qu'il l'ait secrètement désiré et indirectement provoqué.

Les accusateurs ne se bornèrent pas à développer le thème de la formule judiciaire : autant que nous pouvons en juger par les écrits de Platon et de Xénophon, ils y ajoutèrent des chefs nouveaux (1).

On lui reprocha d'avoir excité à la haine et au mépris du gouvernement, en soutenant qu'il était absurde de confier au hasard, c'est-à-dire au sort, le choix des magistrats (2) et des chefs de l'État ; ils insinuèrent que c'étaient ses leçons qui avaient formé Critias et Alcibiade (3) ; ils l'accusèrent d'avoir conseillé à ses amis de traiter avec hauteur et violence le petit peuple et les pauvres (4) ; ses commentaires perfides arrachaient aux poètes les plus purs les enseignements les plus détestables ; c'est ainsi qu'il autorisait par un vers d'Hésiode cette abominable maxime, que l'action en soi est toujours

---

(1) Liban., *Apol. S.*, p. 17, est le seul, je crois, qui prétende qu'Anytus réclama dans l'affaire l'intervention des orateurs, intervention illégale, dit-il, puisque les orateurs n'ont de compétence pour accuser que vis-à-vis de ceux τὰ κοινὰ πραττόντων, etc.

(2) Xén., *Mem.*, I, 2, 9.
(3) Xén., *Mem.*, I, 2, 12.
(4) Xén., *Mem.*, I, 2, 59.

bonne, quelle qu'en soit la moralité (1); enfin il allait jusqu'à détruire dans l'âme des jeunes gens toute obéissance et tout respect de l'autorité paternelle, disant que c'est au sage à corriger l'insensé, et que si le fils est le sage et le père l'insensé, c'est au fils à réprimander et à châtier son père (2). Sophiste indiscret et dangereux, Socrate ne s'occupe pas seulement d'études de physique inutiles et de niaiseries dialectiques, il nie l'existence des dieux de l'État, en détruit la religion antique et sacrée, et renverse à la fois les fondements de la morale, de la justice, de la raison, en pratiquant et en enseignant l'art détestable de donner à l'erreur et au mal les couleurs de la vérité et de la vertu.

De ces griefs, les uns, comme on le voit, ne sont que le développement des chefs de l'accusation : offense à la religion reconnue, et précision de la vague formule de corruption de la jeunesse. Mais il y en a un tout nouveau : ce sont ses doctrines politiques, son mépris du gouvernement démocratique et sa préférence marquée pour l'aristocratie dorienne. De ce que le grief ne fait pas partie de la formule judiciaire, on n'a pas le droit d'en conclure qu'il ne fut pas mis en avant par Anytus ou Lycon, et

---

(1) Xén., *Mem.*, I, 2, 56.
(2) Xén., *Mem.*, I, 2, 49.

qu'il n'eut pas sur l'issue du procès l'influence la plus décisive. Était-il interdit aux avocats de plaider d'autres moyens que ceux que contenaient leurs conclusions écrites? Je l'ignore : j'ai de la peine à le croire devant les termes de Xénophon qui fait précéder chacun des faits articulés contre Socrate de la formule identique : ὁ κατήγορος ἔφη.

Soit mépris de la mort, soit conviction que son rôle actif était terminé et sa vie utile achevée, soit seulement qu'il fût certain de l'inutilité de ses efforts, Socrate répugnait à se défendre : il sentait qu'il valait mieux pour lui mourir que de vivre (1); mais il voulut encore en cela obéir à la loi, et essayer de remplir cette tâche, quelque difficile qu'elle fût (2). Ce ne fut donc pas dans son intérêt, mais dans l'intérêt de ses concitoyens, et pour remplir un devoir, qu'il résolut de se défendre, et se défendit : il se défendit même sérieusement, sans vouloir, il est vrai, abaisser son caractère, ni laisser compromettre en sa personne les droits de la libre pensée et de la vérité. Il voulut préparer un discours et

---

(1) Xén., *Apol.*, 1 et 4; *Mem.*, IV, 8, 6; Plat., *Apol.*, p. 29 b, c, d, et 30 c.
(2) Plat., *Apol.*, 19 a : οἶμαι δὲ αὐτὸ χαλεπὸν εἶναι... ὅμως δὲ τῷ νόμῳ πειστέον.

le méditer d'avance ; il s'y remit même à deux fois : deux fois le signe divin l'en détourna (1). Il obéit enfin à cet ordre réitéré, d'ailleurs si conforme à son propre sentiment et à ses habitudes, et se présenta sans discours écrit, préparé, ni médité, se fiant à l'inspiration du moment, et résolu à ne rien changer aux allures familières et simples de sa parole, ni à l'attitude un peu dédaigneuse dans sa fierté, qui convient à l'innocence calomniée. Sa devise était que le devoir de l'orateur était uniquement de dire la vérité et toute la vérité, celui des juges de la discerner et de la proclamer (2). Lysias avait écrit pour lui un discours apologétique ; après en avoir entendu la lecture : C'est un beau discours, dit-il, mais qui ne me convient pas (3). — Et comment, reprit Lysias, ne te con-

---

(1) Xén., *Apol.*, 4 ; *Mem.* IV, 8, 5.
(2) Plat., *Apol.*, p. 18 a.
(3) Diogène de L., II, 40, qui paraît l'avoir eu entre les mains, dit que c'était un discours plutôt du genre judiciaire que du genre philosophique. Le Scholiaste de Platon, *Apol.*, 18 b, en parle aussi comme s'il existait de son temps, et nous apprend que Lysias y prenait à partie Mélétus. L'auteur des *Vit. X Orat.*, dans la vie de Lysias, le caractérise par ces mots : ἐστοχασμένη τῶν δικαστῶν, c'est-à-dire « ad judicum animos commovendos composita. » D'après Cicéron, *de Orat.*, I, 54, Socrate reprocha au discours de Lysias de manquer de fierté virile et de noblesse courageuse, « disertam sibi et oratoriam videri,

vient-il pas s'il est beau? — Ne sais-tu pas, lui répondit Socrate, que les belles chaussures et les beaux habits ne me vont guère. » Stobée modifie un peu les termes de la réponse sans en changer le sens. Lysias ayant dit à Socrate que son discours ne lui paraissait pas manquer de beauté : « Les roses aussi, répondit le philosophe, sont bien belles, et néanmoins il ne me conviendrait guère de me couronner de roses (1).

Le courage de cette conduite ne peut en faire méconnaître la signification un peu dédaigneuse ; ce n'est plus un prévenu qui se recommande en suppliant à la justice et à la bienveillance de ses juges, c'est un homme supérieur, un maître qui se croit en droit de donner des leçons et de signifier des ordres (2). Cette hauteur d'attitude qui avait sa source, non dans un vain orgueil, mais dans une vraie grandeur d'âme (3), ne contribua pas peu sans doute à le

---

fortem et virilem non videri ». Cf. Quintil., XI, 15, 30, et XI, 1, 11, Val. Max. VI, 4, 2. Nous avons déjà rappelé l'opinion qui attribue à Lysias deux discours apologétiques, l'un antérieur, l'autre postérieur à la mort de Socrate. Cette conjecture ne s'appuie sur aucune raison sérieuse.

(1) Stob., *Sermon.*, VIII, 9.
(2) Cic., *de Orat.*, I, 54 : « Ut non supplex aut reus, sed magister aut dominus videretur esse judicum. »
(3) Cic., *Tuscul.*, I, 29 : « Liberam contumaciam a magnitudine animi ductam, non a superbia. »

perdre, mais n'autorise pas cependant l'opinion qu'il ait désiré et ouvertement provoqué sa condamnation en irritant à dessein ses juges. Je ne vois pas que Socrate ait reconnu *la nécessité* de sa mort, et qu'il ait nulle part dit ou fait entendre « qu'il est inutile de reculer devant la nécessité, qu'il faut que sa mort s'accomplisse et que son heure est venue (1). » Sans doute il déclare qu'il aime mieux mourir que de renoncer à son devoir, qu'il aime mieux obéir à Dieu qu'aux hommes ; mais il n'a nulle part exprimé la pensée que sa condamnation fût une chose nécessaire. Parce qu'il se défend avec noblesse, on n'a pas le droit de dire « qu'il abandonne de propos délibéré le but immédiat d'une défense, et qu'il parle pour la postérité sans souci de la vie (2) : *Sola posteritatis cura, et abruptis vitæ blandimentis.* »

C'eût été là, comme pour Othon à qui Tacite applique ces admirables paroles, une préparation un peu artificielle, théâtrale, un calcul, une pose, comme nous dirions, contraire à sa simplicité, et d'ailleurs une forme indirecte du suicide, contraire à ses doctrines. Rien n'empêchait les Athéniens d'écouter la voix de la raison,

---

(1) M. V. Cousin, *Arg. de l'Apol.*, p. 58.
(2) M. Grote, *Hist. de la Gr.*, t. VII, p. 328, trad. fr.

de l'humanité et de la justice. Sa condamnation n'était pas, comme on l'a dit, « forcée et un résultat inévitable de la lutte qu'il avait engagée contre le dogmatisme religieux et la fausse sagesse de son temps (1). » N'introduisons pas si facilement la fatalité dans l'histoire où elle expliquerait et justifierait tout. Les Athéniens auraient pu et auraient dû écouter les vérités courageuses que Socrate mêlait à sa défense, et il ne leur était pas impossible de l'acquitter.

Socrate se défendit donc (2), sans espérance, sans illusion, mais aussi, à mon sens, sérieusement, sans découragement et sans s'abandonner, car il se croit et se proclame innocent (3).

Nous avons, sous le titre d'*Apologie de Socrate*, deux discours attribués l'un à Xénophon, l'autre à Platon.

L'*Apologie* de Xénophon avait longtemps

---

(1) M. V. Cousin, *Arg. de l'Apol. de Plat.*, p. 59.

(2) Fut-il seul à prendre la parole ? accepta-t-il le concours d'autres orateurs ? S'il est vrai que Platon voulut monter à la tribune pour prononcer un discours en sa faveur, si les paroles que Justus de Tibériade lui met dans la bouche, (Diogène, II, 41 : νεώτατος ὤν ... τῶν ἐπὶ τὸ βῆμα καταβάντων), avaient été prononcées, il faudrait bien l'admettre, quoique le fait puisse paraître se mal concilier avec l'attitude de Socrate au procès.

(3) Xénophon affirme que plusieurs de ses amis prirent la parole pour le défendre, *Apol.*, 22 : τῶν συναγορευόντων φίλων αὐτῷ.

passé pour une pièce authentique : elle est citée comme appartenant à Xénophon par Diogène de Laërte (1), qui la compte dans le catalogue de ses ouvrages; par Athénée, auteur d'un *Traité de rhétorique* attribué à Denys; enfin par Stobée qui en reproduit quelques passages avec la mention du nom de Xénophon. Walckenaër, dans ses notes sur *les Mémorables* (2), est, je crois, le premier qui ait contesté l'authenticité de ce morceau qu'il trouve indigne du génie de Xénophon, et, argument qui me touche davantage, qu'il montre composé entièrement des *Mémorables*, sans contenir aucune idée nouvelle ni aucun fait nouveau. D'ailleurs, l'*Apologie* de Xénophon est un récit plutôt qu'un discours; le plaidoyer de Socrate tient une petite place dans une pièce qui elle-même est de peu d'étendue. L'auteur déclare qu'il n'a point eu l'intention de reproduire intégralement ce grand débat (3), soin que d'autres que lui avaient déjà pris (4); il veut seulement insister sur un point particulier, à savoir, qu'il valait mieux pour Socrate mourir que vivre. Sans juger au fond de

---

(1) II, 57.
(2) *Mem.*, I, 1.
(3) Xén., *Apol.* § 22 : Ἀλλ' ἐγὼ οὐ τὰ πάντα εἰπεῖν, ἐκ τῆς δίκης ἐσπούδασα.
(4) Xén., *Apol.*, 31 : γεγράφασι μὲν, περὶ τούτου καὶ ἄλλοι,

l'authenticité de cette pièce (1), nous n'avons qu'à la lire pour être convaincus qu'elle n'est pas le plaidoyer de l'illustre accusé, et ne reproduit même pas la physionomie exacte de son discours.

Il en est autrement de l'*Apologie* de Platon, quoique l'authenticité en ait également été attaquée. Ast la croyait l'œuvre d'un faussaire (2), et je me rappelle que M. Cousin, en m'entretenant de cet ouvrage, le trouvait bien maigre et d'un tissu bien mesquin pour le génie de Platon. Ce n'est pas là une opinion nouvelle : Fréret l'avait déjà exprimée et l'appuyait sur le jugement de Cassius Sévérus qui jugeait ce discours indigne à la fois et de l'avocat et du prévenu (3), *nec patrono, nec reo dignam*, et elle a été soutenue avec beaucoup de savoir dans

---

(1) Fréret la croit authentique, et même plus véritablement historique que celle de Platon, car, dit-il, Xénophon la tenait d'Hermogène, à qui Socrate avait fourni ces renseignements. Mais cette assertion ne repose que sur l'*Apologie* même et ne peut évidemment servir à en démontrer l'authenticité, que Schneider a soutenue par d'autres arguments. Bornemann et Zeller la tiennent pour fausse, et Walkenaër l'attribue à l'auteur de la fin de la *Cyropédie* et de plusieurs autres ouvrages attribués à Xénophon.

(2) As., *Platon's Leben.*, p. 69.

(3) Senec., *Controv.*, l. III, præf. C'était un orateur célèbre. Plin., *Hist. Nat.* VII, 12.

un livre récent (1) qui, à son tour, a été très-doctement et très-habilement réfuté (2).

J'avoue que je ne peux pas partager ces soupçons et que je n'éprouve pas ces scrupules. Citée par Thémiste, Proclus, Diogène de Laërte, Origène, Aristide et les vieux grammairiens (3), l'*Apologie* est vantée pour la perfection de l'art et du style par Denys d'Halicarnasse, qui n'est pas suspect d'une très-grande partialité en faveur de Platon (4), et il faut être prodigieusement délicat pour être plus difficile que ce rhéteur; enfin, si elle n'est pas nommée par Aristote, il y fait certainement allusion et en cite même quelques expressions textuelles (5). Le dialogue qui s'établit entre Mélétus et Socrate, et qu'on retrouve dans l'*Apologie* de Xénophon, ne prouve rien contre l'authenticité de l'ouvrage, ni même contre sa valeur historique ; car il n'est nullement en opposition avec les habitudes judiciaires des Grecs, et, tout au contraire, la loi faisait une obliga-

(1) Forchammer, *Die Athener und Sok.*, Berlin, 1837.
(2) Van Limburg Brouwer, *Apol. Socratis contra Meliti redivivi calumniam*, Groning., 1838.
(3) Voir les citations dans l'édition de l'*Apologie* de Fr. Fischer.
(4) Dion. Hal., *De admir. vi Demosth.* et *Ars rhetorica*, § 3.
(5) *Rhet.*, II, § 3 et III, § 18 ; Plat., *Apol.*, 17 b, c, d.

tion de répondre aux questions faites par la partie adverse (1) ; l'interrogatoire et le contre-interrogatoire entraient comme éléments de l'accusation aussi bien que de la défense. Ainsi, non-seulement on doit conserver à Platon ce morceau précieux, mais on peut croire que ce n'est pas une œuvre entièrement d'imagination, une composition purement oratoire, sans fondement réel. Socrate s'était défendu lui-même (2) ; Platon avait assisté aux débats, et adressait son ouvrage à des concitoyens chez lesquels ce souvenir était encore vivant ; pouvait-il inventer complétement le discours qu'il lui mettait dans la bouche ? Il semble y régner un accent de vérité historique ; le tour, l'ex-

(1) Plat., *Apol.*, 25 d : ὁ νόμος κελεύει ἀποκρίνεσθαι,, et en effet, Démosthènes *adv. Steph. Orat.* 11, p. 1131, cite le texte : Νόμος· τοῖν ἀντιδίκοιν ἐπάναγκες εἶναι ἀποκρίνασθαι ἀλλήλοις τὸ ἐρωτώμενον.

(2) Cela est certain, d'abord parce que c'était une obligation légale, ensuite cela est prouvé par toutes les traditions, par le fait même des deux *Apologies* qu'on lui prête, enfin par les allusions fréquentes qui se rapportent à cette défense et au discours qu'il prononça. *Phædon*, 63 b : χρὴ ἀπολογήσασθαι ὥσπερ ἐν δικαστηρίῳ, *Id.* 69 e. Socrate accepta, dit-on, le concours d'avocats (Xén. *Apol.*, § 22). Platon lui-même voulut prendre la parole, et Justus de Tibériade, cité par Diogène, nous a conservé les premiers mots qu'il prononça ; mais les juges ne voulurent pas l'entendre à cause de son âge, quoiqu'il eût, à cette époque, près de trente ans.

pression, l'esprit du style, le fond des idées, l'attitude de l'orateur, tout en paraît bien socratique, et quoique, avec un artiste aussi accompli que Platon, cette vérité du style et du caractère ne soit qu'un indice peut-être trompeur, il n'est pas impossible que nous ayons, dans ce discours, comme le croit Schleiermacher (1), une copie aussi exacte de la vraie défense de Socrate, qu'il était possible à la mémoire heureuse et à l'imagination créatrice de Platon de la conserver : réservons encore les différences nécessaires du discours écrit et du discours parlé et même improvisé. Nous savons, par les confidences et par la pratique de Thucydide (2), quelles libertés les historiens se croyaient en ce cas permises, et nous voyons qu'ils s'attachaient plus à reproduire le caractère de l'homme, la physionomie morale du discours, que d'en retracer les idées mêmes et les expressions littérales.

C'est dans cette mesure, et sous cette réserve, que nous considèrerons l'*Apologie* de Platon comme un document historique, qu'à ce titre nous devons analyser.

Elle se divise en trois parties : dans la première, Socrate cherche à prouver qu'il n'est

---

(1) *Platon's Werke*, vol. I, p. 185.
(2) 1, 22.

pas coupable; dans la seconde, il détermine la peine qu'il croit avoir méritée; dans la dernière, il dit adieu à ses juges.

En effet, le procès était du genre de ceux que la législation attique appelait τίμητος (1), c'est-à-dire que la peine n'en était pas fixée par la loi, mais dépendait de l'accusateur, des juges, et, ce qu'il y a de particulier, jusqu'à un certain point de l'accusé.

Ainsi, le débat s'engageait d'abord sur la question de culpabilité; celle-ci résolue, l'accusateur prenait la parole pour proposer la peine, τιμή, *poenæ æstimatio* (2), l'accusé pour faire une contre-proposition, et le tribunal jugeait le second point comme le point de fait, δευτέραν ψῆφον (3).

---

(1) Et non comme le dit Suidas ἀτίμητος. On donnait ce dernier nom, suivant Pollux, VIII, 63, au procès, ἣν οὐκ ἔστιν ὑποτιμήσασθαι, ἀλλὰ τοσούτου τετίμηται ὅσου ἐπιγέγραπται. Cf. Dém., *Mid.*, § 90. Même lors que la loi fixait la peine, il semble qu'on donnait encore à l'accusé une alternative. (Dinarch., *adv. Démosth.*, § 60.)

(2) Cela s'appelait τιμᾶσθαι τῷ φεύγοντι, τίμησιν ποιεῖσθαι, ἐπιγράφεσθαι τίμημα; l'accusé répliquait, et cela s'appelait ἀντιτιμᾶσθαι ou ἑαυτῷ τιμᾶσθαι.

(3) Harpocrat., ἀτίμητος ἀγών. Cic. *de Orat.* 1, 54. « Ergo ille quoque damnatus est, neque solum primis sententiis, quibus tantum statuebant judices, damnarent an absolverent, sed etiam illis, quas iterum legibus ferre debebant. Erat enim Athenis reo damnato, si fraus capi-

Ce qu'on peut trouver d'étonnant dans ce fait, ce n'est pas tant la procédure que l'application de cette procédure à l'affaire de Socrate. Le crime d'impiété, ἀσεβείας, devait être prévu, il semble, par le code pénal, et la peine était la mort. Cependant il est certain, par un autre exemple, que ce crime rentrait dans la catégorie des τιμητοί (4); peut-être qu'en tout cas, même lorsque la peine était prévue et fixée par la loi, l'usage déférait à l'accusé le choix d'une proposition contraire.

Quoi qu'il en soit, Socrate avait, comme nous l'avons déjà dit, divisé son plaidoyer en trois parties : la première, où il plaide non coupable, se divise elle-même en deux parties; dans l'une, aussi adroite, il me semble, que naturelle et digne, et aussi conforme aux règles de l'art que convenable au caractère de l'orateur, il cherche à effacer l'impression fâcheuse que des propos mensongers ont pu faire sur l'esprit de ses juges. Il ne leur dira que la vérité, car il ne veut pas les séduire, et il explique comment ces antipathies contre sa

talis non esset, quasi pœnæ æstimatio, et sententia quum judicibus daretur, interrogabatur reus, quam quasi æstimationem commeruisse se maxime confiteretur. » (Cf. Meier et Schoemann., *Attische process.*, p. 171 et 193.)

(1) Dém., *in Timocr.*, p. 702.

personne et ses doctrines ont pu naître, en racontant la mission que la réponse du dieu de Delphes lui avait imposée. Pour obéir au dieu qui le proclamait le plus sage des hommes, et chercher quelle pouvait être la signification de cette réponse sur le compte d'un homme qui faisait profession de ne rien savoir, si ce n'est cela même qu'il ne savait rien, il s'est cru obligé d'interroger tous ses concitoyens, et surtout les plus marquants d'entre eux, ceux qui prétendaient être intelligents et sages, et, par une opération douloureuse à leur amour-propre et nécessaire cependant à la patrie comme à chacun d'eux, de leur montrer quel était le véritable état de leur esprit et de leur âme, et de les délivrer ainsi de l'illusion, aussi dangereuse que fausse, d'une science dont ils n'avaient que l'apparence et l'orgueil sans la réalité.

Si on l'accuse de s'occuper de questions de physique dangereuse et de dialectique sophistique, ce sont là des malices d'un poète comique auxquelles il ne faut attacher ni foi ni importance. Qu'on en croie le témoignage de ceux qui le connaissent, et qui savent que ce sont là des études auxquelles il est absolument étranger et des choses qu'il fait même profession d'ignorer. Il corrompt la jeunesse, dit-on, en ne reconnaissant pas les dieux de l'État et en introduisant, par son Démon, des innovations religieuses. Il est bien éloigné de partager les théories d'Anaxagore, qui refusait toute divinité aux corps célestes; il considère et il vénère comme dieux le soleil, la lune et les autres astres; et quant à son Démon, que peut-il être, sinon un dieu ou une manifestation divine, et alors comment l'accuse-t-on de ne pas croire à l'existence des dieux? Loin d'avoir nui à sa patrie et à ses concitoyens, il croit, en les forçant de se rendre un compte exact de l'état de leur âme, en cherchant à les pousser à connaître et à pratiquer la vertu, seule condition du bonheur, il croit leur avoir rendu un service que lui seul pouvait leur rendre, et que, lui mort, personne ne leur rendra plus. Le Dieu l'avait donné aux Athéniens pour remplir cette fonction sévère et utile, et c'est pour cela que, d'une part, il a négligé ses affaires et les intérêts des siens, et, de l'autre, qu'il n'a pas voulu se mêler activement de la vie politique. Qu'on ne lui reproche pas trop de s'être dérobé à ces devoirs. Dans une ville comme Athènes, il est difficile de sauver sa vie et de dire au peuple la vérité. C'était pour se conserver plus longtemps à la mission providentielle que le Dieu lui avait imposée, et il avait la conscience de servir ainsi son pays mieux qu'à la tribune du Pnyx.

Quant à la moralité de ses enseignements, les faits sont là pour démentir l'accusateur ; aucun de ceux qui les ont reçus, aucun de leurs parents ne l'accusent de les avoir corrompus ; plusieurs accourent pour le défendre. C'est donc une vaine accusation. Qu'on ne s'offense pas de la liberté de son langage ; il n'est pas insensible aux joies de la vie ; il n'est pas né d'un chêne et d'un rocher, et il a des enfants qu'il aime. S'il parle ainsi de son innocence, ce n'est pas par orgueil ou par dédain injurieux de ses juges, c'est par devoir, c'est pour conformer sa conduite à ses principes et rester fidèle à lui-même. Précisément parce qu'il est innocent, il ne s'abaissera pas à des larmes et à des prières qui dégradent et l'accusé et le juge, et attend de la conscience et de la raison seules l'acquittement auquel il a droit.

Ce discours ne fut pas entendu sans murmures, et des marques de mécontentement, et peut-être d'indignation (1), éclatèrent à plusieurs reprises (2). Il semble que ce fut à ce moment

---

(1) Plat., *Apol.* : μὴ θορυβεῖτε.
(2) Xén., *Apol.*, § 14 : ἐπεὶ καὶ ταῦτα ἀκούοντες οἱ δικασταί

que ses avocats prirent la parole, et que Platon essaya inutilement de la prendre.

Puis les juges allèrent aux voix, au scrutin secret, comme en toute affaire. Deux cent quatre-vingt-une voix se prononcèrent pour la culpabilité (1); la majorité pour la condamnation fut de trois, ou suivant d'autres leçons, confirmées par des manuscrits qu'on déclare meilleurs, de trente voix, c'est-à-dire que Socrate fut déclaré non coupable par deux cent soixante-dix-huit ou par deux cent vingt et une voix : dans le premier cas, il y aurait eu cinq cent cinquante-neuf votants, dans le second, cinq cent deux (2).

Socrate, qui ne s'était fait aucune illusion, apprit le résultat avec un étonnement qu'il ne

ἐθορύϐουν, et plus loin, § 15 : ταῦτα ἀκούσαντες ἔτι μᾶλλον ἐθορύϐουν.

(1) Diog. L., II, 41. Les termes sont obscurs, mais le sens n'est guère douteux.

(2) On a élevé sur ces nombres toutes sortes de difficultés : 281 plus 278 donnèrent 559 : or, on affirme que le tribunal des Héliastes se composant toujours de centaines complètes ; ce chiffre est impossible, mais Boeckh avait déjà fait observer qu'on pouvait admettre l'abstention ou l'absence d'un certain nombre de juges. Les autres chiffres sont exposés à la même objection : 281 plus 221 font 502, et les centaines sont encore dérangées. La composition des tribunaux athéniens n'est ni assez claire, ni assez connue, pour affirmer que cette règle des cen-

cacha pas à ses juges; il trouva extraordinaire que, malgré les calomnies dont il était depuis si longtemps l'objet, il fût condamné à une si faible majorité, et il exprima l'opinion que si Anytus et Lycon n'avaient pas soutenu de leur influence et de leur parole l'accusation de Mélétus, celui-ci n'aurait pas obtenu la cinquième partie des suffrages, c'est-à-dire n'aurait pas recueilli, en faveur de la condamnation, cent voix.

Une fois la question de culpabilité résolue, l'accusateur demanda la peine de mort, et on déféra à Socrate, suivant la loi, et sous la formule ordinaire, τί χρὴ παθεῖν ἢ ἀποτίσαι, une contre-proposition.

Une fois condamné, l'accent de Socrate, jusque-là tranquille et doux, et certainement contenu et modeste, s'élève et devient plus fier; mais on ne peut pas dire qu'il brave ses juges et attire sur lui, de propos délibéré, la mort.

taines pures était inviolable. Le calcul de M. Stallbaum (*ad Apol.* 36 b), qui porte le chiffre des acquittements à 220 n'est pas soutenable, car en déplaçant, comme il le veut, 30 voix, Socrate eût encore été condamné, puisqu'il aurait eu contre lui 251 voix et seulement 250 en sa faveur; il y avait en effet toujours un président qui ne compte pas dans les nombres pleins.

« A quelle peine, dit-il, vais-je donc me condamner ? Si je n'écoutais que la voix de ma conscience, je vous dirais que n'ayant rendu que des services à ma patrie, j'ai le droit de n'attendre d'elle que des récompenses, et, comme je suis vieux et pauvre, la plus juste et à la fois la plus convenable pour moi serait d'être nourri aux frais de l'État dans le Prytanée. Mais en me plaçant, non pas à mon point de vue, mais au vôtre, puisque vous m'avez déclaré coupable, il faut que je trouve une peine quelconque. Je n'irai pas, à mon âge, par crainte de la mort, qui n'est pas un mal, qui peut-être est un bien, me condamner à l'exil ou à la prison, qui sont des maux certains ; il ne me reste donc à vous proposer qu'une amende ; mais je suis pauvre : toute ma fortune réunie s'élève à peu près à une mine. Je ne pourrais donc me condamner qu'à une amende d'une mine, si Criton, Critobule, Apollodore et Platon ne me priaient de la porter à trente mines, qu'ils s'engagent à payer pour moi (1).

(1) *Ep. Socr.* 14, Maxime de Tyr. 39, et l'*Apologie* de Xénophon, § 23, nient le fait et disent qu'il refusa de faire lui-même et ne permit pas à ses défenseurs de faire une proposition quelconque, même d'une amende qui aurait pu le sauver ; il voulait mourir, comme dit Maxime

Ce discours ne fut pas mieux reçu que le précédent. La mention du Prytanée dont il se déclarait digne n'était pas de nature à calmer l'irritation excitée contre lui. Sans doute elle n'a pas le caractère de défi hautain et de suffisance insolente, « d'outrage à la cour, » que veut y voir M. Grote; il faut, au contraire, reconnaître que Socrate entre autant qu'il le peut dans les préjugés du tribunal. Malgré sa répugnance, il ne conclut pas insolemment à ce qu'on lui décerne cette distinction si enviée, il ne refuse pas de porter contre lui-même une sorte de condamnation qui a dû lui coûter beaucoup; il offre en pâture, aux aveugles ressentiments de l'opinion, une amende, pour lui considérable (1), car elle représente la valeur

---

de Tyr, προείλετο ἀποθανεῖν. Diog. L., II, 41, ne porte la somme qu'à 25 drachmes (Boeck., Œcon. Pol. des Ath.), mais Euboulide, cité par lui, l'élève à 100 dr.

(1) Le témoignage de Platon est plus autorisé et son récit plus vraisemblable que celui de Diogène, qui lui prête, II, 48, cette réponse hautaine et tranchante: ἕνεκα τῶν ἐμοὶ διαπεπραγμένων τιμῶμαι τὴν δίκην τῆς ἐν πρυτανείῳ σιτήσεως, qu'on trouve déjà dans Cicéron, de Orat., I, 54. Cette réponse, si elle eût été faite de ce style, expliquerait et n'excuserait pas encore l'irritation des juges, « cujus responso sic judices exarserunt, ut capitis hominem innocentissimum condemnarent, » car une réponse hautaine ne suffit pas pour faire d'un innocent un coupable.

de tout ce qu'il possède. Il va plus loin : pour cette circonstance, lui qui n'avait rien voulu recevoir d'Alcibiade ni d'Archélaüs, il accepte une somme importante, et qui devait paraître aux amis de Socrate suffisante, puisque ce sont eux sans doute qui l'avaient fixée. Mais il faut aussi reconnaître que Socrate avait envers lui-même et envers l'humanité des devoirs qui primaient ceux de sa vie et de sa personne, et qu'il ne pouvait sacrifier sans trahir ce qu'il croyait sa mission supérieure et sacrée. Il avait donc fait son devoir : c'était aux Athéniens à comprendre le leur et à le remplir.

Les juges rapportèrent une condamnation à mort, prononcée à une majorité plus grande : il y eut un déplacement de 80 voix qui se portèrent du côté des accusateurs; c'est-à-dire que la condamnation à mort fut votée par 331 voix contre 198, si l'on admet l'un des nombres de votants, et par 361 contre 141, si l'on admet l'autre.

Cette décision n'étonna ni son esprit ni son courage; il s'écria, dit-on, d'abord : Ils me condamnent à mort ; eh bien ! eux, c'est la nature qui les y condamne (1). Puis, prenant la pa-

---

(1) Diog. L., II, 35, réponse déjà attribuée à Anaxagore.

role, il prédit à ceux qui l'avaient jugé coupable un prompt remords de leur injustice; à ceux qui l'avaient absous, il témoigna sa reconnaissance, et leur assura qu'il ne craignait pas la mort, et la considérait même comme un bonheur. Puis il leur recommanda ses fils, en les priant, s'ils venaient à s'écarter de la justice et de la vertu, de les corriger et de les reprendre, comme il avait fait lui-même à leurs enfants. Enfin, avant de rentrer à la prison, il ajouta : « Voici le moment de nous séparer, moi pour mourir, vous pour vivre : qui de nous a le meilleur partage ? Personne ne le sait, excepté Dieu. »

CHAPITRE VIII

LA MORT.

Par une coïncidence singulière, le lendemain du jour de la condamnation, le prêtre d'Apollon couronna la poupe du vaisseau sacré qui portait, à Délos, le cortége destiné chaque année à rendre au dieu, au lieu de sa naissance, les actions de grâces dues pour avoir aidé Thésée à délivrer Athènes de l'odieux tribut qu'elle payait à la Crète (1). C'était le sixième jour du mois Munychion, le dixième mois de l'année attique. La loi athénienne ne permettait pas, pendant ce pèlerinage sacré, de souiller la ville par l'exécution d'un jugement capital. Socrate dut donc attendre que le vaisseau fût rentré dans le port d'Athènes, d'où il restait quelquefois assez longtemps absent, retenu par la célébration des fêtes et les vents contraires. Dans cet intervalle, qui dura trente

(1) Plat., *Phædon.*, 58 a, b, c.

jours, le condamné fut mis aux fers, mais il put recevoir librement chaque jour ses amis, et s'occuper tantôt avec eux, tantôt seul, de travaux intellectuels (1). C'est là qu'il composa, suivant la tradition rapportée par Platon, un hymne à Apollon (2) et mit en vers quelques-unes des fables d'Esope. Ses amis avaient profité de ce répit pour organiser un plan de fuite, et déjà avaient gagné le geôlier. Trois jours avant le retour du vaisseau sacré, Criton, son vieil ami, pénétra seul, de bon matin, dans la prison et le pressa vivement de s'enfuir (3); il invoqua les raisons les plus fortes et les plus

(1) Et même de musique s'il faut en croire Ammien Marcellin, XXXIII, 4, p. 576, ed. Gronov. « Socratem destinatum pœnæ, conjectumque in carcerem perrogasse quemdam scite lyrici carmen Stesichori modulantem, ut doceretur, id agere dum liceret, interroganteque musico, quid ei poterit hoc prodesse morituro postridie, respondisse : Ut aliquid sciens amplius e vita discedam. » C'est le mot que Stobée, *Floril.*, XXIX, 58, p. 200, prête à Solon dans une circonstance moins tragique. On peut donc croire que c'est une erreur de Marcellin, à moins qu'on ne suppose que Socrate n'ait fait que répéter un mot déjà connu.

(2) Authentique ou non, cet hymne existait encore du temps de Dion Chrysostome, *Orat. Politica in Patriam*, καὶ παιᾶνα ἐποίησεν τοῦτον ὃν ἐγὼ νῦν ᾄδω.

(3) Le fait est attesté par Xén., § 23, *Apol.* Plutarch., t. II, p. 1126, l. 13. Platon y fait allusion dans le *Phédon*, p. 99 a. Il y a longtemps, dit Socrate, que

touchantes, le conjurant de ne pas se trahir lui-même, de ne pas laisser peser éternellement sur ceux qui l'avaient aimé le reproche et la honte de ne l'avoir pas sauvé.

Socrate se montra touché de cet empressement affectueux et de ce dévouement si tendre; il refusa avec douceur, mais il refusa avec une inflexible fermeté. Sa grande raison fut qu'il devait rester, dans la pratique, fidèle aux principes qu'il avait théoriquement soutenus toute sa vie (1). Il avait toujours dit qu'il fallait faire ce qui était juste et bien, dût-on y perdre la fortune ou la vie ; les circonstances l'appelaient à prouver qu'il était capable de faire ce qu'il avait conseillé : il fallait qu'il le fît. L'obéissance à la loi est un devoir des plus impérieux et une des obligations les plus strictes de la justice ; il a obéi jusqu'à présent et obéira jusqu'au bout aux lois de son pays. Ce n'est pas une raison, parce que sa patrie semble agir injustement envers lui, pour qu'il lui soit permis d'agir injustement envers elle. Laissons donc faire aux dieux, dit-il.

Je ne peux pas voir là un argument sans sin-

---

ces vieux os seraient en Béotie ou à Mégare, si j'avais cru que c'était le meilleur parti à prendre.

(1) *Crit.*, 46 e.

cérité et destiné à couvrir un calcul profond; il est certain que ce principe de conduite se rattachait à ses principes philosophiques, et il est inutile de lui supposer des intentions cachées, et particulièrement l'intention de préparer d'avance l'effet dramatique de la dernière scène de sa vie.

Le jour même de cet entretien avec Criton, Socrate avait eu un songe : il avait vu venir une femme d'une rare beauté et d'une stature imposante vêtue de blanc, qui l'avait appelé et lui avait dit ce vers d'Homère :

Ἤματί κεν τριτάτῳ Φθίην ἐρίβωλον ἵκοιο.

Le don de prophétie dont il se croyait pourvu lui révéla le sens de ces énigmatiques paroles : Cela signifie, dit-il à Æschine, que c'est dans trois jours que je mourrai (1). Aussi ne voulut-il pas croire à la nouvelle que lui apportait Criton, que le vaisseau de Délos arriverait le jour même de l'entrevue. Les pressentiments de Socrate se réalisèrent.

Le jour fatal arriva (2). Dès le matin, ses

---

(1) Diog. L., II, 36; Plat., *Crit.*, 43 a.

(2) La date de cette mort est placée dans la 1re moitié du mois Thargélion (Mai) de l'ol. 95, 2 (an 399 av. J.-C.). Si on savait exactement quel jour le prêtre d'Apollon couronnait la poupe du vaisseau sacré, on pourrait fixer exactement la date de la mort, qui eut lieu trente jours

amis se réunirent encore une fois auprès de leur maître ; ils étaient nombreux. On y voyait Apollodore, appelé l'Enthousiaste, et connu par sa mélancolie douce et tendre ; il apportait à Socrate une riche tunique dont on devait le revêtir, suivant la coutume grecque, après sa mort. « Eh ! quoi, lui dit-il, le vêtement qui m'a été bon pendant ma vie, ne me sera-t-il pas assez bon pour mourir ? » Xénophon (1), comme Platon, mentionne l'ardeur de son affection pour son maître, qui éclate en cris et en sanglots à la dernière scène de la tragédie. Les deux

---

après. M. K. E. Hermann (*Lehrb. d. gottesdienstlichen Alterthüm.*, p. 414) croit que la Théorie devait s'arranger de manière à faire coïncider la célébration de ces sacrifices avec le jour des Thargélies, où l'on célébrait la naissance de Diane et la fête de Déméter Chloé ; M. Zeller en a conclu que le retour n'avait lieu que dans la 2me moitié de Thargélion. J'aurais été plus disposé à admettre que ce vaisseau, qui était le même que celui où s'était embarqué Thésée (Plut., *Thes.*, c. 23), mettait à la voile pour Délos le même jour qu'avait fait Thésée pour la Crète : or, ce jour était le 6 du mois Munychion, où l'on célébrait les Δελφίνια. Revenu juste un mois après, il aurait été de retour le 6 Thargélion, assez à temps pour que la Théorie pût prendre part à la fête où l'on purifiait Athènes (Diog. L., II, 44). Socrate, qui but la ciguë le lendemain, serait donc mort le 7, qui est, dit-on, aussi l'anniversaire de son jour de naissance.

(1) *Apol.*, § 28.

Thébains Simmias et Cébès (1), qui s'étaient la veille donné rendez-vous, deux amis et presque deux frères, peut-être des pythagoriciens, certainement auditeurs, sinon disciples de Philolaüs, étaient présents et ils jouent un rôle actif dans le dialogue de Platon. Auprès de lui était encore Phédon d'Elis, qui était tout jeune encore et déjà cher à Socrate. Platon nous le dépeint heureux de parler de son vieil ami et de raviver sa mémoire; c'est dans sa bouche qu'est placé le récit de l'entretien, et on nous le montre, au moment suprême, fondant en larmes, et obligé, pour cacher sa faiblesse, de s'envelopper le visage de son manteau.

Le plus vieil et le plus fidèle ami de Socrate ne l'avait pas, comme on peut croire, abandonné dans cette dernière épreuve; Criton était riche (2) et l'avait souvent aidé de sa bourse (3), si bien que Thémiste l'appelait le ministre des finances de Socrate (4). Il méritait par la constance de son dévouement le rôle que

---

(1) Il est difficile de croire que ce Cébès soit l'auteur du morceau intitulé Πίναξ.
(2) Xén., *Mem.*, I, 9.
(3) Diog. L., II, 21.
(4) Or., XXIII, p. 149 : ταμεῖον.

lui attribue Platon, et que sans doute il remplit. C'est à lui que Socrate adresse ses dernières paroles; c'est à lui qu'il recommande sa femme et ses enfants; c'est lui qu'il charge d'exécuter ses dernières volontés, et d'offrir aux dieux sa dernière offrande; c'est lui enfin qui lui ferme les yeux.

Outre ces personnages plus ou moins intimement liés avec Socrate, d'autres étaient venus lui dire un dernier adieu; parmi les Athéniens, Critobule, fils de Criton; Hermogène, fils d'Antiphon, qui avait assisté au procès; Epigène, Æschine, Antisthène, Ctésippe, Ménexène, qui appartiennent tous à ce qu'on appelle les socratiques, et, parmi les étrangers, Phédondès, de Thèbes ou de Cyrène; Euclide, de Mégare; Terpsion complétement inconnu. Xénophon, alors en Asie, et Platon, malade, peut-être de douleur, n'assistaient pas à cette scène sublime et déchirante.

Au moment où le geôlier de la prison, après les avoir fait attendre un instant, leur permit d'entrer, les Onze venaient d'annoncer à Socrate qu'il devait subir la mort le jour même, et de lui faire ôter les fers qui lui avaient meurtri les jambes. Il était assis sur un lit; sa femme, assise à ses côtés, tenait dans ses bras un petit enfant. En les voyant entrer, la douleur de cette femme éclata, et son cœur se brisa : « Quelle affreuse injustice ! s'écria-t-elle. » — « Aimerais-tu donc mieux, répartit le vieillard, que ce fût justice ? » — « Ah ! Socrate ! ajouta-t-elle, voilà tes amis ! c'est la dernière fois qu'ils pourront te parler ; c'est la dernière fois qu'ils pourront t'entendre ! » et elle fondit en sanglots. D'un regard, il fit signe à Criton de l'emmener et elle sortit.

L'entretien commença alors, et porta principalement sur l'immortalité de l'âme ; mais le fond des idées aussi bien que les développements paraissent appartenir à Platon. Ce qu'on peut croire historique, c'est la peinture de Socrate, de la tranquillité sereine et de l'enjouement sublime de son esprit et de son âme, tableau d'une beauté incomparable autant que pathétique, et qu'on serait désespéré de croire tout à fait inventé : il se compare lui-même à l'oiseau d'Apollon, au cygne auquel le dieu à son heure suprême accorde une vue prophétique plus certaine, et des chants plus beaux et plus harmonieux. Le *Phédon* peut être en effet appelé le chant du cygne de Socrate, et un hymne sublime et harmonieux à l'immortalité de l'âme.

Tout le jour s'écoula en conversations ; le soleil était encore sur les montagnes, lorsque

Socrate voulut en finir : il alla prendre un bain pour éviter à ses amis l'horreur de laver un cadavre, et fit introduire ses trois enfants et les femmes de sa maison, soit ses parentes, soit ses servantes, soit peut-être les unes et les autres. Après leur avoir dit adieu, il répondit à Criton, qui lui demandait quelles recommandations il avait à faire, et de quelle manière il désirait être enterré. Il enjoignit à ses amis d'être fidèles aux principes de la justice et de la vertu : c'était le meilleur moyen d'honorer sa mémoire ; pour les soins de la sépulture, il les laissa libres de faire comme ils l'entendraient, n'y attachant aucune importance.

La loi athénienne ne voulait pas que la lumière sacrée fût souillée par le spectacle des meurtres juridiques (1) ; Socrate aurait donc pu prolonger sa vie de quelques heures ; mais pour épargner à ses amis les déchirements, et pour abréger l'angoisse de cette séparation eternelle, il fit appeler le serviteur des Onze, dont le cœur se troubla en face d'une résignation si touchante et d'une douceur si sereine. « Socrate, lui dit cet homme, il n'en sera pas de toi comme de tant d'autres qui s'irritent contre moi, et

---

(1) Olymp., *ad Phædon*.

me maudissent quand je viens leur annoncer, par ordre de mes chefs, que le moment de boire le poison est arrivé. De tous ceux qui sont jamais entrés ici tu es bien le plus courageux, le meilleur et le plus doux. » Et en disant ces mots, ce pauvre homme se détourna, pleurant à chaudes larmes.

Socrate prit sans trembler la coupe des mains du bourreau, et écouta avec attention les recommandations que celui-ci avait à lui faire pour faciliter les effets du poison. Sur son conseil, il s'abstint d'en répandre quelques gouttes pour faire une libation aux dieux immortels, il se borna à les prier de conduire à bien et de bénir son dernier voyage. C'est la seule chose que je leur demande, ajouta-t-il, puissent-ils exaucer mes vœux ! Cela dit, d'un visage tranquille et souriant il but la coupe de ciguë. A cette vue, tous les assistants éclatèrent en larmes et en sanglots. Phédon s'enveloppa la tête de son manteau ; Criton, dont le courage était à bout, ne put supporter plus longtemps ce spectacle et sortit. Apollodore, qui depuis quelques moments ne faisait que pleurer, poussait des hurlements de douleur et fendait le cœur de tous les assistants. Seul, Socrate ne se laissa point troubler. « O mes bons et chers amis, leur dit-il, que faites-vous? J'ai toujours entendu dire qu'il ne faut, à l'heure de la mort, prononcer et entendre que des paroles de bon augure. Soyez donc calmes! soyez donc fermes! » Tout en disant ces paroles, Socrate qui se promenait dans la prison pour obéir aux indications du serviteur des Onze, sentit s'appesantir ses jambes : il se coucha alors sur le dos comme on le lui avait recommandé, et se couvrit la figure. Le bourreau entra à ce moment et l'examinant, lui serra les pieds, prit les jambes qui étaient devenues insensibles; peu à peu le corps se glaçait et se raidissait. Le bas-ventre était déjà froid comme du marbre, quand Socrate découvrant son visage : « Criton, dit-il, et ce furent ses dernières paroles, nous devons un coq à Esculape, n'oublie pas, je t'en prie, d'acquitter cette dette.— Cela sera fait, répondit Criton qui était rentré; si tu as quelque autre chose à nous ordonner, parle. » Mais Socrate ne répondit rien. Quelques instants après il fit un mouvement convulsif; l'homme des Onze le découvrit alors tout à fait, ses regards étaient fixes; Criton, qui s'en aperçut, lui ferma la bouche et les yeux. Voilà comment mourut, dit Platon, le meilleur, le plus sage et le plus juste des hommes. C'est sans doute après la lecture de cette admirable tragédie (1) qu'Erasme s'écriait : *Proinde quum hujusmodi quædam lego de talibus viris, vix mihi tempero quin dicam : Sancte Socrates, ora pro nobis* (2).

Tout le monde connaît le parallèle un peu sophistique que Rousseau, dans sa *Profession de foi du vicaire savoyard*, établit entre Socrate et Jésus, et qui se termine par ces mots : « Oui, si la vie et la mort de Socrate sont d'un sage, la vie et la mort de Jésus sont d'un Dieu. » L'auteur d'une histoire fort estimable de la philosophie ancienne, prétend qu'il suffirait de renverser les termes du paradoxe pour en faire une profonde vérité. « La personne humaine, dit-il, s'efface dans Socrate autant qu'il est possible, et ne laisse de place qu'au sage divinisé des stoïciens. Dans Jésus, au contraire, la personne humaine paraît à chaque instant, vérité qu'au surplus le dogme a dû consacrer (3) ». Je laisse le second terme de la comparaison : il est certain que le Christ, tel que se le représente la foi catholique, « n'a rien dédaigné de tout ce qui était de l'homme ; il a tout pris, excepté le péché, tout, jusqu'aux moindres choses, tout jusqu'aux plus

---

(1) Cicéron, *de Nat. D.*, III, disait qu'il n'avait jamais pu la relire sans pleurer.
(2) « Convivium religiosum. »
(3) M. Ch. Renouvier, t. I, p. 324.

grandes infirmités (1) » ; mais je ne puis admettre que Socrate réalise et dans sa vie et dans sa mort l'impassibilité du sage stoïcien, étranger et indifférent aux douleurs, aux joies, aux infirmités de l'humanité; lui aussi, il a des affections et des amitiés; il n'a point, comme il le dit lui-même, un cœur de chêne ou de rocher ; mais son héroïsme surmonte ces faiblesses et le vieillard de soixante-douze ans, peut, dans la paix et l'espérance d'une vie meilleure, s'endormir tranquille et serein, sans dépasser pour cela la région de l'humanité. C'est même un fait remarquable, que dans cette antiquité païenne, toute enivrée des visions mythologiques, on n'ait attribué à Socrate aucun caractère divin : L'oracle d'Apollon ne fait pas de lui un Dieu (2). Socrate est un homme ; seulement, c'est un homme vraiment grand, et surtout pour ceux qui croient que Jésus est un Dieu, c'est le plus grand de tous les hommes.

On peut se demander, il est vrai, si le Socrate que nous a peint Platon est bien le Socrate de l'histoire, ou s'il n'est qu'un pur et libre idéal. On a fait observer que le *Phédon* et le

---

(1) Bossuet, 2ᵉ serm. sur la *Compassion de la Vierge.*

(2) Xén., *Apol.*, § 15: ἐμὲ δὲ θεῷ μὲν οὐκ εἴκασεν, ἀνθρώπων δὲ πολλῷ προέκρινεν ὑπερφέρειν.

Banquet appartiennent à la classe de ces dialogues que Diogène de Laërte appelle διηγηματικοί, et qu'il distingue des dialogues dramatiques où l'action extérieure était une pure fiction. Je ne voudrais pas fonder mon opinion sur une preuve aussi fragile : car les formes de la classification des dialogues de Platon sont aussi contestables que les principes en sont différents. On ne peut nier que Platon, s'il ne divinise pas Socrate, l'idéalise, et répand autour de cette grande figure un reflet de beauté poétique. Mais de quel grand personnage de l'histoire n'en peut-on pas dire autant? et d'ailleurs nous ne trouvons rien dans le calme et véridique Xénophon qui contredise la peinture de Platon. Comment Socrate aurait-il excité un enthousiasme si profond, comment aurait-il produit une révolution intellectuelle et morale si universelle et si féconde, s'il n'avait pas porté presque à l'idéal la grandeur humaine? Pour s'expliquer son influence, nous sommes obligés de conclure qu'il a dû être tel que nous le dit Platon...

CHAPITRE IX

APPRÉCIATION DES CAUSES DU PROCÈS ET DE LA CONDAMNATION DE SOCRATE.

Pourquoi donc les hommes l'ont-ils accusé, condamné, tué? Quelles ont été les vraies causes de ce procès et du meurtre juridique qui en fut la suite? On peut soutenir et on a soutenu, à cet égard, plusieurs opinions différentes.

Les uns disent qu'il a été victime d'inimitiés personnelles qu'il s'était attirées par son enquête universelle et perpétuelle sur les citoyens les plus considérables de l'État, et par la critique amère qu'il faisait de leur vanité et de leur ignorance; d'autres pensent qu'il fut accusé et condamné pour avoir ouvertement professé des opinions politiques contraires à celles du gouvernement établi, et provoqué les ressentiments d'une démocratie d'autant plus ombrageuse et irritable qu'elle venait de traverser un affreux régime de terreur oligarchique, et avait en horreur les théories politiques dont la pratique s'était montrée si cruellement sanguinaire. Pour d'autres, c'est l'ensemble de ses idées morales, religieuses, politiques, qui l'ont perdu, qui ont suscité l'accusation et l'ont fait réussir. « C'est l'esprit de ce temps, et non Anytus, ni l'Aréopage, qui a mis en cause et condamné Socrate (1). » Enfin, en ces derniers temps, on est allé jusqu'à dire que, quels qu'aient été les motifs de l'accusation, il ne faut accuser que Socrate de la condamnation qui l'a frappé. Si, par un orgueil insolent, il n'eût pas offensé ses juges, évidemment disposés à l'acquitter, ou du moins à lui faire grâce, il n'eût pas attiré sur lui-même ce châtiment, ni à ses concitoyens le reproche immérité d'une sanglante injustice (2).

D'abord, que Socrate n'ait pas succombé à des inimitiés personnelles, c'est ce que prouve

(1) M. V. Cousin. *Préf. de l'Apol.*
(2) Il ne faut pas prendre à la lettre la raison que Cicéron met dans la bouche d'Antoine, *de Orat.*, I, 54 : « Ille damnatus est nullam aliam ab culpam nisi propter dicendi inscientiam, » car Crassus dira plus tard, *Id.* III. 16 : « Socrates fuit is, qui omnium auditorum testimonio, totiusque judicio Græciæ, quum prudentia et acumine, et venustate, et subtilitate, tum vero eloquentia, varietate, copia, quam se cumque in partem dedisset,

l'*Apologie* même de Platon. Sans doute Anytus était fort opposé à ses doctrines et peut-être fort irrité contre sa personne ; mais le document même que nous invoquons atteste qu'il y a eu des causes plus générales, et sinon plus généreuses, en tous cas moins basses et moins viles. Anytus paraît avoir été ce qu'on appelle un honnête homme, et si des motifs personnels ont dû l'aigrir, il est constant qu'il a été averti, par sa sollicitude de père de famille, que Socrate menaçait l'État d'un grand danger : il a agi ou cru agir au nom d'un intérêt général et, comme on l'a si souvent répété depuis, au nom du salut public.

D'un autre côté, la passion politique n'a pas été, quoi qu'en dise Fréret, ni l'unique ni le principal ressort de la poursuite ; il est bien vrai qu'Anytus était un démocrate ; que Socrate avait un penchant avoué pour le gouvernement aristocratique ; qu'on lui reproche d'avoir inspiré à Alcibiade et à Critias leur odieuse politique, d'avoir critiqué le gouvernement populaire, le mode d'élection par le sort, d'avoir conseillé de traiter les classes inférieures d'une

omnium fuit facile princeps. » La réputation de son éloquence est attestée par Plat., *Apol.* § 1, ὡς δεινοῦ ὄντος λέγειν, et par Xénophon, *Mem.*, IV, ἱκανὸς δὲ λόγῳ, εἰπεῖν τε καὶ διορίσασθαι.

manière dédaigneuse et sévère ; mais cependant ces griefs ne font pas partie de l'accusation, et n'occupent, dans le portrait que nous a laissé Aristophane, qu'une place relativement petite. Je crois donc que Socrate a succombé à un sentiment de terreur aveugle qui s'était emparé d'un grand nombre d'esprits, de ceux qui se croient ou se disent conservateurs, et qui voyaient attaquer avec une persévérance, une habileté, une force, une modération invincibles, des principes de religion, de politique, de morale, sur lesquels, pensaient-ils, reposaient l'intérêt de l'État et aussi le leur. Il me semble que, sous les traits chargés que la licence de la comédie explique, le portrait qu'Aristophane nous trace de Socrate est celui que devaient s'en faire la majorité de l'opinion, ou du moins ceux qui pouvaient, dans l'opinion publique, toujours si vague, créer une majorité factice ou réelle. Or, l'idée qu'Aristophane nous donne de Socrate est claire et précise : c'est un sophiste dont le scepticisme universel ébranle la religion, la famille et l'État. On l'accusa donc de ruiner tout l'édifice social. Les proscrits héroïques, qui venaient avec Trasybule de rétablir la liberté et l'indépendance d'Athènes, purent croire que Socrate était le représentant de la sophistique : or, la sophistique était pour eux le principe du mal moral et religieux qui dénouait rapidement tous les liens qui avaient fait autrefois la force et la gloire de la patrie ; ils crurent qu'il fallait, comme on dit, donner un grand exemple et frapper un grand coup.

Il faut remarquer qu'on ne trouve aucune trace de fanatisme religieux dans cette affaire. Chez un peuple qui n'avait pas de hiérarchie sacrée, de dogmatique religieuse, qui choisissait ses prêtres par l'élection ou par le sort, et ne les considérait que comme des magistrats temporaires et des serviteurs de l'État ; qui avait laissé une grande partie des fonctions sacerdotales aux magistrats politiques, aux particuliers et aux pères de famille ; où, de tout temps, les poètes s'étaient permis d'embellir la tradition des mythes, c'est-à-dire de changer les formes de l'idée religieuse, l'idée et le nom d'orthodoxie n'existaient même pas ; on ne connaissait pas l'horreur qu'inspirent aux fidèles le schisme et l'hérésie ; on n'en ressentait ni les haines ni les fureurs, et Socrate n'en a pas été la victime.

D'ailleurs il professait le culte de ses concitoyens (1). Quand un homme de cette loyauté

---

(1) Xén., *Apol.*, § 24.

fait une déclaration semblable, on n'a pas le droit de la mettre en doute. Son Dæmonium n'introduisait aucune innovation sacrilége. Dans un pays où les prêtres n'étaient pas en possession exclusive des révélations divines, avoir un oracle privé qui s'ajoutait aux oracles publics, n'était point un crime ni une chose nouvelle ou rare. Qu'au-dessus des dieux visibles il crut à un dieu invisible, à un dieu suprême, unique et un, je le pense ; mais quel est celui des poètes grecs, et surtout des poètes moralistes, chez lesquels on ne surprendrait pas cette pensée exprimée avec autant de force et de clarté que chez Socrate ? Un dieu unique et tout-puissant au-dessus des dieux visibles et invisibles, ses agents et ses ministres, n'a rien qui contredise la donnée essentielle du polythéisme grec. Cette unité divine, on la trouve dans Homère comme dans Pindare et dans Sophocle (1), et elle est si peu contraire au polythéisme que le dernier défenseur du paganisme,

---

(1) Ζεὺς ἦν, Ζεὺς ἐστί, Ζεὺς ἔσσεται, vers cité par Pausanias, X, 12, et attribué aux Péléades, auteurs d'un hymne à Jupiter. Clém., *Strom.*, V, 610 A. Πίνδαρος ἀντικρὺς εἰπὼν, τί θεός ; ὅτι τὸ πᾶν. Soph., *Trach.*, [1278], ούδὲν τούτων ὅ, τι μὴ Ζεύς,

Ménandre, *Fragm. Trag.*, 588, attribue à Euphorion, fils d'Eschyle, ce vers :

Ζεὺς δὲ γῆ, Ζεὺς τ'οὐρανὸς, Ζεὺς τοι τὰ πάντα
χὤτι τῶνδε ὑπέρτερον.

Proclus, professe ouvertement un monothéisme panthéistique. D'ailleurs, chez les anciens, qui n'ont pas connu la chaîne d'un dogme étroit, d'un symbole écrit, d'articles de foi, qui cherchaient Dieu en toute liberté dans la conscience et dans la nature, la religion officielle est moins une affaire de croyance que de culte, et, à cet égard, Socrate remplissait toutes ses obligations de citoyen. Après s'être un instant occupé de physique, il avait rejeté ces études comme absurdes et inutiles. Les procédés sophistiques de la parole n'avaient pas de plus grand ennemi et de plus redoutable adversaire. Il est ridiculement injuste de le rendre responsable des vices d'Alcibiade et des cruautés de Critias, et non moins absurde de l'accuser d'avoir corrompu la morale. On dit qu'il vient en contredire les principes et en ruiner les fondements, parce que, ces principes étant ceux de l'autorité, ces fondements ceux de l'habitude, Socrate vient donner à l'homme le droit et lui impose même le devoir de n'obéir qu'au Dieu qui lui parle dans sa conscience et dans sa raison. Il vaut mieux, dit-il, obéir à Dieu qu'aux hom-

---

Je ne parle pas des *Orphiques*, où l'on trouve ces mots étranges, fr. IV, 3, Mullach.

Εἷς θεὸς ἐν πάντεσσι.

mes, et à sa conscience qu'à l'État. Eh bien ! avait-il raison de proclamer ce principe, vraie source de la vie morale? Mais il attaquait l'État et l'État se défendit. L'État n'était point attaqué et n'avait point à se défendre. Au point de vue religieux, en proclamant le principe du libre examen, de la libre discussion, Socrate fondait comme une espèce de protestantisme païen qui, loin d'éteindre l'idée religieuse, pouvait la ranimer en l'épurant. C'est un véritable réformateur. Les protestants soutiennent que le catholicisme doit au protestantisme ce qu'il a conservé de vie et de puissance, et à voir ce que le catholicisme devient dans les pays où la réforme n'a pas pénétré, on ne saurait s'empêcher de croire qu'ils ont raison. De même, Socrate et tout le mouvement philosophique qui se rattacha à son école, ont rendu le paganisme plus vivace en le rendant plus sensé, et lui ont permis de résister pendant plus de dix siècles aux critiques négatives du scepticisme et à la propagande positive du dogmatisme chrétien. Au point de vue politique, le principe du libre examen ne supprime pas la force de l'autorité et de la tradition, seulement il la mesure, et il est bon que cette force ait une limite. Socrate, en sachant la lui faire, sut en même temps la respecter. Il proclame les droits de la conscience et de la raison individuelles, il déclare qu'il aime mieux mourir que d'y renoncer ; mais aussi il meurt pour ne pas désobéir aux lois de son pays, et reconnaît les droits de l'État, alors même qu'il les mesure et les limite. Enfin, quels sophistes s'étaient interdits d'ébranler par la discussion les anciennes croyances et les anciens usages ?

Disons au contraire que Socrate a sauvé l'État et la religion, ou du moins, en leur infusant le principe généreux d'une vie nouvelle, en a prolongé l'existence pendant dix siècles. La bête morte, mort ne fut pas le venin. On peut dire, au contraire, que son supplice n'a pas été, pour son œuvre, d'un effet moins puissant que sa vie. Sa mort a été sa dernière, et on peut ajouter sa plus belle leçon. Toute son école poussa un cri de douleur qui retentit encore dans la postérité, et cette indignation généreuse, cette sympathie pour l'opprimé, ne contribua pas peu à répandre une doctrine qui sauva d'une décadence peut-être prochaine, l'art, l'éloquence, la morale, la philosophie, la civilisation de l'antiquité païenne.

Est-il vrai qu'il ait attaqué les institutions établies et excité « à la haine et au mépris du gouvernement ? » Il est certain qu'il était peu favorable à la démocratie telle qu'elle était pratiquée sous ses yeux ; il en voyait les vices et les dangers plus que les vertus et la force. Ce sage que la liberté politique a élevé, auquel elle a permis, pendant quarante ans, l'usage de la plus libre critique, ce révolutionnaire modéré qu'elle a nourri de son esprit, imbu de ses idées, penchait vers un idéal rétrograde, vers le gouvernement dorien, qui n'aurait pas souffert un an, un jour, une heure, ses investigations critiques et son opposition spirituelle et railleuse. Mais depuis quand l'opposition est-elle un acte de trahison ? En tous cas, ce n'est pas à Athènes qu'on pouvait poser ce principe ridicule et violent. La critique des institutions et des lois y était permise à tous, et jamais l'État n'était intervenu dans les pures opinions spéculatives en fait de politique. Ne pas dire ce que l'on pense, l'acquiescement menteur même du silence, c'était le fait de la servitude asiatique (1). La libre parole, le franc parler, que Platon considérera plus tard comme un des fléaux de la démocratie, est un élément de la constitution athénienne. Chose étrange ! Platon attaque cette liberté, et c'est pour en avoir usé que Socrate est mort ; et c'est pour l'avoir in-

---

(1) Eurip., *Phœn.*, v. 392 :

Δούλου τό δ' εἶπας μὴ λέγειν ἅ τις φρονεῖ.

terdite un jour à Socrate que nous faisons à notre tour, à Athènes, au nom de la justice et de la liberté, un amer reproche. Les opinions de Socrate étaient légalement inattaquables. Quant à sa conduite, il a rempli tous ses devoirs de citoyen. Il aimait avec passion cette ville charmante et spirituelle, patrie de toutes les grandeurs morales, hors de laquelle on ne conçoit plus de place pour la mission qu'il avait à remplir, et n'avait, pour aucun prix, pour aucune circonstance, consenti à s'en absenter (1). On ne lui fera pas sans doute un crime capital de s'être abstenu, quand il n'y était pas obligé par la loi, de la vie politique active (2). Enfin, je trouve que c'est une raillerie cruelle de dire à Socrate qu'il n'a qu'à s'en prendre à lui-même de l'issue fâcheuse de son procès, que ses juges étaient disposés à l'indulgence, et qu'avec un peu moins de hauteur, un peu plus de complaisance, et, tranchons le mot, avec un peu de bassesse, il se serait tiré d'affaire. L'intention de M. Grote est de

---

(1) *Crit.*, 52 b.

(2) La loi de Solon, que mentionne Plutarque (*Solon*, 20), ne s'applique pas à celui qui s'abstient de briguer les magistratures, mais à celui qui s'abstient d'avoir une opinion et un parti politique. Ce que Solon frappe d'infamie, c'est l'indifférence en matière de gouvernement, ce qui n'est qu'une forme de l'absence de patriotisme.

délivrer la démocratie athénienne de la responsabilité de cette iniquité ; il aime la liberté et la voudrait pure et sans tache ; il souffre de voir le sang du juste souiller ce noble drapeau ; mais il faut aimer les peuples libres comme ils méritent d'être aimés, virilement ; il faut savoir leur dire la vérité. On peut plaider pour Athènes les circonstances atténuantes ; mais l'absoudre, la justifier, et, pour la justifier, accuser l'innocent qui a été sa victime, ce serait trahir les droits de la justice et de la liberté même dont Socrate, plus qu'Athènes, est à ce moment le représentant.

D'ailleurs, il ne faut pas être indulgent pour les fautes des gouvernements démocratiques et libres. Il n'est pas étonnant que les gouvernements absolus et despotiques agissent avec perfidie, violence, cruauté, injustice : c'est leur essence. Il ne faut pas demander qu'un arbre sauvage porte des fruits sains et doux ; mais la justice est le fruit naturel de la liberté, et quand un peuple qui est libre ne sait pas être juste ni clément, on ne saurait être envers lui trop sévère ; car d'où attendre maintenant la clémence et la justice (1) ? Il compromet non-

---

(1) Cic., *de Off.*, I, 25 : « In liberis vero populis exercenda etiam est facilitas et altitudo animi ! »

seulement son honneur, mais la civilisation dont il fait douter et désespérer un instant.

Disons-le donc : la condamnation de Socrate, mesure de réaction, a été un crime, et de plus une faute, car elle a été aussi inutile qu'injuste. Ce qu'on peut dire en faveur d'Athènes, c'est que, si elle a fait périr Socrate, c'est elle qui l'avait fait naître; elle seule l'avait pu élever, encourager, entendre et supporter pendant cinquante ans. Ajoutons encore qu'elle s'est repentie de sa cruauté, et a pleuré le grand citoyen et le grand homme qu'elle avait méconnu. C'est du moins ce qu'attestent Diodore, Plutarque, Diogène de Laërte, S. Augustin, Suidas (1), et sans doute c'est un scepticisme excessif que de refuser d'ajouter foi à ces témoignages d'un fait en soi si naturel et si conforme au caractère athénien. « Je ne sais pas, dit M. Grote, sur quelle autorité repose cette assertion, et j'en doute complétement (2). » Il est certain que Platon n'en parle pas plus que Xénophon; mais doit-on supprimer de l'histoire de Socrate tous les

---

(1) Diod. Sic., XIV, 37; Plut., *de Invid.* c. 6.; Diog. L. II, 43 et VI, 9; Thémist., *Or.* XX, 239; S. Augustin, *de Civ. D.*, VIII, c. 3; Arg. du *Busiris* d'Isocrate.

(2) *Hist. of Gr.*, t. VIII, p. 675. « I. disbelieve it altogether. »

faits qui n'ont pas pour garants ces deux témoins? M. Grote va jusqu'à dire que la mémoire de Socrate a dû rester longtemps impopulaire, puisque Xénophon n'a écrit ses *Mémorables* que pour dissiper les injustes soupçons qui pesaient encore sur elle, comme si on ne comprenait pas l'œuvre de Xénophon, dans l'hypothèse même où les Athéniens auraient reconnu et regretté leur erreur. S'il n'est pas certain, comme l'affirme Diogène, qu'ils lui aient élevé une statue, cela n'est pas aussi impossible que semble le croire M. Grote, s'appuyant sur ce que Lysippe, à qui on l'attribue, est très-postérieur à Socrate. Lysippe aura pu travailler d'après les indications de Xénophon et de Platon, d'après des traditions encore récentes, et peut-être même d'après des reproductions plastiques, qui, dans un temps si brillant et si fécond pour la sculpture, ne doivent pas surprendre. Fréret, avant Forchhammer et Grote, avait remarqué qu'Euripide ne pouvait pas avoir glissé, comme le prétend Diogène, dans ces vers de son *Palamède* :

Ἐκάνετ' ἐκάνετε ἀ
Πάνσοφον, ὦ Δαναοί,
Τὰν οὐδὲν ἀλγύνουσαν ἀηδόνα Μουσᾶν,

une allusion touchante à la mort de son ami. a pièce dont il est question, mentionnée par

Aristophane dans ses *Thesmophories* (1), comédie représentée, d'après les calculs de Fréret et de S. Petit (2), la vingtième année de la guerre du Péloponèse, est antérieure au moins de dix ans à la mort de Socrate, et, ce qui est un argument plus décisif encore, Euripide est mort sept ans avant Socrate (3). Mais qu'est-ce qui empêche de croire que, lors de la reprise de la pièce, sous le coup d'un sentiment de remords, les spectateurs aient appliqué ces vers à Socrate (4), et n'aient pu retenir, en les entendant, ces larmes généreuses (5) que Phrynichus avait fait couler autrefois en leur peignant les malheurs de Milet, qui avait été aussi victime de leur imprudence et de leur légèreté ? Ces nobles remords sont trop dans la nature du cœur humain, et surtout dans le caractère athénien, pour douter d'une tradition si répandue. Isocrate semble y faire une allusion discrète

---

(1) v. 797, 811.

(2) S. Petit, *Miscell.*, I, c. XIII.

(3) Philochore, cité par Diog. L. II, 44, et qui vivait 130 ou 140 ans après Socrate, avait déjà fait cette observation.

(4) C'est l'opinion de Valckenaër, *Diat. de Frag. Eur.* p. 190, et de G. Hermann, *Præf. ad Nub.*, p. XXXIII. M. Boeckh suppose ces vers introduits dans la pièce postérieurement, par une interpolation.

(5) Arg. de *Busiris*, ὡςαν τὸ θέατρον ἅπαν ἐδάκρυσε.

dans ces mots de l'*Antidosis* : « Vous n'ignorez pas, je pense, que la ville a eu souvent à se repentir de condamnations prononcées sous le coup de la colère et sans preuves évidentes, et que, peu de temps après, elle a demandé un compte sévère à ceux qui avaient égaré sa justice, tandis qu'elle eût souhaité à ceux qu'ils avaient indignement calomniés plus de prospérités qu'ils n'en avaient goûtées (1)? » J'aime mieux même, dans l'incertitude des deux côtés égale, croire à ces sentiments qu'à ceux que

(1) Isocr., περὶ ἀντ., § 19. Je ne trouve qu'un fait à l'appui de l'opinion de M. Grote, soutenue déjà par Fréret et adoptée par Éd. Zeller : c'est le passage d'Eschine, c. *Tim.*, p. 168 : « Enfin, Athéniens, vous avez mis à mort le sophiste Socrate, parce qu'il avait élevé Critias. » Quoiqu'il n'y ait là ni éloge ni blâme, on ne peut nier que l'épithète de sophiste n'est pas gracieuse et que la mention du supplice de Socrate, à l'appui d'une condamnation semblable demandée contre Démosthène, écarte l'idée d'un regret des Athéniens. Mais le mouvement des idées ne pourrait-il pas être celui-ci : Eh quoi! parce qu'il avait eu le malheur d'avoir pour auditeur un Critias, vous avez puni de mort le sage et innocent Socrate, et vous pardonneriez à un Démosthène les crimes d'Aristarque. Ainsi, on ne peut rien conclure de ce passage, qui s'explique dans les deux hypothèses. Quant au mot sophiste, il n'a pas toujours la signification défavorable que nous sommes disposés à lui attribuer de nos jours? Aristid., vol. III, p. 517, éd. Did., p. 407, vol. II : οὐ Λυσίας Πλάτωνα σοφιστὴν καλεῖ καὶ πάλιν Αἰσχίνην. Conf. Athén., XIII, 12.

M. Grote prête aux juges de Socrate. « Je ne vois, dit le savant historien de la Grèce, nulle raison pour croire que les juges athéniens, qui se sentaient, sans aucun doute, justifiés et plus que justifiés en condamnant Socrate *après son discours*, aient, après sa mort, rétracté ce sentiment (1). » Si les juges, en condamnant Socrate, ont fait justice, il est clair alors que Socrate était coupable; mais coupable de quoi? M. Grote avance timidement cette singulière raison : *After his own speech*. C'est parce qu'il a osé dire qu'il ne craint pas la mort et qu'il espère en une vie future et immortelle; c'est parce qu'il n'a point abaissé à de lâches prières la dignité du droit attaquée en sa personne; c'est pour cela qu'il a mérité de mourir, et que ses juges n'ont dû en avoir ni regrets ni remords ! Encore une fois, si Socrate était innocent, le discours qu'il a prononcé ne pourrait le rendre coupable. Que la fierté légitime qu'il témoigne ait contribué à le perdre, je le crois, j'en suis même moralement sûr; mais pourquoi? Est-ce parce que ce discours révélait sa culpabilité, ou parce qu'il froissait l'orgueil et les passions des juges? Mais depuis quand les condamnations pronon-

(1) *Hist. of Gr.*, t. VIII, p. 673. « Justified and more than justified in condemning Socrates. »

cées par l'orgueil blessé sont-elles devenues, à ce titre même, justes? Les passions humaines expliquent la condamnation de Socrate comme elles expliquent la Saint-Barthélemy et la Terreur : Dieu merci, elles ne la justifient pas davantage. On altérerait profondément la moralité de l'histoire si, en montrant les causes qui expliquent les plus odieux événements de ses annales, on croyait les avoir justifiés et glorifiés. Une seule chose apaisera la sévérité de la postérité sur le crime des Athéniens, et c'est précisément celle dont on veut nous faire douter : ils ont tué Socrate, mais ils l'ont pleuré ; le repentir qui les condamne, en même temps les absout. Leurs larmes sont leur seule justification.

APPENDICE

LES SOPHISTES.

J'ai exprimé une opinion sévère sur les sophistes, autrefois trop accusés (1), aujourd'hui trop complaisamment exaltés, et même quelquefois glorifiés. Un coup d'œil rapide jeté sur leur histoire et sur leurs doctrines justifiera, j'espère, le jugement que j'en ai porté.

Le sens naturel et primitif du mot sophiste (2),

(1) C'est Meiners, dans son *Histoire de l'origine et de la décadence des sciences*, qui attira le premier l'attention sur l'importance de la sophistique. M. Ritter a d'autant mieux accepté cette manière de voir, qu'il comprend, à tort selon moi, parmi les sophistes, les philosophes de l'école atomistique, Leucippe et Démocrite. M. K. F. Hermann, dans son *Histoire de la philosophie de Platon*, s'est étendu sur ce point, qu'a encore développé l'auteur de la belle *Histoire de la philosophie des Grecs*, M. Ed. Zeller.

(2) En faveur de la sophistique, on remarque que des contemporains de Phidias et de Périclès, un Socrate, un Platon, un Thucydide, même un Critias et un Alci-

se rattachant à σοφία, la science et la sagesse, n'avait rien que de noble : les sages, les philosophes, les poètes, le recevaient comme un titre d'honneur (1). Cratinus l'avait donné à Homère et à Hésiode, au rapport de Diogène, et Pindare l'applique fréquemment à lui-même et à tous les poètes (2). Hérodote, au dire d'Aristide, avait appelé sophistes Solon et Pythagore, et Androtion, les sept sages, et même Socrate, « ce grand sophiste (3). » Cette large et honorable signification ne se perdit même jamais complétement. Lysias appliquait le mot à Platon et à

biade, n'eussent pas subi le charme, s'ils n'eussent été que ce qu'on nous rapporte d'eux : cela n'est pas évident. Au sein de toute société, si bien constituée qu'elle soit, comme dans le corps le plus sain, il y a des germes latents de corruption qu'un rien, ou du moins des causes qui échappent, fait éclater. La sophistique fut une maladie de l'esprit grec.

(1) Diog. L., I, 12 : οἱ δὲ σοφοὶ καὶ σοφισταὶ ἐκαλοῦντο· καὶ οὐ μόνον, ἀλλὰ καὶ οἱ ποιηταὶ σοφισταί.

(2) *Isthm.*, IV, 32, où le scholiaste observe que ce nom était alors donné aux poètes.

(3) Aristid., *De quatuor viris*, t. II, p. 407 : Ἀνδροτίων τοὺς ἑπτὰ σοφιστὰς προσείρηκε, λέγων δὴ τοὺς σοφοὺς· καὶ πάλιν αὖ Σωκράτη σοφιστὴν τοῦτον τὸν πάνυ. Cf. Hérodot., IV, 95, pour Pythagore, et I, 29, pour Solon. Isocrat., *Orat.*, XV, 313. « On avait du respect pour ce qu'on appelait les sophistes, et les Athéniens mirent à la tête de l'État celui qui, le premier, prit ce nom, c'est-à-dire Solon. » Iambl., *Vit. Pythag.*, § 83 : « C'est là ce qu'on appelle la sagesse des sept sophistes ou sages, τῶν ἑπτὰ σοφιστῶν λεγομένη σοφία.

Eschine le Socratique (1), Eschine l'orateur à Socrate (2), Lucien à Anaxagore (3), et bien avant lui, Diogène d'Apollonie à tous les philosophes physiciens du temps auquel il appartenait lui-même (4). Xénophon semble aussi l'employer dans ce sens (5), et quelquefois oppose ce titre à celui de poète (6); enfin Aristote applique le mot de σοφία à Phidias, en le définissant, ἡ ἀρετὴ τῆς τέχνης, la perfection de l'art (7). Il semble donc que ce nom n'a signifié d'abord qu'un degré éminent de sagesse pratique, ou de science spéculative, ou de perfection dans un art (8) ; il était alors honorable et glorieux (9). Plus tard, sans perdre absolument ce sens très-étendu dans l'usage le plus habi-

---

(1) Aristid., vol. III, p. 517 : οὐ Λυσίας Πλάτωνα σοφιστὴν καλεῖ καὶ πάλιν Αἰσχίνην.

(2) Æsch., adv. Tim., Reisk, p. 168 : ἔπειθ' ὑμεῖς, ὦ Ἀθηναῖοι, Σωκράτην μὲν τὸν σοφιστὴν ἀπεκτείνατε.

(3) Lucien, t. I, Hemsterh, p. 118 : τὸν σοφιστὴν Ἀναξαγόραν, et Diodore de Sicile, XII, § 39.

(4) Cité par Simplicius, Ad Arist. Phys., f. 32 : καὶ πρὸς τοὺς φυσιολόγους ἀντειρηκέναι λέγων, οὓς καλεῖ καὶ αὐτὸς σοφιστάς.

(5) Mem., I, I, 11 : ὁ καλούμενος ὑπὸ τῶν σοφιστῶν κόσμος.

(6) Mem., IV, 2, 1. Euthydème avait fait une collection des livres des plus illustres ποιητῶν τε καὶ σοφιστῶν.

(7) Arist., Eth. Nic., VI, 7.

(8) Plat., Protag., : τὸν τῶν σοφῶν ἐπιστήμονα.

(9) Thémist., Orat., XXIII, p. 286 : πάλαι τοὔνομα τοῦτο ὁ σοφιστὴς σεμνόν τε ἦν καὶ ἐπ' ἀξιώσει; et il cite, lui aussi, l'exemple de Solon et de Pythagore.

tuel de la langue, il se restreignit et s'avilit. Il en a été ainsi des mots philosophe et philosophie, qu'Hérodote, I, 30, applique à Solon, qui a parcouru le monde, ὡς φιλοσοφέων θεωρίης εἵνεκεν. et par lesquels Thucydide, II, 40, désigne le goût particulier et caractéristique des Athéniens pour les choses de l'esprit : φιλοσοφοῦμεν ἄνευ μαλακίας Il n'est pas certain que Pythagore, s'il est vrai qu'il ait le premier fait usage du mot (1), l'ait employé dans un autre sens qu'amour de la science théorique et pratique. Ce terme s'est restreint de plus en plus (2), et si l'on ne peut pas dire qu'il se soit avili, on ne peut s'empêcher d'avouer qu'on a fait ce qu'il fallait pour le déshonorer. La philosophie et l'idéologie ont été quelquefois, chose bizarre, des termes de mépris.

Pour revenir aux sophistes, Platon indique quatre significations du mot, reproduites par Phavorinus (3) : le sophiste est un philosophe, un professeur, τὸν διδάσκαλον, un rhéteur, un charlatan, τὸν ἀπατεῶνα.

(1) Diog. L., Prœm., 12.
(2) Il semble qu'il se précise surtout au moment où les sophistes paraissent, et le caractère de leur métier salarié et de leurs recherches frivoles ne contribua pas peu à déterminer le sens du mot philosophie à la recherche désintéressée, généreuse et convaincue de la sagesse et de la vérité.
(3) V. σοφίζεσθαι.

La signification de maître, de professeur, qui n'est point enfermée, comme l'ont cru Tennemann et Hegel, dans le suffixe qui le termine, et qui n'est pas par conséquent à l'origine une de ses significations naturelles, se montre pour la première fois au temps de Protagoras, à qui Socrate dit : « Tu t'es présenté publiquement à tous les Grecs, tu t'es annoncé, tu t'es nommé un sophiste, faisant profession d'enseigner la jeunesse et d'être un maître de vertu (1). » Protagoras l'avoue, et dans sa bouche l'appellation qu'il s'applique lui-même a un sens restreint, mais non pas injurieux.

Au nombre de ceux qui firent de la sophistique un art et un métier, ou du moins une profession, il faut compter Protagoras, Euthydème, Evénus, et même peut-être aussi Prodicus. Qu'enseignaient-ils? La science et la vertu σοφίας καὶ ἀρετῆς (2), la sagesse pratique et humaine et la vertu politique, c'est-à-dire morale (3), la science par laquelle les hommes parviennent à

---

(1) Plat., *Protag.*, 349 a : σοφιστὴν ἐπονομάσας σαυτόν, ἀπέφηνας παιδεύσεως καὶ ἀρετῆς διδάσκαλον; et *id.*, p. 316 d : ὁμολογῶ τε σοφιστὴς εἶναι καὶ παιδεύειν ἀνθρώπους.

(2) *Men.*, p. 91 a; *Protag.*, 318 d; *Euthyd.*, 273 d; *Apol.*, 20 a; *Phæd.*, 60.

(3) Δεινότητα πολιτικὴν καὶ δραστήριον σύνεσιν. Plut., *Vit. Them.*, c. II; *Apol.*, 20 a : ἀρετὴν τὴν πολιτικήν τε καὶ ἀνθρωπίνην.

bien gouverner leur maison, à établir de bons gouvernements, à pratiquer les devoirs de la piété, de l'amitié, du savoir-vivre envers leurs parents, leurs concitoyens et les étrangers eux-mêmes ; mais dans un pays libre l'action politique, et dans tous les pays l'influence morale ne s'exercent que par la parole : de là l'éloquence s'ajouta presque nécessairement aux sujets de l'enseignement devenu professionnel des sophistes ; ils apprennent aux jeunes gens à être habiles et puissants dans la parole et dans l'action, δεινώτατοι καὶ πράττειν καὶ λέγειν (1). Ici nous devons remarquer qu'ils continuent la tradition grecque et athénienne : Plutarque nous parle d'un certain Mnésiphile, qui n'était ni orateur ni de ceux qu'on appelle philosophes physiciens, mais qui s'était occupé spécialement d'une certaine habileté politique, d'un art de traiter les hommes et d'une connaissance pratique qui se conservait comme une espèce de secte depuis Solon (2). Chez les Athéniens, l'art de la parole, qu'ils ne séparaient pas de la pensée, était depuis la plus longue antiquité unie à l'art de bien agir : et ce qui, avec le trait si juste et si profond de Thucydide, II, 40, φιλοκαλοῦμεν γάρ

---

(1) *Protag.*, 318 d.
(2) Plut., *Vit. Thém.*, c. II.

μετ'εὐτελείας, καὶ φιλοσοφοῦμεν ἄνευ μαλακίας, caractérise peut-être le mieux ce peuple admirable, c'est la maxime : λέγειντε καὶ πράττειν, penser et agir. Fréret (1) observe que par ce mot, ἀρετή, il ne faut pas entendre la science des devoirs et l'art de la vie morale : qu'il s'agit uniquement d'un savoir-faire utile, d'une capacité toute pratique, qui comprend même l'adresse et la force du corps; il faut cependant reconnaître que si la notion du devoir est étrangère à l'enseignement des sophistes, comme à toute la morale antique, il n'en est pas ainsi de la vertu considérée comme une conformité de la vie aux idées de la droite raison : Protagoras s'engage à rendre les jeunes gens qu'on lui confie de jour en jour meilleurs (2). Le mythe que Platon lui fait exposer, et qui peut-être est tiré de son ouvrage, περὶ τῆς ἐν ἀρχῇ καταστάσεως, imité d'Hésiode, a bien le caractère pratique, positif, humain, de toute la morale grecque; mais il a aussi le caractère évident d'une inspiration vraiment morale. Comme Hésiode l'avait déjà dit, à la suite de sa charmante fable de l'*Épervier et du Rossignol*, si les animaux n'ont que la force pour règle de leurs rapports, les hommes ont pour

---

(1) *Mém. Acad. inscr.*, t. XLVII, p. 219.
(2) *Protag.*, 318 a : ἀεὶ ἐπὶ τὸ βέλτιον ἐπιδιδόναι.

principe de leur vie sociale le sentiment de la justice et la répulsion instinctive du mal, Δικὴ et Αἰδώς. Ces caractères donnés à l'homme par les dieux sont propres et constitutifs de la nature humaine : celui qui n'aurait pas le sentiment du juste, loi naturelle que l'éducation développe et ne crée pas, serait incapable d'entrer dans une société humaine : il n'appartient pas à l'humanité. Il est difficile de contester que Protagoras, en faisant entrer dans ce mot ἀρετὴ les qualités pratiquement utiles de la vie politique et domestique, n'excluait pas de son enseignement les grands et éternels principes de toute morale : l'idée et le sentiment du bien, et la honte vertueuse du mal. C'est même ce côté de ses prétentions que tournait en ridicule Gorgias, qui, nous le verrons, ne se présentait, lui, que comme un professeur d'éloquence, et était suivi dans cette tendance exclusive par Polus, Lycophron et Thrasymaque. Il n'en était pas ainsi sans doute de Prodicus : quoiqu'on ne mentionne que des sujets de rhétorique dans les leçons publiques qu'il donnait, il est difficile de croire qu'il ait exclu de son enseignement la morale, à laquelle il avait consacré plusieurs ouvrages, dont nous avons quelques fragments, et entre autres celui qu'il avait intitulé : Ὧραι, les *Saisons de la vie*, où se lisait cette belle allégorie qui lui valut tant d'éloges, et même ceux de Socrate. Ce mythe charmant, évidemment développement et imitation d'un passage d'Hésiode (1), peignait la dignité et le bonheur de la vertu, et les misères et l'abjection de la mollesse et du vice (2). Ailleurs il montrait que la richesse n'est point un bien, et que tout dépend de l'usage qu'on sait en faire, ou que l'homme n'a aucune raison de craindre la mort, les vivants par cela même qu'ils vivent encore, les morts parce qu'ils ne vivent plus (3). On peut dire que ce qu'on appelle proprement les moralistes commence avec ces sophistes: ils mettent la prose dans tous ses genres au service des questions morales : ce sont ceux qui créent le conte, le dialogue ou proverbe, le traité dogmatique, la lettre, et enfin le discours épidictique, qui, sous le nom de parénétique, est l'antécédent et le modèle du sermon et de l'homélie.

Mais à côté de ces sophistes moralistes ou,

---

(1) Ἔργα, v. 285.

(2) Xén., *Mem.*, II, 1, 21.

(3) Il y a dans cette éloquente apologie de la mort des traits d'une éloquence qu'envierait Bossuet, et, par exemple, cette comparaison de la nature à une prêteuse à la petite semaine, ὀβολοστάτις, qui redemande bien vite tout ce qu'elle nous a prêté d'organes et de facultés, de vie, en un mot.

comme les appelle Isocrate, politiques (1), ce qui est la même chose, il y en avait d'autres qui ne visaient pas si haut et qui, plus cyniques ou plus modestes, se proposaient uniquement d'enseigner l'art de la parole, tandis qu'Hippias se distinguait et s'attirait les plaisanteries de Protagoras en faisant entrer toutes les connaissances et tous les arts dans le cercle de son enseignement encyclopédique. Outre la morale (2), il professait l'astronomie, la musique, les mathématiques, la physique, la rhythmopée, l'histoire, l'archéologie, la mnémonique, la critique, la poésie dans tous ses genres, même les arts manuels : σῶρον καὶ ἑσμὸν σοφίας, comme dit Thémiste. Parmi ces sophistes, pour qui l'art de parler est le fondement et l'objet de toute éducation vraiment politique, il faut placer Gorgias, Lycophron, Thrasymaque. On voit donc que le sens du mot se détermine et se

---

(1) Je n'ai pas l'intention de donner ici une division scientifique de la sophistique : quoi qu'on ait pu en penser et en dire, je ne lui reconnais pas une assez grande importance pour que cela soit nécessaire, et le peu de valeur philosophique même de ses adhérents les rend plus difficiles à distinguer et à classer. Je les divise donc suivant des tendances particulières plus ou moins prononcées ; j'énumérerai ensuite leurs traits communs.

(2) Son dialogue du *Troïque* avait pour objet de montrer ἃ χρὴ τὸν νέον ἐπιτηδεύειν.

précise; mais on ne voit pas jusqu'à présent pourquoi, et parmi les contemporains même, il s'est si vite avili et est devenu ce qu'il est resté, une injure (1). Tout en se déterminant, le nom s'étend encore à des directions d'idées assez différentes, à des manières de voir diverses et variées; non-seulement la jalousie de métier divise les sophistes, mais on n'aperçoit point qu'il y ait eu une doctrine ou une méthode particulière qui leur ait été commune, une unité de principes ou de but, ni même des relations personnelles, un centre d'action, d'idées et de théories qui autorisent à en faire une école ou une secte, comme l'a, je crois, très-bien vu M. Grote (2).

Mais ne va-t-il pas trop loin et au delà de la vérité, lorsqu'il prétend que la sophistique n'est qu'un mot sans réalité, une abstraction, un fantôme imaginaire rêvé par l'antagonisme de Platon, et qu'a eu tort de relever l'érudition allemande. Tout en accordant à M. Grote qu'il

---

(1) Isocr., *De permut. or.*, XV, p. 235, § 313 : τὴν ἐπωνυμίαν τὴν νῦν ἀτιμαζομένην. Xénoph., *De venat.*, XIII, 8 : σοφιστὴν κληθῆναι ὄνειδος. Plat., *Protag.*, trad. Cousin: «N'aurais-tu pas honte, dit Socrate à Hippocrate, de te donner pour sophiste à la face des Grecs? — Oui, par Jupiter, j'en aurais honte, à dire vrai. »

(2) T. XII, p. 195, trad. fr.

n'y a point eu une philosophie sophistique, ni un système, ni un principe vraiment scientifique qui se rattache à leur nom, nous ne pouvons nous empêcher de reconnaître à tous ceux auxquels l'usage de la langue, se modifiant peu à peu, l'appliqua presque exclusivement vers ce temps, une même tendance, une même inspiration qui n'a rien sans doute de vraiment scientifique, mais qui n'eut pas moins son influence, et qui, sans corrompre, comme on le dit, et sans empoisonner la droiture instinctive de l'esprit et le bon sens moral du peuple grec, l'entama certainement et y déposa des germes de subtilité perfide et de déloyauté immorale, qui ont germé plus tard, et que la réaction de Socrate ne put détruire complétement.

Ces traits communs sont les suivants :

Ils se vouent tous à l'éducation, jusqu'alors confiée aux familles, aux maîtres de musique et d'exercices gymnastiques, et qui consistait dans la lecture et le commentaire des poètes. Entre leurs mains l'éducation devient un métier, une profession spéciale, déterminée, dont ils sont, par un besoin instinctif, portés à rechercher les principes, le but, la méthode, la matière, et cette profession est payée. On ne voit pas pourquoi on reprocherait à ceux qui se vouent à l'enseignement, de recevoir de leurs peines le salaire qui ne déshonore ni l'artiste, ni le médecin, ni le prêtre; cependant l'école socratique eut une autre tradition : elle refusa constamment de recevoir un salaire des auditeurs, et après avoir essayé vainement de vivre indépendante, elle fut obligée, pour conserver la gratuité de ses cours, d'avoir recours à l'État, qui accepta l'obligation de payer les maîtres, mais en échange du droit de les nommer et de les destituer. Ce n'en est pas moins un trait commun à tous les sophistes, qu'il fallait relever: je ne dis pas la science, mais l'éducation devient un objet de commerce ; ils ne se bornent pas à des leçons publiques et orales, ils généralisent et relèvent l'art d'écrire, jusque-là assez méprisé des Grecs.

L'éducation étant l'objet commun de tous ceux qui s'intitulent sophistes, ils ne peuvent s'empêcher d'en chercher le principe rationnel, d'en fonder logiquement le but et d'en déterminer la matière, et tous, en partant peut-être de principes différents, mais sous l'influence des idées dominantes qui ne voient dans l'homme qu'un être politique, c'est-à-dire social, et dont l'influence et la dignité se mesurent à l'action que sa parole peut exercer sur ses concitoyens, ils s'accordent à reconnaître à l'art de parler et d'écrire une importance si capitale, qu'elle est l'objet presque exclusif de leurs travaux écrits comme de leur enseignement oral.

Mais, en s'occupant professionnellement du langage, on ne peut guère éviter de considérer et d'étudier la pensée, dont il est l'expression : de là les sophistes furent conduits à réfléchir sur les formes du langage, sur les catégories grammaticales, sur les procédés du raisonnement, c'est-à-dire de toucher, superficiellement sans doute, mais enfin de toucher un point du domaine philosophique, c'est-à-dire les formes de l'esprit et les catégories de l'entendement. Leurs travaux sur la grammaire, le dictionnaire, la rhétorique même, les conduisaient presque nécessairement à une analyse psychologique et à un art du raisonnement qu'ils ne virent malheureusement que sous la forme étroite et fausse de l'éristique.

Ils sont allés, et ils devaient aller plus loin : on a beau vouloir ne s'occuper que de la forme, on ne le peut pas ; la forme de la pensée étant déjà une pensée, l'esprit est entraîné, d'une part, à se demander quelle est la valeur intellectuelle de la pensée et sa certitude ; et de l'autre, quelle est sa valeur morale, question qu'ils pouvaient d'autant moins éviter que la parole, dans une constitution libre, est nécessairement appelée à traiter constamment du juste, du droit, de la loi, du bien, du beau moral et de leurs contraires.

Les sophistes s'accordent tous à suivre cette voie à moitié pratique, à moitié philosophique, qui fait d'eux quelque chose d'indécis entre l'homme purement politique et l'homme scientifique (1); ils recevaient des faits et des mœurs les conditions pratiques et l'objet de l'éducation, et ne cherchaient qu'à préparer la jeunesse à l'action politique, dont l'instrument est la parole; ils s'accordent également dans les solutions fausses et dangereuses qu'ils donnent tous au problème que l'intérêt de leur profession les invitait à se poser. C'est là que se manifeste le caractère général de la sophistique, c'est-à-dire le scepticisme, scepticisme moral, scepticisme intellectuel, que quelques-uns cherchent à fon-

---

(1) *Euthyd.*, p. 305 c: ὡς ἔφη Πρόδικος μεθόρια φιλοσόφου τε ἀνδρὸς καὶ πολιτικοῦ..... μετρίως μὲν φιλοσοφίας ἔχειν, μετρίως δὲ πολιτικῶν. C'est donc aux sophistiques de la seconde époque que peut seulement s'appliquer l'explication trop générale de Plutarque, *Vita Them.*, c. ii, qui, après avoir rappelé que de tout temps il y eut à Athènes cette intelligence et cette science pratique « prudentia civilis et domestica, » qui remonte à Solon et peut-être au delà, ajoute: « ceux qui unirent cette science pratique à l'art de la discussion et passèrent de l'action aux mots, ἀπὸ πράξεων ἐπὶ τοὺς λόγους, furent appelés sophistes. »

der scientifiquement en empruntant, Protagoras les principes de la philosophie de la nature d'Héraclite, Gorgias ceux des Éléates. Leur solution commune, c'est qu'il n'y a aucune vérité universelle et nécessaire ; que la pensée n'a point d'objet, ou ne peut pas atteindre son objet : de là tous concluent qu'il n'y a d'autre but à l'action pratique que l'intérêt personnel; d'autre connaissance que l'opinion ou la sensation individuelle et du moment ; d'autre savoir qu'une dialectique éristique et une vaine et perfide rhétorique.

Protagoras adopte le principe d'Héraclite : tout est mouvement, τὸ πᾶν κίνησις ; cela ne veut pas dire que tout est mouvement pur, mais que toutes choses sont en mouvement, s'écoulent et changent sans cesse (1). Il presse même le principe : le sujet changeant comme l'objet, non-seulement rien n'est en soi et pour soi, tout change et est soumis à un devenir qui ne s'arrête jamais dans une essence fixe; mais pour le sujet qui connaît et qui pense, les choses ne sont que ce qu'elles lui paraissent être, et elles lui paraissent être comme elles doivent lui paraître, suivant le moment, les circonstances infiniment variables

---

(1) *Theet.*, 152 d, 157 a, 181 c, d : πᾶν φερόμενον καὶ ἀλλοιόμενον. Philop., ad Aristot., *De anim.*, p. 152 a.

de lieu, de situation, l'état toujours changeant où il se trouve : la mesure des choses, de leur essence et de leur être n'est pas en elles, mais dans l'esprit qui les pense. L'homme est la mesure des choses (1); il n'y a aucune vérité absolue, objective, universelle; l'affirmation et la négation sur le même objet et en même temps sont également vraies (2). Le savoir n'est ainsi qu'une apparence fragile, qu'une autre apparence peut remplacer. On peut donc douter de tout, tout affirmer et tout contredire (3). L'art de cette dialectique, c'est l'éristique, et appliqué à la parole publique devant les tribunaux ou les assemblées politiques, c'est la rhétorique. Parce que, contrairement à tous les documents qui nous restent, Aristophane a jeté injustement ce reproche à Socrate; parce que Socrate se plaint qu'on dirige contre lui cette accusation, qui constitue le grief commun contre

---

(1) *Theet.*, 152 a, 158 a, 161 c : χρημάτων μέτρον ἄνθρωπον εἶναι. *Cratyl.*, p. 185 e; Arist., *Met.*, IX, 1, p. 195.

(2) Arist., *Met.*, III, 4, p. 72 : ἀληθεῖς αἱ ἀντιφάσεις ἅμα κατὰ τοῦ αὐτοῦ πᾶσαι... καθάπερ ἀνάγκη τοῖς τὸν Πρωταγόρου λόγον λέγουσι... *Met.*, VIII, 3 : Πρωταγόρου λόγος... *Met.*, III, 5, p. 76 : ὁ Πρωταγόρου λόγος.

(3) *Phæd.*, 90 c : οἱ περὶ τοὺς ἀντιλογικοὺς λόγους. *Soph.*, p. 232 e : τὸ τῆς ἀντιλογικῆς τέχνης ἆρ' οὐκ ἐν κεφαλαίῳ περὶ πάντων πρὸς ἀμφισβήτησιν ἱκανή τις δύναμις δοκεῖ εἶναι. *Soph.*, 225 : ὅλως ἀμφισβητοῦν.

tous ceux qui s'occupaient de science spéculative(1), je ne vois pas comment on pourrait soutenir que Protagoras n'a pas mérité une accusation qu'expliquent si parfaitement ses principes, et que confirment tous les témoignages. Protagoras avait écrit un *Traité de l'éristique* (2), et il fut le premier à enseigner qu'il y avait sur chaque question deux raisons opposées à donner, qui, se valant l'une et l'autre, puisqu'elles ne valaient rien, pouvaient tour à tour, suivant l'art ou l'intérêt de l'orateur, devenir ou paraître triomphantes. L'art de donner à une mauvaise raison l'apparence d'une bonne est une invention de Protagoras, et s'appelait dans l'antiquité, par une locution devenue proverbiale, ὁ Πρωταγόρου λόγος, τὸ Πρωταγόρου ἐπάγγελμα (3).

(1) *Apol. S.*, p. 23 d : τὰ κατὰ πάντων τῶν φιλοσοφούντων πρόχειρα... τὸν ἥττω λόγον κρείττω ποιεῖν. Xén., *Mem.*, I, 2, 31: τὸ κοινῇ τοῖς φιλοσόφοις ὑπὸ τῶν πολλῶν ἐπιτιμώμενον.

(2) Diog. L., IX, 55 : τέχνη ἐριστικῶν.

(3) Diog. L., IX, 51 : Πρῶτος ἔφη δύο λόγους εἶναι περὶ παντὸς πράγματος ἀντικειμένους ἀλλήλοις. Schol. Aristoph., *Nub.*, 113; Arist., *Rhet.*, II, 24 : τὸ τὸν ἥττω λόγον κρείττω ποιεῖν τοῦτ᾽ ἐστιν... τὸ Πρωταγόρου ἐπάγγελμα. Cic., *Brut.*, 8: « Leontinus Gorgias, Thrasymachus, Chalcedonius, Prodicus, Ceus, Hippias Eleus, aliique multi temporibus iisdem, docere se profitebantur, arrogantibus sane verbis quemadmodum causa inferior, dicendo fieri superior posset. » Sén., *ep.* 88 : « Protagoras ait de omni re in utramque partem disputari posse *ex æquo*. »

Il est probable que les successeurs et les imitateurs de ces principes en ont exagéré les conséquences, et qu'il ne faut pas attribuer à Protagoras les sophismes niais et grossiers de Dionysodore et d'Euthydème; mais, outre que l'on peut difficilement nier que ce soient là les fruits naturels de ces germes détestables, je suis étonné de voir le solide esprit de M. Grote défendre les principes eux-mêmes, et ne voir dans les maximes, « l'homme est la mesure des choses, et la parole a pour objet et pour but de changer aux yeux de l'auditeur l'apparence des choses, » que des maximes vraies et morales. Je renvoie, pour la discussion expresse du premier de ces deux points, à l'excellente leçon de M. Janet (1), et, pour l'autre, je me borne à dire que si, dans la faiblesse inhérente à l'esprit humain, les affirmations absolues et les vérités universelles sont rares; si presque tous les sujets qui peuvent venir en discussion présentent des points de vue divers, des faces opposées qu'il faut considérer; s'il faut conserver à l'avocat et à l'orateur la faculté de plaider le pour et le contre, et avouer que, chez l'avocat, c'est plus qu'un droit, c'est un devoir; il faut reconnaître aussi, d'une part, qu'il y a des principes de la raison

---

(1) *Revue des cours publics*, 6 octobre 1866.

qu'on ne peut mettre en doute sans détruire la raison qu'ils constituent ; de l'autre, des principes de morale qu'on ne peut ruiner sans attaquer la vie morale et la société même.

S'il n'y a pas de différence réelle entre le vrai et le faux ni entre le bien et le mal, c'en est fait de la raison et de la vie, de toute vie religieuse, intellectuelle et morale.

Tandis que Protagoras arrive au doute sur l'existence des dieux, disant qu'il n'en peut rien affirmer ni rien savoir (1), Prodicus, malgré le bel éloge des dieux que contient son apologue d'Hercule, trouve l'origine des cultes et des idées religieuses dans la tendance des hommes à adorer comme divines les choses qui leur sont utiles (2), et Critias ne voit dans la religion qu'une invention humaine, nécessaire pour réprimer les vices cachés du cœur, qui se dérobent à l'action des lois pénales (3).

Les principes métaphysiques d'où Gorgias faisait découler sa morale et sa rhétorique, étaient plus scientifiques, et non pas moins

---

(1) Diog. L., IX, 51 ; Plat., *Theet.*, 162 a.

(2) Sext. Emp., *adv. Math.*, IX, 18, 51 ; Cic., *Nat. Deor.*, I, XLII, 118. Aussi tous deux rangent-ils Prodicus parmi les athées.

(3) Sext. Emp., *adv. Math.*, IX, 54 ; Plut., *De superst.*, c. XIII.

sceptiques ; il se servait des définitions éléatiques de l'Être pour affirmer cette série de propositions :

1° Rien n'existe.

2° Si quelque chose existe, il ne peut être connu.

3 Si quelque chose existe et qu'il puisse être connu, il ne peut être exprimé par le langage.

La parole n'a donc pas pour objet d'exprimer des idées vraies et qui répondent à des réalités : tout n'est qu'apparence. La rhétorique n'est qu'une ouvrière de persuasion, qui inspire confiance à ceux qui écoutent, mais qui ne leur apprend rien (1). Il ne s'agit pas d'avoir raison, de montrer qu'on a raison, mais de paraître avoir raison et de paraître le prouver ; aussi n'a-t-on pas besoin de connaître les choses mêmes dont on parle. L'art de parler, c'est-à-dire de faire illusion, consiste précisément à paraître savoir ce qu'on ignore, à paraître être ce qu'on n'est pas. Il n'y a dans la rhétorique qu'un vain et vide formalisme, un ensemble de procédés techniques, de savoir-faire prati-

---

(1) *Gorgias*, 455 n : πειθοῦς δημιουργὸς πιστευτικῆς, ἀλλ' οὐ διδασκαλικῆς. Doxopater, Aphthon., *Rhet. Græc*, Walz, II, 104, en attribuant cette définition à Gorgias, n'a peut-être d'autre autorité que celle du passage de Platon.

que ; aussi, quand on le possède, on possède tout : l'influence, l'autorité, la puissance, la richesse ; et celui qui le possède peut parler, sans préparation, non-seulement pour et contre, mais de toute chose. Ce fut Gorgias qui, le premier, osa avancer cette insolente prétention : *Qui permagnum quiddam suscipere ac profiteri videbatur, quum se ad omnia, de quibus quisque audire vellet, esse paratum denuntiaret* (1) ; il jouait de la parole comme on joue du violon, ou plutôt comme un charlatan du gobelet. Il n'est pas bien étonnant que la rhétorique en fût réduite bientôt à cette pratique, à cette routine fastidieuse et détestable, qui aboutira, dans les sophistes de la seconde époque, aux puérilités les plus niaises et les plus ridicules (2).

Le scepticisme moral de Gorgias et de son école allait plus loin encore que celui de Protagoras. Si, pour l'un, la croyance à des dieux n'était qu'une invention humaine, justifiée au moins par la nécessité de réprimer la tendance au mal qui germe dans l'âme humaine, pour l'autre, l'État, la société, n'étaient qu'une convention factice et arbitraire des faibles pour résister aux forts ; la loi, une limitation injurieuse et injuste

---

(1) Cic., *De orat.*, I, 22.
(2) Les éloges des vers, de la souris, de la cruche, etc.

de la liberté naturelle, du droit que l'homme intelligent et fort a reçu de la nature de faire servir le faible à ses plaisirs et à ses intérêts· « On prend les meilleurs et les plus forts d'entre nous, dès leur jeunesse, comme de jeunes lions, puis on les charme, on les enchante par des influences magiques, on les asservit enfin, à force de leur répéter que l'égalité est une loi naturelle qui gouverne les rapports des hommes en société, et qu'en cette égalité consistent le bien et le juste (1). Mais quand on est parvenu à affranchir l'esprit de ces préjugés de la tradition et de la coutume, à sortir du cercle magique dans lequel elles l'emprisonnent, on s'aperçoit bien vite que les faibles qui ont fait la loi ont pris pour règle, non pas l'idée du juste, qui n'existe pas, mais la mesure de leurs intérêts (2). La nature et la loi sont en opposition l'une à l'autre: l'une est l'œuvre de Dieu, l'autre celle des hommes; celle-ci fait de nous des esclaves (3), celle-là nous appelle à la liberté,

---

(1) *Gorgias*, 483: ὡς τὸ ἴσον χρὴ ἔχειν, καὶ τοῦτ᾽ ἐστι τὸ καλὸν καὶ τὸ δίκαιον.

(2) *Gorg.*, 483 b; *Rep.*, XI, 358; Aristot., III, 5, 11.

(3) *Gorg.*, 482 c: ἐναντία ἀλλήλοις ἐστὶν ἥτε φύσις καὶ ὁ νόμος. Diod. Sic., *Exc. Vat.*, p. 23 : εἶναι γὰρ τὴν φύσιν θεοῦ ποίησιν, τὸν δὲ νόμον ἀνθρώπων. *Notices et Extr. des mss. de la Bibl. du roi*, t. XI, p. 35 : ἀπὸ τοῦ νόμου πάντες δουλεύομεν. Cf. Aristot., *Soph. El.*, c. XII, p. 173 a.

Le droit n'est que l'intérêt ou le plaisir du plus fort ; la loi est le tyran des hommes et les force d'agir contrairement au vœu de la nature (1). »

Ce n'est pas en relevant quelques maximes d'une vraie pureté morale (2), en rappelant le mythe de Protagoras ou celui de Prodicus, qu'on effacera l'opprobre que l'histoire a imprimé justement au nom des sophistes. S'ils n'avaient pas menacé la morale, comment Socrate eût-il cru nécessaire, pour la relever, de tant les combattre ? On parle de leurs tendances politiques, comme si leurs maximes, qui n'ont jamais été des théories, n'aboutissaient pas toujours à l'éloge de la tyrannie, qu'ils ont enfin amenée. Je ne trouve pas que ce soit les justifier que d'observer que le tyran, dans les sociétés grecques, est toujours le chef du parti populaire. On aurait pu généraliser l'observation d'Aristote ; partout et toujours le despote est un démagogue, et s'il est le chef du parti populaire, n'oublions pas qu'il en est non-seulement l'oppresseur, mais le corrupteur. L'aristocratie, à Rome et à Athènes, a pu tenir sous le joug le

---

(1) *Protag.*, 337 d.
(2) Par exemple, celle-ci, d'Hippias (Plat., *Protag.*, 337). τὸ γὰρ ὁμοίῳ τῷ ὁμοίον φύσει ξύγγενες, où l'on veut voir une protestation contre l'esclavage.

peuple ; mais le spectacle vivifiant de la liberté désapprenait à ce peuple, comprimé dans la servitude, la servilité. Un gouvernement libre aristocratique peut opprimer un peuple, il ne l'avilit pas; il peut lui refuser l'exercice de ses droits, il ne lui en ôte pas la conscience ; il peut enchaîner ses bras, mais il ne lui abaisse pas le cœur et ne lui flétrit pas l'âme.

Sans doute il a pu sortir de cette critique universelle quelques conséquences heureuses : l'opposition entre le droit naturel et le droit positif est juste, mais à condition qu'il y ait toujours un droit, et que si l'on viole les lois écrites, ce soit pour respecter des lois supérieures, non écrites, et que, pour parler comme Socrate, si l'on refuse d'obéir aux hommes, ce soit pour obéir à Dieu.

Mais ce n'est pas là ce qu'a fait la sophistique ; elle n'a pas critiqué les superstitions populaires et semble, au contraire, au moins en public, les avoir caressées tout en niant l'existence des dieux ; elle n'a pas protesté contre l'imperfection des institutions politiques et sociales : elle a soutenu qu'il n'y a entre les hommes, soit individus, soit nations, d'autre règle de relations que la règle de la force; elle ne s'est pas bornée à critiquer l'insuffisance des théories philosophiques antérieures : elle a nié la possibilité d'un savoir quelconque comme la réalité des choses; et la présence dans notre esprit d'une seule vérité certaine. La science, l'art, la religion, la vie, elle a touché à tout et tout menacé, j'allais dire tout corrompu ; mais elle n'eut pas le temps d'accomplir son œuvre détestable, et le seul mérite que je puisse lui reconnaître, et dont elle ne doit pas tirer, je pense, beaucoup d'orgueil, c'est d'avoir suscité contre elle le grand génie moral de Socrate et le grand génie métaphysique de Platon.

Je sais bien que les Allemands trouvent qu'elle a été non-seulement salutaire, mais nécessaire : nécessaire, parcequ'elle est un monument du développement historique de la philosophie ; salutaire, parce qu'elle fait, avant Socrate, descendre la science des hauteurs alors inaccessibles des sciences physiques, à l'homme; elle pose et fait valoir la première le principe de la subjectivité : rien n'a de valeur pour l'homme que ce qui intéresse l'homme.

Je ne serai pas accusé, je pense, de méconnaître le mérite de la science allemande. Ce travail porte à toutes ses pages la preuve que j'ai recouru presque partout à leur consciencieuse et abondante érudition ; mais j'avoue que je n'admets pas le principe hégélien d'une série fatale de moments que doit traverser la philosophie, qu'elle le veuille et le sache ou non. Je crois la philosophie une œuvre de l'esprit humain, et je place l'esprit humain, non dans la région des causes nécessaires et fatales, mais dans la sphère des causes morales et libres. L'esprit ne marche pas à la science comme une pierre, lancée par la fronde, à son but. Il y va librement, et voilà pourquoi il n'y va pas toujours; voilà pourquoi parfois il s'égare et se corrompt; d'autres fois se relève, se purifie et ne marche plus, mais vole dans la voie de la vérité; voilà pourquoi la conscience de l'humanité, que détruiraient volontiers ces théories tyranniques de la fatalité dans l'histoire, garde encore deux facultés admirables, le respect, l'admiration, l'amour pour ceux qui, comme Socrate, l'ont bien servie; le courroux généreux, l'indignation vertueuse contre les méchants qui ont compromis ou retardé ses progrès; telle est la réponse qu'on peut faire en quelques mots au premier mérite que les doctrines hégéliennes reconnaissent à la sophistique.

Quant au second, il me confond. Je cherche et ne trouve pas le profit qu'a pu recueillir la philosophie des négations universelles auxquelles les sophistes ont attaché leur nom, et du défi que par légèreté, par jactance ou par métier (1), ils ont jeté aux principes de toute connaissance et de toute morale.

(1) Cic., *Acad.*, I, xi, 23 : « Num sophistes? Sic enim appellabantur ii qui, ostentationis aut quæstus causa, philosophabantur. »

FIN.

TABLE DES MATIÈRES.

		Pages.
Préface.	Résumé de la philosophie de Socrate....................	IV-XX
Chap. Ier.	Les sources...................	1-11
Chap. II.	La naissance de Socrate. — Sa famille. — Son éducation, son temps, ses maîtres dans la philosophie...................	13-59
Chap. III.	La personne de Socrate. — Son caractère, son esprit, son école...	61-97
Chap. IV.	La mission de Socrate. — Examen des hommes...................	99-112
Chap. V.	Le démon de Socrate............	113-157
Chap. VI.	La vie domestique et politique de Socrate......................	159-185
Chap. VII.	Procès de Socrate................	187-271
Chap. VIII.	Mort de Socrate.................	273-286
Chap. IX.	Appréciation des causes du procès et de la condamnation de Socrate........................	287-304
Appendice.	Les sophistes....................	305-332

IMPRIMERIE PARISIENNE
Dufour et Cᵉ, Boulevard Bonne-Nouvelle, 26, et impasse Bonne-Nouvelle, 5.

ERRATA :

Page 7, ligne 13. Au lieu de lire : *de 310 à 370*, lisez : *de 310 à 270.*

Page 11, ligne 10 : Au lieu de : *disciple de Platon*, lisez : *Plotin.*

www.ingramcontent.com/pod-product-compliance
Lightning Source LLC
Chambersburg PA
CBHW050752170426
43202CB00013B/2392